Fach-
buch
Klett-Cotta

Hans Rudi Fischer, Ulrike Borst, Arist von Schlippe

Was tun?

Fragen und Antworten aus der systemischen Praxis

Ein Kompass für Beratung, Coaching und Therapie

Mit Beiträgen von Ulrich Clement und Arnold Retzer

Klett-Cotta

Klett-Cotta
www.klett-cotta.de

Printed in Germany
Umschlag: Roland Sazinger, Stuttgart
Umschlagfoto: fotolia © Olivier Le Moal
Mit Illustrationen von Björn v. Schlippe
Gesetzt von Kösel Media GmbH, Krugzell
Gedruckt und gebunden von Esser printSolutions GmbH, Bretten
ISBN 978-3-608-94583-6

Dritte Auflage, 2019

Bibliografische Information der Deutschen Nationalbibliothek
Die Deutsche Nationalbibliothek verzeichnet diese Publikation in der Deutschen Nationalbibliografie; detaillierte bibliografische Daten sind im Internet über <http://dnb.d-nb.de> abrufbar.

Inhalt

Vorwort

Wenn wir in der systemischen Praxis – und das ist ein zentraler Gedanke systemischen Denkens – die Ratsuchenden als selbstverantwortliche und selbstorganisierende Systeme betrachten, seien es psychische, seien es soziale Systeme, dann sehen wir uns in der Regel einer besonderen Komplexität und Unvorhersehbarkeit ausgesetzt: Unsere Gesprächspartner reagieren nur in Grenzen vorhersehbar, meist erweisen sie sich auch als autonom und als von außen nicht steuerbar. Interventionen und Methoden, die zu einem bestimmten Zeitpunkt bei dem einen Gesprächspartner vielleicht gut gepasst haben und uns den Eindruck vermittelten, dass »wir« etwas damit »bewirkt« haben, erweisen sich zu einem anderen Zeitpunkt bei einem anderen Gesprächspartner als »wirkungslos« oder gar als kontraproduktiv.

Es gibt Ansätze, die diese Komplexität möglichst schnell zu reduzieren versuchen. Auf der Basis scheinbar harter Kriterien bieten sie klare Standards, die dann über Manuale abgearbeitet werden. Die verbürgte Aussage eines unserer Kollegen, der an mehreren solcher Manuale als Verfasser beteiligt war, zeigt, dass das zentrale Momentum therapeutischen und beraterischen Handelns damit nicht beseitigt werden kann: Unsicherheit. Techniken und Werkzeuge helfen manchmal (der Beraterin, dem Therapeuten), weil sie die Illusion vermitteln, das Richtige zu wissen. Doch, so sagte der Kollege selbst: »Bei mir ist noch nie ein Fall genau nach Manual verlaufen! Man kommt nicht umhin zu improvisieren!« Es wäre auch ein Wunder, wenn es anders wäre. Offenbar findet man sich als Praktiker schnell und öfter, als einem lieb ist, in Situationen wieder, in denen man zunächst ratlos ist.

Diese prinzipielle Unsicherheit lässt sich nicht einfach »wegrationalisieren«. Tja, was nun?

Diese Frage war der Ausgangspunkt für eine langjährige Serie von Beiträgen – »Feldpost. Praxis unterm Mikroskop« – in der Zeitschrift »Familiendynamik«, die sich jeweils mit genau solchen Fragen befassten: »Was tun?« Dabei sind wir von konkreten Fragen ausgegangen, die sich in Situationen stellen, die nicht »nach Lehrbuch« verlaufen, ja, für die gar keine Lehrbuchkapitel vorliegen. Und wir wollten der Versuchung widerstehen, Texte für »Tooligans«, für »Werkzeugverliebte« zu schreiben, also derartige Situationen durch das Vorschlagen klarer Regeln und Anweisungen zu lösen. Vielmehr ging es uns darum, die Dimensionen solcher Situationen auszuloten und die Möglichkeitsräume, die sich in ihnen bieten oder die man an ihnen eröffnen kann, zu diskutieren und pragmatisch zu nutzen. Es scheint zwar etwas paradox, dass wir uns zugleich entschieden haben, jeden Text dann mit einem »Werkzeugkasten« zu beenden. Aber am Ende jeder Reflexion, jedes Probehandelns steht letztlich eine Handlung. Wenn unsere Intention und ihre praktische Umsetzung inkonsistent wären, dann müssten wir Sie leider damit konfrontieren – vielleicht ist dieses Buch ja doch etwas für »Tooligans«?

Im Laufe der Zeit ist eine Vielzahl von Beiträgen entstanden, auf die wir sehr positive Rückmeldungen bekamen, so dass wir uns entschieden haben, die aus unserer Sicht interessanten Aufsätze zu einem Buch zusammenzustellen. Einige dieser Texte entstammen Ausgaben der »Familiendynamik«, bei der die ehemaligen Mitherausgeber, Ulrich Clement und Arnold Retzer, Mitautoren waren. Wir bedanken uns bei den ehemaligen Kollegen für deren freundliche Genehmigung, auch ihre Texte hier aufzunehmen zu dürfen. Außerdem haben wir uns noch bei Johanna Dunkl und Lou Schwender zu bedanken, die uns bei der redaktionellen Überarbeitung der Texte und der Konzeption der »Werkzeugkästen« sehr unterstützten, bei Thomas Kleffner und Heinz Beyer vom Verlag Klett-Cotta für die freundliche Förderung des Projekts und schließlich bei Björn v. Schlippe, der zu jedem der sieben größeren Kapitel, in die wir dieses Buch unterteilten, einen kongenialen Cartoon beisteuerte – mit Lou Schwender als Tochter des einen und Björn v. Schlippe als Bruder des anderen Autors bzw. Herausgebers wurde dieses Buch auch ein wenig zu einem »Familienunternehmen«.

Wir wünschen Ihnen im Umgang mit den vielen (hoffentlich) anregenden Ideen, die wir für herausfordernde Situationen systemischer Praxis zusammengetragen haben, interessante Impulse, Spaß und praktischen Nutzen.

Heidelberg, Konstanz, Osnabrück
im März 2015

Hans Rudi Fischer, Ulrike Borst, Arist von Schlippe

Anfang
KARTIST

I. Vom Anfangen, vom Unterwegssein und vom Beenden

Wer den Hafen nicht kennt, in den er segeln will,
für den ist kein Wind ein guter.
Seneca

Wähle dir einen Reisebegleiter und dann erst den Weg.
Arabisches Sprichwort[1]

Die Kunst des Anfangens

»Aller Anfang ist schwer«, sagt der Volksmund. Wie verhält es sich mit dem Anfang einer Therapie bzw. Beratung? Wie beginnt man ein Coaching? Natürlich mit Worten, oder allgemeiner, mit Zeichen, ließe sich antworten. Weil Worte eben auch Taten sind, ist das Problem des Anfangs eines des *Anfangens*, des *Beginnens*. Ein Anfang ist also nicht einfach da, sondern er muss aktiv *gemacht* werden. Mit einer Therapie oder Beratung beginnt ein Prozess *innerhalb* einer gewissen Zeit, der initiiert und markiert werden muss, damit er zum produktiven Rahmen sinnvollen Geschehens werden kann. Weil Fragen die Seele des Denkens und der systemischen Methode sind, fragen wir am Anfang natürlich nach dem Anfang und danach, *wie* ein solcher Prozess begonnen werden sollte, damit er Aussicht auf Erfolg verspricht. Es braucht dazu weder faulen Zauber noch Hexerei, sondern einfache und klare methodische Grundregeln, die wir in diesem Buch formulieren, ohne deren theoretische und methodologische Basis aus den Augen zu verlieren. Die erste Warnung, die wir hier aussprechen müssen, ist:

Dieses Buch ist nichts für Tooligans!

Bekanntermaßen bevorzugen Systemiker (Kybernetiker) Schifffahrtsmetaphern. Mit der Kybernetik, der Steuermannskunst, lässt uns Heraklit, der Philosoph des Wandels,

---

[1] Dieses und die folgenden arabischen Sprichwörter sind entnommen aus: Birgitt Krohn. Zitate von A–Z und Sprichwörter aus aller Welt. Verfügbar unter: http://www.bk-luebeck.eu [letzter Zugriff am 13.2.2015].

grüßen. Die Grundfragen, *wohin* die Reise gehen und *wozu* das Schiff dienen soll – ganz gleich ob es »Therapie«, »Coaching« oder »Beratung« genannt wird –, sind meist ebenso wenig klar wie der Weg zum gesuchten Ziel. Oft müssen wir in See stechen, ohne das genaue Ziel zu kennen. Wer ist mit an Bord, wer soll wie steuern, mit welchen Winden (Ressourcen), mit welchen Untiefen und stürmischen Ambivalenzen ist unterwegs zu rechnen, usw.? Dabei ist es für den Coach oder die Therapeutin ebenso wichtig an die Wünsche, Hoffnungen und Sehnsüchte anzukoppeln, die die Passagiere mit dem Reiseziel verbinden, wie mit den Ängsten beim Verlassen des sicheren Hafens des Vertrauten zu rechnen.

Es geht zunächst um beraterische Methodik, um das *Was* und *wie* es *wann* gesagt werden sollte, damit ein imaginärer Möglichkeitsraum erzeugt werden kann, in dem Klienten ihre Lösungen suchen und erkunden können und eine tragfähige Beziehung zwischen Klienten und Beratern zustande kommt (Frage 1).

Wer sucht, der findet?

»Probleme« gelten als »Eintrittskarten« in ein Coaching oder eine Therapie; ist es deren Aufgabe Probleme zu lösen oder Lösungen zu finden, wie man einen verlorenen Schlüssel findet? Weil es weder Probleme noch Lösungen *an sich* gibt, sondern nur *für jemanden*, der eine Diskrepanz erlebt zwischen dem, *wie* etwas ist und dem, *wie* es sein sollte, müssen »Lösungen« durch die Beteiligten selbst kreiert werden.

Die Suche nach der Lösung des »Problems« ist paradox, weil es die Suche nach etwas ist, das man (noch) nicht kennt, und man daher gar nicht wissen kann, wann man es gefunden hat. Was heißt das für Therapie und Beratung, wo es um Lösungsfindung geht? Wie ist ein Weg zu gehen, der noch nicht vorhanden ist (Frage 2)? Sieht man mit dem Zweiten besser?

Unterwegs kann sich das Reiseziel als Utopie erweisen, es kann sich verändern, es können Passagiere hinzukommen oder von Bord gehen, es kann fraglich werden, ob ein Personalwechsel an Bord sinnvoll ist oder ob man zu zweit auf der Brücke (Co-Therapie/-Beratung) einen besseren Job für die Passagiere machen kann. Mit den Vor- und den Nachteilen einer Co-Therapie/-Beratung und dem, was beide im Auge behalten müssen, wollen sie während der Fahrt gut kooperieren, befasst sich Frage 3.

Sie wünschen – wir spielen?

Manches Mal möchten Klienten weitere Personen mit an Bord nehmen oder es stellt sich aus beraterischer Sicht die Frage, ob der Personenkreis, der an der Beratung/

Therapie teilnimmt, verändert werden soll. Mit den Implikationen der Frage, wann ein solcher Settingwechsel sinnvoll ist, was er methodisch bedeutet, wie und wann er eingefädelt werden sollte, beschäftigt sich die 4. Frage.

Was für den Anfang gilt – dass er nicht »natürlich« ist, sondern eine Kunst, also erzeugt, gemacht werden muss –, gilt auch für das Ende eines Beratungs- oder Therapieprozesses. Das Beenden einer professionellen Beziehung ist Resultat eines Entscheidungsprozesses. Dabei muss das Beenden nicht notwendigerweise einvernehmlich geschehen. Gewählte Beziehungen sind einseitig kündbar, sowohl vom Klienten wie von Therapeuten oder Coaches. Wie dabei vorzugehen, was zu berücksichtigen ist und welche Fallstricke es geben kann, davon handelt die letzte Frage dieses Kapitels. Fangen wir also ordentlich von vorne an und fragen danach.

1. Wie anfangen?

> *Am Anfang war das Wort.*
> Johannes-Evangelium
>
> *Am Anfang war die Tat.*
> J. W. Goethe, Faust I
>
> *Worte sind Taten.*
> J. L. Austin

Jedem Anfang wohnt ein Zauber inne, heißt es bei Hermann Hesse. Was ist der Zauber des Anfangs bei einer Therapie, bei einem Coaching? *Wie* sollen wir eine Therapie beginnen? Unsere Frage fokussiert auf den Anfang des Erstgesprächs, die erste *Face-to-face*-Begegnung zwischen Klient(en) und Therapeut, Coach oder Beraterin. Wie sollte die Beziehung zu unseren Klienten gestaltet werden? Wie wird welches Beziehungsangebot von Seiten des Therapeuten gemacht? Die Mittel, auf die wir unser Hauptaugenmerk hier richten, sind sprachlicher Natur: Welche Fragen, welche Informationen, welche Definitionen gehören an den Anfang des Erstgespräches? Anders formuliert: Wie sollte Sprache benutzt werden, damit ein Rahmen geschaffen wird, in dem die inhaltlichen Ziele der Klienten bearbeitbar sind und die Prozessziele des Therapeuten erreicht werden können?

Wir wollen unsere Ausgangsfrage in zwei Fragen differenzieren: 1. *Wie* sollte das erste Gespräch *definiert* werden? Das betrifft die Zielsetzung des Therapeuten für das Erstgespräch ebenso wie die Anliegen der Klienten. 2. *Wie* sollte das Gespräch geführt werden, damit die therapeutischen Aufgaben und Ziele erreicht werden? Das betrifft die therapeutische Methodik.

Die erste Frage lässt sich differenzieren in

a) Wie ist das Erstgespräch im Unterschied zu weiteren Gesprächen zu definieren, damit die Ziele erreicht werden können?
b) Worauf hat die Therapeutin zu achten, worauf sollte sie ihre Aufmerksamkeit richten?

Die zweite Frage, zur therapeutischen Methodik: *Was* (Inhalt) sollte *wie* (Form) gesagt werden? (Beziehungsgestaltung)

a) Wie sollte das Gespräch begonnen bzw. geführt werden? Damit sind die formalen Gestaltungsinstrumente des Gesprächs und damit auch das Beziehungsangebot durch den Therapeuten gemeint.
b) Was sollte gesagt werden? Damit sind die inhaltlichen Gestaltungsinstrumente gemeint: Welche Formulierungen, welche Redewendungen sind am Anfang einer Therapie hilfreich?

Ad 1a) Definition: Abklärungs- bzw. Orientierungsgespräch

Therapie/Coaching/Beratung sind *Mittel* zum Zweck, und dieser ist anfangs zunächst unklar. Solange der Zweck (i. S. von Ziel) unklar ist, kann auch nicht beurteilt werden, ob Therapie, Coaching oder Beratung das richtige Mittel zu diesem Zweck ist. Die Angemessenheit eines Mittels lässt sich nur beurteilen, wenn wir den Zweck kennen. Daher muss sich der Therapeut die Frage stellen: Wozu Therapie? Des Weiteren sollte bestimmt werden, welche *Art* der Therapie bzw. der Beratung, welches Vorgehen, welche Intervalle sie als geeignete Mittel zur Erreichung ihrer Ziele betrachten.

Im ersten Gespräch wird daher versucht, jenes *Wozu Therapie bzw. wozu Coaching?* in den Augen der Klienten zu klären, weil diese meist noch gar nicht genau wissen, was sie wollen. Das soll die Auftragsklärung leisten, um herauszufinden, ob Therapie – und die Art von Therapie, die die Therapeutin praktiziert – überhaupt ein erfolgversprechendes Mittel ist. Andernfalls ist die Fragestellung so zu modifizieren, dass sie durch eine Therapie beantwortbar ist. Das erste Gespräch sollte daher noch nicht als »Therapie« oder »Beratung« definiert werden, sondern den Klienten gegenüber als *Abklärungsgespräch* oder als *Orientierungsgespräch* bezeichnet werden, mit dem Ziel, herauszufinden, ob »Therapie« überhaupt einen Sinn ergibt, was »Therapie«, bzw. »Beratung« (neuer: »Coaching«) für die Klienten bedeutet (im Mehrpersonen-Setting besonders wichtig, weil es da häufig unterschiedliche Auffassungen gibt, was »Therapie« bedeutet: Schuldzuschreibung, Krankheit, Trennung u. a.), in welchem Setting das vorgebrachte »Problem« therapeutisch bearbeitet werden sollte etc.

Wird das Erstgespräch so definiert, dann steht frühestens am Ende dieses Gespräches, vielleicht auch erst beim »zweiten Erstgespräch« fest, ob es ein Therapieangebot gibt. Die Klienten können nun entscheiden, ob sie dieses Angebot annehmen und sich an der Erfindung bzw. Gestaltung der geeigneten therapeutischen Methode beteiligen, wobei der Therapeut dann zum Begleiter des Suchprozesses seiner Klienten werden kann. Therapeutische Aufgaben und Ziele dieses Abklärungsgespräches sind:

Ankoppeln: Beziehung zum Klienten(-System) herstellen.
Ortskundig machen im Klientensystem: Wie ist die Sprache, was sind die Kommunikations- bzw. Interaktionsmuster u. Ä.

Das Hauptziel dieses Gespräches besteht in dem Herausarbeiten einer plastischen Zieldefinition durch die Klienten, die der angestrebten Therapie Sinn gibt. Sinn ist, wie Nützlichkeit, eine subjektive Bezugsgröße und muss vom Klienten der Therapie und der Methodik zugeschrieben werden. Das können Klienten erst, wenn sie sich orientiert haben, also am Ende des Erstgespräches.

Ad 1b) Zauber des Anfangs

Der Zauber des therapeutischen Anfangs liegt darin, dass wir noch (fast) kein Wissen, keine Hypothesen, kein Bild über das Klientensystem haben. Wir verstehen die Klienten (noch) nicht, wir haben (noch) keine Erklärung, die unser Denken, unsere Aufmerksamkeit zur Ruhe bringt. Gerade diese »Naivität« des Therapeuten, dieses Defizit an Wissen und Erklärungen ist die große Ressource des Anfangs einer Therapie, an dem noch alles möglich scheint, sie macht ihren Zauber aus. Wir können noch neu-gierig, noch wiss-begierig sein, weil unsere Wahrnehmung noch nicht so hypothesengeleitet und penetrant nach Konsonanz sucht, wie sie es tut, wenn wir zu *wissen glauben*. Daher sind wir noch »wach«, unsere Sinne sind frisch, unsere Aufmerksamkeit hoch. Analoges gilt für die Klienten, uns und der Therapie bzw. dem Coaching gegenüber, und diese Neugier, die ja auch mentale Beweglichkeit und Bereitschaft darstellt, sich auf Neues einzulassen, sollte nicht durch allzu schnelle Festlegungen des Therapeuten beruhigt werden. Worauf sollte der Therapeut (oder Coach) am Anfang seine Aufmerksamkeit richten? Da in den ersten Minuten eines Gesprächs oft die entscheidenden Weichen des Gesprächsverlaufes gestellt werden, ist es wichtig, auf die gezeigten Muster zu achten: Wer setzt sich wohin (Mehrpersonen-Setting)? Wer spricht zuerst? Wer blickt wen an, wenn er spricht? Wie ist die Stimmung des Einstiegs? Ernst, heiter, gedrückt etc.? Wer setzt sich zu wem wie in Beziehung? Wodurch macht er das? Allgemeiner gefragt: Wie ist die Inszenierung des Beginns? All diese Zeichen lassen sich zu szenischer Information verarbeiten und für die Hypothesenbildung des Therapeuten nutzen.

Beraterische Methodik – Only two can play this game

Am Anfang der Rede, eines Gesprächs steht die Begrüßung des Publikums, des Gegenübers, dann stellt sich der Sprecher vor, bestimmt sein Thema und leitet ins Thema ein. Dieser Dreischritt gilt auch für ein Coaching oder eine Therapie: 1. Begrüßung der Klienten; 2. Vorstellung des Therapeuten und seiner Institution; 3. Erklärung des Settings, der Arbeitsweise und des Vorgehens und Definition von Aufgabe und Ziel des ersten Gespräches. Hier stellt sich zunächst der Therapeut in den Mittelpunkt der Kommunikation mit den Klienten und übernimmt die Führung. Die Führung des Kommunikationsprozesses namens Therapie ähnelt dem Führen beim Tanzen. Unsere Klienten fordern uns zum Tanz auf, wir nehmen diese Einladung an und tun das, was von uns erwartet wird, und unsere Aufgabe im Gesprächsprozess ist: die Prozess*führung* zu übernehmen. Das Wesen dieser Art von Führung ist interaktiv, sie wird über Rückkoppelung gesteuert.

Es gilt nämlich die Regel: *It needs two for tango!* Die konventionell geregelte Führung des Herrn funktioniert nur, wenn die Frau sich führen lässt, wenn er ihr verständliche Führungssignale geben kann, die sie orientieren und so führen, dass ein schöner Tanz entsteht. Hier entsteht im gelungenen Falle Komplementarität, Passung. Um den Tanzpartner führen zu können, braucht man das Wissen um die Schrittfolgen, die Formen und Figuren des Tanzes, der zur gerade gespielten Musik passt, man braucht das Rhythmus-, Takt- und Körpergefühl, um das Wissen in praktisches Können zu verwandeln. Jeder, der schon einmal getanzt hat, weiß, dass man nach wenigen Schritten bemerkt, ob der Partner führen kann, führen will oder sich führen lässt oder nicht.

Wenn die Tanzpartner zusammenstimmen, wenn gut geführt wird, gelingen Figuren, die der Tanzpartner gar nicht kennt, er kann also neues Verhalten lernen, ohne dass dies bewusst und sprachlich artikuliert werden müsste.

Auf Therapie übertragen, heißt dies, es geht um Beziehungsgestaltung, und diese Beziehungsgestaltung geschieht wie beim Tanz eben nicht nur durch Worte, sondern durch Zeichen, die keine Worte sind. Seinen Tanzpartner mit den Worten »Ich führe! Achtung: jetzt links herum, rück vor, tscha tscha tscha ...« führen zu wollen, wäre eine Strategie des Scheiterns, das setzte voraus, dass die Aufmerksamkeit des Tanzpartners auf dem gesprochenen Text liegt und nicht auf den analogen Signalen, die mit Hand, Arm, Körperhaltung, Spannung in den Armen etc. gegeben werden. Die Führungsmusik spielt also nicht in der Sprache, sondern eher in der Körpersprache. Ein ästhetisch gelungener, ein schöner Tanz ist Ergebnis abgestimmter Interaktion, Resultat gelungener Kooperation; er kommt nur zustande, wenn die Führung sensitiv für Rückkoppelung ist, d.h. derjenige, der führt, muss aufmerksam für die Reaktionen seines Tanzpartners sein. Ich weiß also erst, was ich geführt habe, wenn ich die Figur sehe, die wir gemeinsam zustande bringen.

Für den ersten Tanz, bei dem man den Partner noch nicht kennt, nicht weiß, *was* er *wie* tanzen möchte, was er gerne tanzt, was sein bevorzugtes Tempo ist, wie klar die Führungssignale sind, die er braucht, um gut zu tanzen, gelten die gleichen Prinzipien wie für das erste Therapiegespräch.

Wenn wir von der Gesprächs*führung* des Therapeuten reden, meinen wir das Führen in der Beziehungsgestaltung, der Gestaltung des Beziehungsangebotes, welches der Therapeut seinen Klienten macht, um einen guten Tanzboden zu schaffen, auf dem ein für den Klienten schöner Tanz herauskommt. Führen ist also führen und nicht sagen: Ich führe! Hier geht es also um Handlungen, die Bedeutung stiften.

Konkret heißt das: Die Therapeutin begrüßt, bedankt sich für die Einladung, stellt sich vor, erläutert die Räumlichkeiten, erklärt ihre Vorgehensweise, definiert Aufgabe (Abklärungs- oder Orientierungsgespräch) und Ziel dieses ersten Gespräches etc. Beim ersten Gespräch (wie beim ersten Tanz) sind Klienten in der Regel angespannt, unsicher oder gar ängstlich, weil sie nicht wissen, was auf sie zukommt. Dadurch, dass der Therapeut den Fokus erst einmal auf sich lenkt und *nicht in die Problematik* seiner Klienten, entschleunigt er den Prozess der Problemfokussierung und gibt den Klienten Zeit und die Möglichkeit, vorerst in die Beobachterposition zu gehen. Sie können ankommen, sich zurücklehnen und brauchen zunächst nur dem Therapeuten zuzuhören. Der Therapeut ergreift als Erster das Wort, er ist »Hausherr« und spricht einige Minuten, lenkt die Aufmerksamkeit seiner Klienten auf sich, und solange sind die Probleme der Klienten noch nicht Thema. Er kann – während er spricht – beobachten, wie seine Klienten darauf reagieren usw. Wir wollen nun die für den Anfang wichtigen formalen Mittel der Führung, der Gesprächssteuerung thematisieren, bevor wir die inhaltlichen besprechen.

Ad 2a) Formale Gestaltungsmittel – Gesprächsvariablen

Am Anfang ist es wichtig, den Kontext zu markieren, in dem das Gespräch verortet ist. Damit bestimmt die Therapeutin den Sinn *des Gespräches,* als Raum, *in* dem nach Sinn gesucht wird. Dies wäre zunächst ein formaler Akt, der den Inhalten, die dann besprochen und reflektiert werden, den Rahmen gibt. Das Einstiegsszenario sollte sein: Der Therapeut (»Hausherr«) positioniert sich, spricht zuerst – damit »führt« er –, definiert seine Rolle in der genannten Reihenfolge: Begrüßung, Vorstellung, Erklärung der Arbeitsweise, Definition des ersten Gespräches als Abklärungsgespräch etc.

Entscheidende Gesprächsvariablen

Im auf das Einstiegsszenario folgenden Gespräch sind zwei Gesprächsvariablen zentral für die therapeutische Gesprächsführung: *Wer* spricht bzw. wer wird angesprochen? Wer spricht *wie lange*? Die Steuerung des Rednerwechsels und der Rededauer sind entscheidende formale Gestaltungsmittel des Gespräches, daher sollte der Therapeut besonders am Anfang darauf achten, diese wirklich in die Hand zu bekommen. Er erreicht das, indem er seine Arbeitsweise erklärt und sich die Erlaubnis für seine Vorgehensweise von den Klienten einholt. Damit geben sie ihm explizit die Gesprächsführung, d. h. die Prozesshoheit, in die Hand.

Generell gilt: Die Beratende spricht die Klienten an und erteilt ihnen dadurch das Wort; ebenso *unterbricht* sie und entzieht dadurch das Wort! Das ist natürlich im Mehrpersonen-Setting wesentlich wichtiger als im Einzelgespräch.

Nach der anfänglichen Positionierung des Therapeuten/Beraters (Dreischritt) sollte zunächst direktiv vorgegangen werden, um zu zeigen, wer die Gesprächssteuerung inne hat und das Gespräch steuert. *Womit* macht er das?

Er stellt die Fragen, adressiert sie an bestimmte Personen; er unterbricht, wenn er glaubt, die weiteren Äußerungen des gerade sprechenden Klienten sind nicht fruchtbar für das fokussierte Thema; er verschiebt den Fokus oder baut diesen wieder auf; er unterbindet Dazwischenreden oder Unterbrechen von anderen. *Wie* sollte das realisiert werden? Der Therapeut (Coach/Beraterin) sollte immer die Verantwortung für seinen Steuerungseingriff übernehmen und dies *freundlich, höflich, wertschätzend* und/oder *humorvoll* tun. Das kann rhetorisch elegant und glaubhaft wirken, und die Klienten bestätigen mit jeder akzeptierten Steuerungsintervention die Gesprächsführung des Sitzungsleiters.

Ein solches Vorgehen hat auch zum Ziel, den Klienten eine Metaperspektive auf ihr Problem zu ermöglichen, die sie zunächst nicht haben, um nicht ausschließlich ihre alten, bekannten Muster zu praktizieren.

Außerdem kann das strukturierte Vorgehen des Beraters den Klienten das Gefühl der Sicherheit geben, dass jeder zu Wort kommt, nicht darum kämpfen muss etc. und der Therapeut weiß, wohin er möchte.

Die ersten Fragen im Mehrpersonen-Setting sollten adressiert werden. Warum? Werden Fragen einfach so an die Familie (Team) gestellt, haben die Beteiligten das Problem, dass innerhalb von Sekunden entschieden werden muss, wer darf, wer muss antworten, wer »drängt sich vor«, wer »duckt sich«, wer tappt ins Fettnäpfchen etc. Damit werden die Klienten möglicherweise sofort in Kontakt zu ihren Mustern gebracht und sind dann direkt mit den Problematiken assoziiert.

Wir wollen die Klienten, das Klientensystem auf der Metaebene halten, daher sollte dieser Entscheidungsdruck nicht (am Anfang) eingeführt werden.

Warum Fragen? Hier ist wichtig zu betonen, dass Fragen einer anderen Logik als Antworten folgen. Wenn wir beispielsweise fragen: »Wie haben Sie den Weg zu mir gefunden?«, so ist diese Frage nicht wahr oder falsch, wie es eine Antwort sein kann.

Mit Fragen betreten wir (noch) nicht den Wahr-falsch-Raum, sondern öffnen erst die Tür in jenen imaginären Raum, in dem es vielleicht Wahrheit bzw. Falschheit gibt. Das heißt für das beraterische Vorgehen, für die Neutralität, dass die fragende Beraterin keine Position in der Wirklichkeit der Klienten bezieht, wo etwas der Fall (wahr) *ist* oder nicht. Mit dem Stellen von Fragen meidet die Beratende ein Thema, das in und für zwischenmenschliche Beziehungen nicht selten kommunikatives Gift darstellt: Wahrheit bzw. Wirklichkeit.

Auch deswegen ist es am Gesprächsanfang, wo Therapeuten (Coaches/Berater) noch nichts über das Klientensystem wissen, ratsam, zu fragen und Antworten zu vermeiden, von denen wir nicht wissen, was sie für das Klientensystem bedeuten.

Hier ist es hilfreich, den Unterschied zwischen unterschiedlichen Sichtweisen und Wahrheit im Gespräch früh einzuführen. Das heißt, der Berater betont, dass er daran interessiert ist zu hören, wie die Familienmitglieder die Situation, das »Problem« u.a. *sehen*, und dass er sie deshalb nach ihren Sichtweisen (synonyme Alternativen wären: Ansichten, Perspektiven, Blickwinkeln, Gesichtspunkten, Standpunkten, Augen) fragt. Beispiel: »Sie sehen das anders als Ihr Mann ...«, »Ihr Mann erklärt sich das anders als Sie ...« D.h., er fragt nicht: »Was ist denn bei Ihnen *wirklich* los, Frau Müller, sagen Sie mir mal die Wahrheit« o.Ä. Mit einem solchen Fokus würde er in vielen Fällen die Kommunikation vergiften, weil die Wahrheit des einen die des anderen ausschließt und ein Kampf ums Rechthaben eingeleitet werden kann.

Tatsachen können unterschiedlich gedeutet werden, sie sehen von unterschiedlichen Blickwinkeln anders aus. Gerade diese Tatsache kann benutzt werden, um unterschiedliche Wahrnehmungen und Deutungen in die Kommunikation einzuführen und für die familiäre Reflexion zu nutzen: Unterschiede sind Information! Durch die Betonung der unterschiedlichen Sichtweisen bzw. Perspektiven als solche vermeidet man, in die Rolle des Richters über die Wahrheit bzw. Wirklichkeit (Ursache bzw. Schuld!) zu kommen und seine Neutralität zu verlieren. Das Nichtfokussieren auf die Wahrheit/Wirklichkeit in diesem objektivistischen Sinne befeuert die Einbildungskraft, kann die Phantasie der Klienten für Lösungen freisetzen und verhindert dadurch eine allzu schnelle Entzauberung.

Hier gilt also die Regel: Unterschiedliche Sichtweisen sind kompatibel, aber nicht unterschiedliche Wahrheiten!

Dieses Vorgehen wird unterstützt bzw. realisiert, indem der Indikativ (ist/ist nicht – wahr/falsch), die Wirklichkeitsform, eher vermieden wird. Das gilt natürlich nicht für das Erheben der Daten (wann geboren, wann und wo geheiratet etc.).

Ad 2b) Inhaltliche Gestaltungsmittel

Damit sind wir bei der inhaltlichen Ausführung der Gestaltungsinstrumente: Welche Formulierungen, welche Textbausteine sind am Anfang einer Therapie bzw. Beratung hilfreich?

Abklärungs- bzw. Orientierungsgespräch
Die Formulierung, mit der der Kontext markiert wird, sollte das Wort *Abklärungs-* oder *Orientierungsgespräch* enthalten und noch nicht »Therapie«, »Coaching« oder »Beratung« (weil die Implikationen solcher Bezeichnungen unklar sind)! Beispielsweise, indem nach dem Eröffnungsszenario zur ersten Frage übergeleitet wird:

> *»Dieses Gespräch verstehe ich als ein Abklärungsgespräch, in dem ich herausfinden möchte, ob Sie bei mir an der richtigen Adresse sind, ob solche Gespräche für Sie überhaupt nützlich sind, und in dem Sie herausfinden können, ob Sie mit Ihrem Anliegen bei mir richtig sind …*
>
> *Bevor ich Ihnen also irgendetwas zu dem Anliegen, das Sie hergeführt hat, sagen kann, möchte ich mich ortskundig machen. Dazu habe ich eine Menge Fragen mitgebracht. Ich bin neugierig von Ihnen zu hören, was Sie herführt, was Ihr Anliegen ist …«*

Adressieren der ersten Fragen
Erklärung der Arbeitsweise mit Einführung der Idee unterschiedlicher Sichtweisen:

> *»Ich gehe gerne der Reihe nach vor, wenn ich mir einen Überblick verschaffen möchte, wie Ihre Sichtweisen sind, wie die Situation aus den verschiedenen Blickwinkeln (Augen) für Sie jeweils aussieht. Sie, Frau Müller, haben mich angerufen, daher frage ich zuerst Sie, bevor ich Ihren Mann (oder Kollegen) frage, wie das aus seinem Blickwinkel aussieht.« Etc.*
>
> *Oder: »Ich fange gerne links/rechts herum an, daher möchte ich gerne mit Ihnen … beginnen … um Sie dann alle nach Ihren Sichtweisen der Situation, des Anliegens etc. zu fragen …«*
>
> *Oder: »Ich möchte der Reihe nach vorgehen …, mir ist wichtig, dass ich von allen Beteiligten erfahre, wie sie jeweils die Situation sehen, daher fange ich mal bei Ihnen (von rechts, von links, oder beim Überweiser) an.«*

Fragen zum Anfang des Abklärungsgespräches

Beispielfragen:

- »Nun, wir sind hier eine Beratungsstelle (o. Ä.), wir beraten Familien, die Fragen bzgl. der Erziehung ihrer Kinder, bzgl. der Elternschaft, ihrer Paarbeziehung haben ... etc. ... Welche Frage führt Sie zu uns?« (Hier wird bewusst nicht das Wort »Problem« benutzt, sondern die Idee der Frage, die nach einer Antwort sucht, lanciert.)
- »Wie haben Sie den Weg zu mir gefunden?«
- »Was führt Sie zu mir?« (kurz und knackig ... vielleicht eher im Einzelsetting geeignet)
- »Wie sind Sie auf die Idee gekommen, dass wir hier für Sie nützlich sein könnten?«
- »Was versprechen Sie sich von diesem Gespräch? Was verspricht sich Ihr (abwesender) Partner/Kollege/Vorgesetzter von diesem Gespräch?«
- »Was erwarten Sie sich von solchen Gesprächen wie diesem hier und heute?«
- »Was haben Sie sich heute vorgenommen, hier mit mir zu besprechen?« (Wenn mehrere Themen benannt werden, dann Rangfolge machen lassen: Was steht an oberster Stelle, womit sollen wir anfangen?)
- »Was sollten wir hier thematisieren, damit Sie das Gefühl haben, Sie haben das besprochen und reflektiert, was Ihnen am Herzen liegt?«
- »Was müsste am Ende unseres Gespräches herausgekommen sein, dass Sie sagen würden, die Fahrt und die Zeit hier haben sich für Sie gelohnt?«

Hans Rudi Fischer, Ulrich Clement, Arnold Retzer

Impulse und Strategien für die Praxis

- Ressourcen des Anfangs: der Mangel an fixen Bildern, das Nichtwissen über die Klienten, die damit mögliche Neugier, Aufmerksamkeit und mentale Beweglichkeit auf beiden Seiten – allzu schnelle Festlegungen vermeiden!
- Einstiegsszenario: Begrüßen, sich und eigene Institution vorstellen, Setting und Vorgehensweise sowie Aufgabe und Ziel des Erstgesprächs erläutern.
- Klienten Zeit zum Ankommen lassen, Gespräch positiv rahmen, sprechen Sie zuerst über sich, die Therapie, das Coaching (etc.), entschleunigen Sie den Prozess der Problemannäherung und der damit verbundenen Affekte.
- Erstes Gespräch noch nicht als »Therapie« oder »Coaching« bezeichnen, sondern als »Orientierungs-« oder »Abklärungsgespräch«. Machen Sie sich im Klientensystem ortskundig: Wie sind Sprache (Metaphern), Affekte, Muster?
- Hauptfrage: *Wozu* Therapie/Beratung/Coaching? Welcher Zweck wird mit erfolgreicher Therapie/Beratung (Futur II) verbunden? Ist das Mittel (Therapie/Coaching) zieldienlich oder muss der Beratungszweck entsprechend modifiziert werden? Merke: Klienten müssen Gesprächen Sinn geben!
- Erst am Ende des Gesprächs lässt sich entscheiden, ob es weitere Gesprächsangebote gibt und wie sie am besten benannt werden (»begleitende Gespräche«/»Therapie«, »Coaching« o. Ä.) und ob Klienten das Angebot annehmen können und möchten.

Formale Gestaltungsmittel – Gesprächsvariablen

- Vorgehensweise erklären und Erlaubnis einholen, das Gespräch so führen zu dürfen. Gesprächsprozess und Beziehungsgestaltung über Rednerwechsel und Rededauer steuern; garantiert die Prozesshoheit des Beraters.
- Keine Scheu, direktiv vorzugehen: Wer fragt, der führt! Fragen stellen, Wort durch namentliches Ansprechen erteilen; Wort freundlich und bestimmt entziehen, wenn es in falsche Richtung läuft (nicht zieldienlich ist).
- Dazwischenreden oder Unterbrechen unterbinden, um Prozesshoheit zu wahren und zusätzliche emotionale Aufladungen zu vermeiden.
- Keine Vorwürfe an Klienten! Übernehmen Sie für alle Interventionen die Verantwortung (bspw.: »Ich muss Sie da bremsen, weil ich da nicht so schnell bin«, »ich komme da durcheinander, wenn Sie dazwischenreden«, »ich bin da etwas langsam, deshalb lassen Sie mich der Reihe nach vorgehen …«).

2. Soll Beratung/Therapie Probleme lösen? Wie Wege beim Gehen entstehen

Es gibt ein Ziel, aber keinen Weg;
was wir Weg nennen, ist Zögern (…)
Der Weg entsteht beim Gehen.
Franz Kafka

Wer sucht, der findet …

Ein offenbar betrunkener Mann sucht im Schein einer Laterne nach seinem verlorenen Schlüssel. Gefragt, ob er den Schlüssel auch da verloren habe, antwortet er »Nein, …« und zeigt auf die gegenüberliegende Straßenseite, »dort drüben, an der Litfasssäule«. Auf die Frage »Warum suchen Sie denn dann nicht dort drüben?«, antwortet der Mann: »Weil es dort dunkel ist«.

Ist das Suchverhalten des Mannes so verrückt, wie es scheint? Oder ist es sinnvoll, im Hellen, also dort nach Lösung zu suchen, wo wir sehen und prinzipiell finden können?

Ist es *überhaupt* sinnvoll zu suchen? Oder ist es getreu dem biblischen Motto »Wer sucht, der findet …« *durchweg* sinnvoll zu suchen? Wie steht es mit der Lösung von »unlösbaren Problemen«, die gelegentlich ihren Weg in eine Therapie oder Beratung finden? Der Dialektik, die zwischen Problem und Lösung in Beratungskontexten aufscheint, und der Paradoxie des Suchens nach einer Lösung, die man nicht kennt, wollen wir uns hier zuwenden, um zu fragen, welche Probleme Therapie überhaupt lösen soll.

Was ist ein Problem? – Eintrittskarte in Therapie

Wir wissen nicht, was wir sehen, wir sehen eher, was wir wissen.
J.W. von Goethe

»Probleme« – »Problem« wie »Lösung« sehen wir als zu Begriffen erstarrte Metaphern – fungieren als Eintrittskarten in Therapie oder Beratung. Aber was ist das eigentlich, ein Problem? Eine einfache und abstrakte Definition ist schnell zu bekommen: Ein Problem – Quelle aller Selbstregulation und Dynamik von Systemen – ist eine Soll-Ist-Diskrepanz, ein Delta, ein Unterschied. Unterschiede sind Relationen, Verhältnisse, Beziehungen zwischen zwei Elementen. Etwas ist nicht so, wie es sein sollte. Weil etwas nicht einfach so *ist* oder nicht so ist, wie es sein *sollte*, sondern immer nur für Jemanden den »Tatbestand« des Problemseins erfüllt, ist das Bezugssystem des Beobachters bzw. der Beobachter das »Lebenselixier« von Problemen. Es kann keine Probleme *an und für sich* geben, es gibt nur Probleme *für jemanden.* Dieser Jemand beschreibt eine Differenz und darüber hinaus – und das ist wichtig – vermutet er, dass diese Differenz korrigierbar ist. Was für den einen ein Problem darstellt, ist mithin für einen anderen vielleicht gar kein Problem, für einen Dritten ist es vielleicht gar eine Lösung, für einen weiteren ist es zwar eine Diskrepanz zu einem erwünschten Zustand, doch erscheint diese Diskrepanz nicht lösbar (etwa ein fehlendes Bein, das zwar beklagt wird, dessen Wiederherstellung jedoch in der Regel nicht, zumindest nicht von einem anderen, erwartet wird).

Probleme – Aufkeimen von Suchprozessen

> *Alles, was ich euch geben kann, ist eine Methode.*
> L. Wittgenstein

Sinn bekommt das Verhalten des Mannes unter der Straßenlaterne durch die Tatsache, dass er seinen Schlüssel verloren hat. Der Schlüssel, der das Haustürschloss öffnet, ist nicht da, wo er sein sollte, nämlich in seiner Tasche. Also macht er sich auf die Suche nach ihm und seine Suche unter der Laterne erscheint ihm als der richtige Weg zu einer Problemlösung, die aus der Perspektive des Beobachters auch anders möglich scheint. Die rationale Logik der Schlüsselgeschichte ist: Etwas, das verloren gegangen ist, muss gesucht werden, und zwar an der richtigen Stelle. Die Suche nach dem Schlüssel ist Mittel zum Zwecke der Lösung des Problems. Dabei *wissen* wir, was gesucht wird. D.h. es ist hier genau bestimmt bzw. bestimmbar, was die *Lösung* des Problems ist. Hier sind Problem und Lösung komplementär und damit wechselseitig bestimmt. Es fehlt nur der Weg bzw. die Methode, die zur Lösung führt. Und auch wenn das Verhalten des Mannes seinen Charme hat: Dort, unter der Laterne, findet er den Schlüssel bestimmt nicht.

In unserer Geschichte gibt es mehrere Möglichkeiten, der Lösung, die der Mann gewählt hat, andere Lösungen beiseite zu stellen:

- Man holt die Taschenlampe heraus, die man für solche Fälle dabei hat, begleitet ihn über die Straße und lässt ihn dort den Schlüssel suchen, vielleicht hilft man ihm sogar dabei.
- Man bietet dem Mann ein Notbett bei sich zu Hause an.
- Man geht mit ihm gemeinsam zu seinem Haus, inspiziert das Schloss und überlegt Wege, einen Schlüssel oder einen Dietrich zu konstruieren.
- Man überzeugt den Mann in einer Psychotherapie von allem Möglichen: dass er eigentlich eine neue Wohnung braucht, dass er aufhören solle zu trinken, dass er Schlüssel gefälligst im Dunkeln zu suchen habe usw.

Doch das Wissen vom falschen Ort bedeutet nicht automatisch, auch zu wissen, was der richtige Ort bzw. die Lösung ist. Es gibt einen *Übergang* vom Wissen um das Falsche, das zu Verändernde, zum Wissen um das Richtige, das Anzustrebende; in diesem Dazwischen spielen sich Therapie oder Beratung ab. Vielleicht kann dann die *Suche selbst*, nicht das Finden des Schlüssels, als Lösung bezeichnet werden? Dann wäre die scheinbare Unlogik des Mannes gar nicht so dumm, konfuzianisch gedacht wäre der Weg das Ziel? Hätten wir hier ein Beispiel, wo Problem und Lösung *windschief* aneinander vorbeilaufen (vgl. Abbildung 1)? Es sieht so aus, als ob die »gefundene« Lösung das vorgebliche Problem gar nicht berührte, sie hätte mit dem Problem nichts zu tun, oder doch? (Die oben aufgeführte 4. Lösungsidee deutet bereits in diese Richtung.) Haben nicht die meisten Probleme, die in eine Therapie oder ein Coaching führen, genau diese schwebend-schwankende Struktur?

Unabhängig von der metaphorischen Verwandtschaft zur therapeutischen Situation unterscheiden sich Probleme, die in eine Therapie oder ein Coaching münden, grundsätzlich von der Suche nach einem verlorenen Schlüssel. Wie ist die logische Struktur von Problemen, wie wir sie klassischerweise in systemischer Therapie und Beratung vor uns haben? Blicken wir dazu auf die aufschlussreiche Paradoxie beim Suchen, wie sie Platon uns hinterlassen hat.

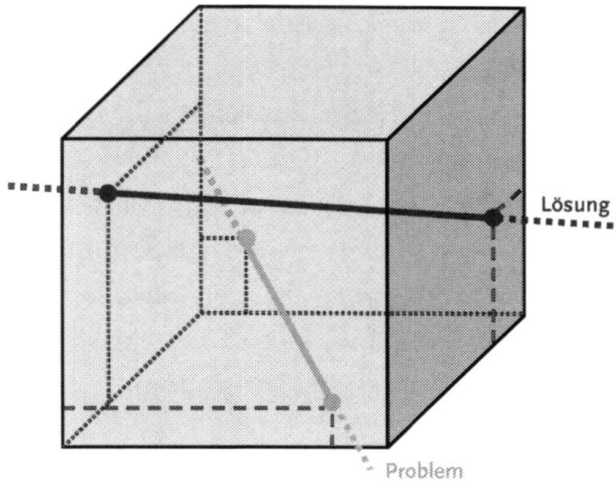

Abb. 1: In der Ebene sind zwei »Begegnungen« von Geraden möglich: Entweder sie schneiden sich oder sie oder laufen parallel, ein Drittes gibt es nicht. Windschief heißt, dass sich die Geraden nicht schneiden und nicht parallel verlaufen. Erst im Raum ist es möglich, dass Linien windschief aneinander vorbeilaufen. Im imaginären beraterischen Raum können Problem und Lösung windschief aneinander vorbeilaufen. Die »Lösung« muss also nichts mit dem anfangs »Problem« genannten Zustand zu tun haben. (© Grafik Hans Rudi Fischer)

Suchparadoxie: Wir wissen, dass wir nicht wissen …

> *The end of all our exploring will be to arrive where*
> *we started and know the place for the first time.*
> T. S. Eliot

Die sokratische Weisheit »Ich weiß, dass ich nichts weiß« ist uns allen bekannt. Sie ist paradox und lässt sich – mit einem Hauch Ironie – durch eine kleine, aber feine Verschiebung so umformulieren, dass Nicht-Wissen zur Ressource wird: *Ich weiß nicht, dass ich weiß* … Auf unsere Klienten übertragen heißt das, sie wissen (noch) nicht, dass sie die Lösung wissen. Aufgabe der Therapie wäre es dann, dieses verborgene, nicht bewusste Wissen zur Lösung ihres Problems zutage – sprich ins Bewusstsein – zu fördern. Damit sind wir bei der Paradoxie, die wie keine andere die therapeutische Suche nach der Problemlösung charakterisiert. In Platons *Menon* ist die Suchparadoxie so formuliert:

Menon: Und auf welche Weise willst du denn dasjenige suchen, Sokrates, wovon du überhaupt gar nicht weißt, was es ist? Denn als welches Besondere von allem, was du nicht weißt, willst du es dir denn vorlegen und so suchen? Oder wenn du es auch noch so gut träfest, wie willst du denn erkennen, daß es dieses ist, was du nicht wußtest? Sokrates: Ich verstehe, was du sagen willst, Menon! Siehst du, was für einen streitsüchtigen Satz du uns herbringst? Daß nämlich ein Mensch unmöglich suchen kann, weder was er weiß, noch was er nicht weiß. Nämlich weder was er weiß, kann er suchen, denn er weiß es ja, und es bedarf dafür keines Suchens weiter; noch was er nicht weiß, denn er weiß ja dann auch nicht, was er suchen soll. (80d–81a)

Man kann die Lösung des Problems nicht suchen – so der Kern des Suchparadoxons –, weil es um die Suche nach etwas geht, das man (noch) nicht kennt, das unbekannt und unbestimmt ist, von dem man daher nicht weiß und nicht wissen kann, ob es das war, was man gesucht hat, wenn man es gefunden hat. Sofern die Lösung wirklich neu – im Sinne von unbekannt, ungewusst – ist, können wir sie nicht wissen. Hier wird der Unterschied zur Suche nach dem verlorenen Schlüssel augenfällig. Wenn im komplementären Verhältnis zwischen Problem und Lösung die Lösung prinzipiell unbestimmt ist, dann lässt sich auch das Problem nicht genau bestimmen. Wir stehen vor einer zirkulären Organisation der Problemlösung, bei der erst die Lösung (das Ende der Suche, wie in unserem Motto von T. S. Eliot) das sogenannte Problem bestimmt. Wir haben also eine mehr oder minder vage, ungefähre Ausgangsposition, Problem genannt, die nach einer vagen Zielposition strebt, von der Klienten nur eine dunkle Ahnung haben. In der Regel ist das Ziel nur negativ, als Nichtproblem, bestimmt.

Beispiel: Ein Mann hört Stimmen und fühlt sich gelegentlich von diesen arg bedrängt. Er hätte nur gerne weniger Angst, die Stimmen selbst stören ihn meistens nicht. Sein Psychiater aber bezeichnet all diese Phänomene als »Plus-Symptome«, die beseitigt werden müssen. Diskutiert werden folgende Lösungsideen: Mit Antipsychotika die Reizschwelle heruntersetzen; mit Kopfhörern Musik hören; davonlaufen; mit den Stimmen diskutieren; mit einer Person des Vertrauens reden – manchmal mag es passieren, dass die Lösungen auch vom Therapeuten unter der Laterne gesucht werden.

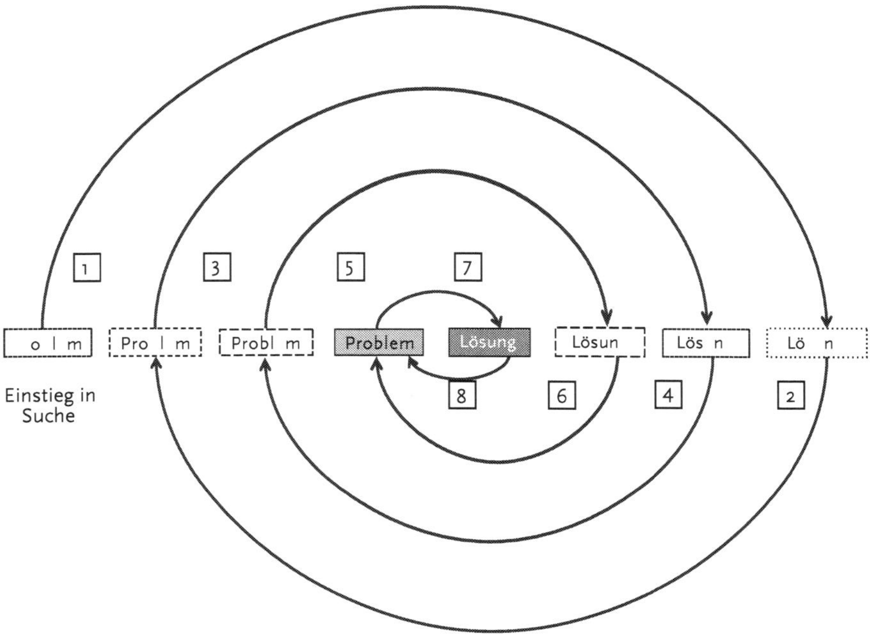

Abb. 2: Wie der Weg beim Gehen entsteht. Von außen (1) nach innen (8). Suchparadoxie als Problem-Lösungs-Spirale. Erst die Lösung bestimmt das Problem. (© Grafik Hans Rudi Fischer)

Wie der Weg beim Gehen entsteht

Die ganze Fülle des therapeutischen Problemlösungsparadoxes wird sichtbar, wenn wir uns vergegenwärtigen, dass es sich dabei nie um rein rationale Suchprozesse handelt (wie bei der Suche nach einem Schlüssel), sondern um solche Suchprozesse, die meist noch mit viel affektiver Ambivalenz durchtränkt sind. Gerade *weil* Problem und Lösung uneindeutig sind, wird Therapie (und nicht der Schlüsseldienst) in Anspruch genommen. Ein diffuses Gefühl von Unglück und Unzufriedenheit sagt: »Hier stimmt was nicht.« Erwartetes und Eingetretenes weisen eine zu große Differenz auf. Was muss ich nun ändern? Meine Erwartungen oder die Fakten? Nicht selten läuft die Lösung des Problems windschief an der zu Therapiebeginn formulierten Problematik vorbei.

Beispiel: Eine Frau sucht die Therapeutin wegen vielfältiger Probleme auf. Unter anderem fragt sie sich, warum sie immer wieder Pech in ihren Partnerschaften hat. Ihren Freund bedrängt sie mit ihren Eifersuchtsanfällen und er trennt sich kurz nach Therapiebeginn. Nun ist in den Gesprächen Thema, ob und wie ein Mann gefunden werden soll. Nach einem halben Jahr hat die Patientin einen neuen Partner, der ihr zwar keinerlei Anlass zu Eifersucht gibt, aber sich ihrem schon bald geäußerten Kinderwunsch vehement widersetzt. – Hier funktioniert der Schlüsseldienst nicht; selbst die solideste Problemlösetechnik versagt. In der Therapie begreift die Klientin allmählich, dass sie ihre Zufriedenheit allgemein, und ganz speziell ihre Zufriedenheit mit der Partnerschaft, anders steuern muss als durch die Veränderung ihrer Umgebung.

Die Klienten sind vor sich selbst gestellt, sie müssen selbst entscheiden, worin ihr Problem und worin ihre Lösung besteht. Systemische Therapie kann nur einen kommunikativen Rahmen anbieten, innerhalb dessen Klienten in einen paradoxen Lösungszirkel einsteigen können, eine Selbstexplorations-Spirale – siehe Abbildung 2 –, an deren Ende Problem und Lösung als sinnvoll erscheinen. Zugleich wird es immer wieder darum gehen, Problem und Lösung zu vertauschen, um deren Ambivalenz auf die Spur zu kommen: Die Laterne, die als Lösung gewählt wurde, ist vielleicht das Problem, oder das Problem (der verlorene Schlüssel) ist vielleicht die Lösung, die auf ganz neue Optionen verweist? Und aus einer Paradoxie kommen Suchende und beim Suchen Helfende nie heraus: Sie wissen nie, ob sie gesucht haben, was sie gefunden haben, und ob es (folglich) eine bessere Lösung gegeben hätte – denn eine andere Lösung wird es immer auch noch geben. Sie wartet vermutlich schon auf ein Problem, das uns auffordert, uns auf die Suche zu machen. Stecken wir die Taschenlampe ein und ziehen wir los!

Hans Rudi Fischer, Ulrike Borst, Arist von Schlippe

Impulse und Strategien für die Praxis

- Bedenken Sie die Relativierung: »Probleme« sind Beschreibungen aus einem bestimmten Blickwinkel. Es gibt keine Probleme *an und für sich*, es gibt nur Probleme *für jemanden (bzw. für ein Klientensystem)*, der (das) eine Diskrepanz zwischen einem Ist- und einem Soll-Zustand definiert. Die Perspektive des Problematischen ist mit einzubeziehen, sie kann spielerisch verändert werden, indem beispielsweise Problem als Lösung oder umgekehrt gesehen wird.
- „Probleme«, die in eine Beratung führen, haben meist eine diffuse, schwebend-schwankende Struktur. Im einfachen Falle sind Problem und Lösung komplementär, die Lösung ist bekannt, es fehlt nur der Weg dorthin.
- Häufig scheint Problem nur negativ bestimmbar, als Abwesenheit des Problems, damit ist auch die Lösung unklar. Diese Unklarheit hat oft Schutzfunktion, weil jede Lösung im Klientensystem ihren Preis hat.
- „Problem« wie »Lösung« sind i. d. R. für Klienten ambivalent, d. h. beide können wechselseitig geklärt werden, indem Ambivalenzen bewusst gemacht und von Klienten bewältigt werden.
- Lösungen sind in Therapie/Beratung/Coaching noch nicht »in der Welt« wie dieses Buch, das Sie gerade in Händen halten; Lösungen (= Wege zum Ziel) müssen in einem schöpferischen, dialogischen und reflexiven Prozess kreiert werden.

Strategien:

- Rahmen Sie das *Nichtwissen* der Klienten als Ressource: Klienten wissen noch nicht, dass sie die Lösung kennen. Aufgabe einer Therapie oder eines Coachings ist es, das verborgene, nicht bewusste (implizite) Wissen ins Bewusstsein zu befördern.
- Neutralität bewahren: Klienten müssen und können nur selbst entscheiden, worin sie ihr Problem und worin sie ihre Lösung sehen.
- Bieten Sie einen *kommunikativen Raum*, in dem Klienten in eine *Selbstexplorations-Spirale* einsteigen, Ambivalenzen erkennen und bewältigen können und am Ende des Prozesses den eigenen Weg zu ihrer Lösung finden und gehen können.

3. Sieht man mit dem Zweiten besser? Wie Co-Therapie/-Beratung gelingen kann

Das klassische Setting einer Einzeltherapie war für lange Zeit der Dialog: Ein Klient sprach mit einem Therapeuten. Das »Vieraugenprinzip« war in der ersten Hälfte des letzten Jahrhunderts, von Ausnahmen abgesehen (etwa bei Alfred Adler), der Standard therapeutischer Praxis. Seit Mitte des 20. Jahrhunderts änderte sich dies auf verschiedenen Ebenen. Zum einen machte es die sich entwickelnde Tontechnik in zunehmend einfacherer Weise möglich, Therapiegespräche aufzunehmen – zu erinnern ist hier etwa an Pionierarbeiten von C. R. Rogers, der die ersten Gespräche noch auf Schallplatten aufnahm –, zum anderen begannen sich die Prämissen zu lockern, die die festgelegten Grenzen der Therapie als Dyade bestimmten. Mit den Anfängen der »Conjoint Family Therapy« begannen auch die ersten co-therapeutischen Konstellationen, zeigte es sich doch schnell, dass ein einzelner Therapeut gegenüber der kommunikativen Dynamik einer Familie immer wieder in der Gefahr steht, in den Worten der Familie »zu ertrinken«, wie es in einem Fachaufsatz einmal beschrieben wurde.

Dies konnte (und kann) natürlich auch in den »geeichten Schleifen« der Kommunikationsmuster von Paaren unter Stress passieren, vielleicht sogar noch mehr als bei Familien. In der ersten stürmischen Phase, in der sich die Familientherapie entwickelte, »entdeckten« deren Pioniere bald auch das Team, das für lange Zeit hinter der Einwegscheibe die Sitzung verfolgte und immer wieder intervenierte, wenn der Therapeut im Raum die therapeutische Position zu verlassen drohte und Gefahr lief, von der Sichtweise der Familie eingefangen zu werden.

Heute ist Co-Therapie – und gelegentlich auch Co-Beratung – in praktisch allen Praxisfeldern eine akzeptierte Arbeitsform, für einige Settings, etwa Gruppen- oder Paartherapie, wird sie sogar vielfach als besonders erstrebenswert erachtet. Die Idee, sich im gemeinsamen Arbeiten gegenseitig zu unterstützen und zu ergänzen, wird nicht nur für Anfänger als hilfreich angesehen. Bei der Paartherapie etwa ist das Bild des gemischtgeschlechtlichen Paares mit der Vorstellung verbunden, dass beide Seiten des Paares, die »weibliche« und die »männliche« Perspektive, angemessener repräsentiert sind, weil damit eine Erweiterung des Beziehungsangebotes gegeben ist. Für die Therapeuten selbst bietet dieses Setting neben der Unterstützung durch einen anderen auch ein Regulativ, das es leichter macht, den Wirklichkeitskonstruktionen der Klienten gegenüber neutral zu bleiben: »Vier Augen sehen und vier Ohren hören mehr als zwei«. Als Vorteile werden benannt oder in der Praxis beschrieben:

- die wechselseitige Unterstützung und Entlastung, insbesondere in potentiell schwer überschaubaren Kontexten (Gruppen, Jugendlichengruppen o. Ä.);
- die Möglichkeit des gemeinsamen Lernens, was auch eine gute Chance für Anfänger bietet, in der Kooperation mit erfahrenen Kollegen Praxiserfahrung zu sammeln;
- ein breiteres männlich/weibliches »Übertragungsangebot« (vor allem in der Paar- und Gruppentherapie).

So bietet sich das Modell »Co-Therapie« eigentlich als erstrebenswerte Arbeitsform an, die man realisieren sollte, wenn es von den Rahmenbedingungen her irgend möglich ist – oder? Ganz unumstritten ist dies nicht. Tatsächlich gibt es aus der Praxis eine Reihe von Erfahrungsberichten, die zeigen, dass Co-Therapie sich auch sehr unglücklich entwickeln kann und dass manche Kooperation eher zu wechselseitigen Belastungen führt als zu gegenseitiger Unterstützung. Die Handhabung von »Dreieckskonstellationen« zwischen Therapeut A und Therapeutin B sowie Klientensystem bietet zahlreiche Einfallstore für Schwierigkeiten. In derartigen Fällen suchen allerdings die betroffenen Co-Kollegen oft vergeblich nach Hilfestellung. Denn – wie ein Blick in das Stichwortverzeichnis einiger Psychotherapielehrbücher verschiedener Provenienz schnell zeigt – das Thema selbst steht eher nicht im Zentrum expliziter Reflexion, und die Zahl der Bücher (wir fanden nur eines von 1993) und Aufsätze, die sich dezidiert dem Thema widmen, ist begrenzt.

Wie kann Co-Therapie oder Beratung zu zweit »entgleisen«?

Besonders nahe liegend ist die Situation, in der ein beratendes Team sich in Konkurrenz verfängt und sich immer wieder in internen oder gar offen ausgetragenen Auseinandersetzungen über die »richtige« Intervention bzw. den besseren Weg der therapeutischen Arbeit verheddert (und, damit einhergehend, in der impliziten Frage, wer denn nun der »bessere« Berater/Therapeut sei). Im ungünstigen Fall kann dies mit Gefühlen von Konfusion und Verwirrung bei den Klienten einhergehen; der therapeutische Prozess ist durch ein ständiges »Hin und Her« geprägt, was Orientierung erschwert und einen guten therapeutischen Rahmen (vgl. 16. Frage: Was ist affektive Rahmung …, S. 126) unmöglich macht.

Schwieriger zu erkennen und manchmal nur im Nachhinein über Videoanalyse rekonstruierbar ist eine Konstellation, in der die beiden Co-Therapeuten den beraterischen Prozess durch (zu) schnelle wechselseitige Hilfestellung irritieren: In jedem therapeutischen Prozess geraten Therapeutin und Klient immer wieder einmal an einen Punkt, an dem es scheinbar »nicht mehr weitergeht«, man für den Moment ratlos ist, nachdenkt und nachfühlt. Solche Pausen können wichtig sein. Denn wenn an dieser Stelle kein »Co« in die Bresche springt, kommt es oft zur Aufnahme eines Gesprächsfadens auf einer anderen Ebene, man hat selbst eine neue Idee oder es wird, gar nicht so selten, vonseiten der Klienten ein neues, vielleicht sogar bedeutsameres Thema angeschnitten (»Ja – was ich Ihnen bisher noch gar nicht gesagt hatte …«). Wenn also einer der beiden »Co's« im Rahmen eines Gesprächsabschnittes an einen solchen Punkt gerät, kann sein Zögern oder Schweigen für den anderen als Aufforderung gewertet werden, nun seinerseits in bester Absicht in die Bresche zu springen und dem Gespräch eine andere Wendung zu geben. Auf diese Weise lässt man aber eine Chance verstreichen, die sich daraus ergeben hätte, dass man einen Moment der Ratlosigkeit ausgehalten und auf die sich möglicherweise ergebende kreative Wendung gewartet hätte.

Am schwierigsten ist es natürlich, wenn ein Team beginnt, sich heftig zu entzweien, ohne zu reflektieren, was der Streit, etwa über das bessere Vorgehen, über die Einbeziehung oder Nichteinbeziehung bestimmter Personen usw., mit der Dynamik zu tun haben mag, mit der man in der jeweiligen konkreten Arbeit konfrontiert ist (»In diesem Fall den Vater mit einzubeziehen, ist ein Kunstfehler!!!« – »Hier nur mit dem Kind/nur mit der Mutter zu arbeiten, zerstört die Familienbeziehungen!!!«). In solchen Fällen kann ein Beratungsprozess sehr ungünstig verlaufen. Aus unserer supervisorischen Arbeit sind uns durchaus einige Fälle bekannt, in denen das beratende System auseinanderbrach, niemals zum Nutzen für die Ratsuchenden, oft mit langfristig negativen Folgen für die kollegialen Beziehungen.

Aus diesem Grund sind wir vorsichtig geworden mit der generellen Empfehlung, dass Beratung oder Therapie zu zweit besser als allein sei. Die Arbeit zu zweit erfordert im Gegenteil eine besondere Erfahrung, vor allem, wenn sie formal »auf Augenhöhe« erfolgen soll. Der Ausbildungskontext ist meist durch ein gewisses Gefälle bestimmt, was im Konflikt die Frage nach dem weiteren Vorgehen leichter beantworten lässt. Eine symmetrische Beziehung braucht dagegen zumindest im Vorhinein eine Verabredung, wie mit solchen Eskalationen umgegangen werden kann.

- Es ist gut, wenn beide voneinander wissen, welches die »sensiblen Knöpfe« sind, die der jeweils andere »drücken« muss, sodass der eine sich getroffen, in der eigenen Kompetenz hinterfragt, in der Ehre gekränkt fühlt usw.
- Es ist gut, wenn beide sich absprechen, unter welchen Bedingungen man einander beispringt oder vielleicht eher abwartet, bis der andere den roten Faden eigenständig wiedergefunden hat.
- Es ist gut, wenn beide die Stärken und Schwächen, die Vorlieben und »blinden Flecke« des jeweils anderen gut kennen und sich darüber ausgetauscht haben.
- Es ist gut, wenn beide, falls sie dies möchten, sich in einem »Verletzlichkeitskontrakt« darüber austauschen, in welchen Situationen man jeweils besonders verletzlich ist, was dann innerlich passiert und woran der andere das äußerlich erkennen kann. Wenn der jeweils andere dann eine Idee davon bekommt, was er dabei tun kann, um den anderen zu unterstützen (z. B. eine Pause vorschlagen, den Kollegen direkt ansprechen, ein Stück Gesprächsführung übernehmen o. Ä.), ist eine gute Grundlage dafür geschaffen, dass kritische Situationen gemeinsam gemeistert werden.

Erfahrenen Beratungspaaren, die mit der Symmetrie der gleichrangigen Beziehung spielerisch umgehen können, ist es möglich, das jeweils ratsuchende Paar-, Familien- oder Gruppensystem mit einer größeren Vielfalt zu versorgen, als dies einem Einzelnen möglich wäre. Vor allem können sie aus ihrer Erfahrung heraus die sich zwischen ihnen entwickelnde Dynamik zur »Systemerkennung« nutzen, d. h. die entstehenden Streitpunkte oder widersprüchlichen Empfindungen jeweils auch auf ihre Bedeutung für das Klientensystem hin befragen. Vielfach kann dadurch dem Klientensystem Folgendes vermittelt werden: Man kann unterschiedliche Positionen haben und trotzdem gut zusammenarbeiten; auch innerhalb einer Person kann es widerstreitende Tendenzen geben (»Ambivalenz«), und das ist so auch in Ordnung. (Übrigens muss dieser offen ausgetragene »Streit« gar nicht »echt« sein, er kann auch als spielerisches »Splitting« zwischen den Beratenden inszeniert werden.)

Wer sich hier noch unsicher fühlt, jedoch auf die Erfahrung eines Co in der Beratung/Therapie nicht verzichten möchte, dem legen wir in Supervisionen oft nahe, die Klippen der symmetrischen Konstellation durch eine künstlich eingeführte Komplementarität zu umschiffen. Diese kann darin bestehen, dass zu Beginn der Arbeit (oder auch vor jeder Sitzung neu) einer der beiden den Part des »aktiven Gesprächsführers« übernimmt, während der andere in der zweiten Reihe ist. Das Gespräch kann dann so geführt werden – wieder sollten die beiden sich darüber vorab einigen –, dass der »Aktive« ausschließlich das Gespräch führt und sich mit dem »Passiven« an zwei oder drei Punkten im Gespräch zu einem kurzen reflektierenden Teamgespräch vor den Klienten zusammensetzt. Das Gespräch wird dann nach den Regeln geführt, die für das Reflektierende Team gelten: konkurrenzfrei, suchend, »konjunktivisch« und mit einer wertschätzenden Haltung gegenüber allen am Gespräch beteiligten Personen. Varianten dieser Form bestehen darin, dass der »Passive« sich entweder ebenfalls, wenn auch seltener, am Gespräch beteiligt (also keine eigene hypothetische Linie verfolgt) oder dass er sich ausschließlich als Gesprächspartner des »Aktiven« versteht, also ggf. im Verlauf des Gesprächs diesen immer wieder einmal anspricht (»Mir ist, während Herr X/Frau Y gesprochen hat, eine Idee gekommen, magst du die mal hören?«) oder von ihm angesprochen wird. Eine weitere Variante wäre es, das Gespräch für eine kurze Metakommunikation über den Gesprächsverlauf zu unterbrechen, indem z. B. der »Aktive« den »Passiven« fragt: »Wie ist dein Eindruck bisher: Sind wir mit diesem Gespräch auf einem guten Weg?«

In all diesen Fällen besteht die Chance, dass die Komplementarität der Beziehung im therapeutischen Team Anknüpfungspunkte bietet, die im Sinne des Spiels mit reflektierenden Positionen das ratsuchende System auf eine neue Weise auf die Spur der eigenen Selbstbeobachtung setzt. Natürlich kann das offene Gespräch vor den Klienten auch von erfahrenen Teams, die im oben beschriebenen Sinn mit einer symmetrischen Beziehungsdefinition arbeiten, genutzt werden.

Eine besondere Form der Co-Arbeit ist die explizite Arbeit mit Reflektierenden Teams. Hierzu können sich durchaus auch mehr als zwei Beratende zusammenfinden. Die Form ist dabei stärker systematisiert, d. h. das Beobachtungsteam (eine bis drei Personen) sitzt außerhalb des Gesprächskreises, das Gespräch wird, nach den Regeln des Reflektierenden Teams, einmal oder mehrfach für eine Teamreflexion unterbrochen. Manchmal wird dieses Setting in Beratungsstellen oder Kliniken an einem Tag im Monat als Teamprojekt eingerichtet, um in dieser Zeit zusammenzuarbeiten. Entweder kann so mit bestimmten Klientensystemen gearbeitet werden, die immer wieder zum Termin kommen, oder das Reflektierende Team kann als supervisorisches Setting genutzt werden. Dann wird nicht mit einer Familie/einem Paar durchgehend nach diesem Modell gearbeitet, sondern die Kollegen finden sich an dem einen Tag im Monat zu Treffen zusammen, bei denen jeweils ein/e Therapeut/in dazu einlädt, gemeinsam ein Klientensystem zu reflektieren.

Welche Form von Co-Arbeit auch immer man wählt, um Erfahrungen zu machen, Vorsicht ist geboten: Diese Art von Arbeit kann »süchtig« machen! Denn in Therapie- und Beratungssettings verschiedene Perspektiven zu integrieren und gemeinsam zu arbeiten, sofern dies in einer entspannten Form geschieht, macht nicht nur Spaß, sondern erhöht auch den Gewinn für die Ratsuchenden. Außer den in diesem Text beschriebenen sind uns keine weiteren Risiken und Nebenwirkungen bekannt.

Arist von Schlippe, Ulrike Borst, Hans Rudi Fischer

WERKZEUGKASTEN — Zu zweit beraten

Impulse und Strategien für die Praxis

- Beratung zu zweit (Co-Therapie oder -Beratung) ist insbesondere für Mehrpersonen-Settings zu empfehlen, als Lernchance für Novizen, zur Entlastung und Ergänzung der Therapeuten, sowie um Klienten ein unterschiedliches Beziehungsangebot zu machen.
- Beratung zu zweit ist anspruchsvoll und kann zu wechselseitigen Belastungen, Konkurrenz und Differenzen über das »richtige« Vorgehen führen, Klienten hierdurch verwirren und den Beratungsprozess ungünstig beeinflussen.
- Co-Therapie erfordert Erfahrung und einen *klar definierten Rahmen* zwischen den Kollegen. Eine gleichberechtigte co-beraterische Beziehung braucht *im Voraus* die Kommunikation über Stärken, Schwächen, Verletzlichkeiten und »blinde Flecke« und eine Vereinbarung, wie mit eventueller Eskalation umgegangen werden kann.
- Weniger erfahrene Co-Beratungs-Paare sollten vorab komplementäre Rollen vereinbaren und definieren, wer den aktiveren und wer den eher passiveren Part spielt oder wer einen metakommunizierenden Teil übernimmt.
- Zweck: *Erfahrene Co-Paare* können die sich zwischen ihnen entwickelnde Dynamik zur »Systemerkennung« (Resonanzen der Muster des Klientensystems?) nutzen, d. h. die entstehenden Streitpunkte oder widersprüchlichen Empfindungen auf ihre Bedeutung für das Klientensystem hin befragen.
- Zweck: Ambivalenzen können als »Splitting« spielerisch zwischen den beiden Beratern als offen ausgetragene »Uneinigkeit« inszeniert werden, um die Reflexion von relevanten Themen voranzutreiben und/oder Klienten zu spiegeln.

4. Wann ist ein Settingwechsel sinnvoll?

Das »richtige Setting« oder Wer gehört dazu?

Im Verlauf von Therapien oder Coachings kann sich die Frage stellen, ob ein Settingwechsel den Beratungsprozess günstig beeinflusst. Sollen

a) in Familientherapien bestimmte Fragen besser mit den Eltern alleine als gemeinsam mit den Kindern besprochen werden,
b) in einer Einzeltherapie oder einem Coaching, in dem Beziehungskonflikte behandelt werden, der Partner/Kollege oder Vorgesetzte hinzugezogen werden,
c) umgekehrt in Paartherapien bestimmte Fragen besser mit einem Partner allein besprochen werden?

Schwierigkeiten beim Settingwechsel

Ob Erweiterung oder Reduzierung des Personenkreises, bei jeder Veränderung ist mit speziellen Schwierigkeiten zu rechnen.

Settingerweiterung
Eine Erweiterung kann zur Eröffnung eines Anklagediskurses führen.

Der/die nun Eingeladene(n) können sich als »Vorgeladene« empfinden, deren Einladung auf der vermuteten Zuschreibung von Schuld und Mitverantwortung beruht. Sie können sich aber auch als »Retter« aufgewertet erleben, ohne die eine Lösung nicht möglich ist. Im ungünstigen Fall können sich die Retter dann weigern, sich überhaupt als Teil des Problems zu sehen, und sich ihrerseits in eine anklagende Position gegenüber den bisherigen Klienten begeben.

Für den Therapeuten kann eine Settingerweiterung die zu bewältigende Komplexität erhöhen, da er nun noch mehr Informationen zu bewältigen hat und Gefahr läuft, die Orientierung zu verlieren.

Auch die Konstruktneutralität des Therapeuten kann gefährdet werden, wenn er noch von der Wirklichkeitskonstruktion (den Bildern, Metaphern, Vorstellungen, Perspektiven und Bewertungen) imprägniert ist, die er sich vor dem Settingwechsel zu Eigen gemacht hat.

Settingreduzierung
Aus der Sicht der/s bleibenden Klienten kann die Settingreduzierung zu einem Gefühl des Sitzengelassenwerdens führen, insbesondere dann, wenn der Settingwechsel nicht einvernehmlich entschieden wurde, sondern eine Person einfach wegbleibt. In diesem Fall kann der Settingwechsel erst recht zu einer Intensivierung der Klage einladen, womöglich verbunden mit der Erwartung an die Therapeutin, den Wegbleibenden, den sie ja nun kennt, doch noch zu verändern.

Die Therapeutin kann sich dagegen aufgerufen fühlen, dem nicht mehr Anwesenden gerecht zu werden und dessen Interessen und Sichtweisen im Auge zu behalten, obwohl sie von ihm keinen Auftrag mehr hat. Die Veränderungsneutralität ist hier in Gefahr.

Häufig taucht die Frage des Settingwechsels in Paartherapien auf, etwa wenn ein Partner den Therapeuten um ein Einzelgespräch bittet, oft sogar mit Unterstützung des nicht teilnehmenden, ausgeschlossenen Partners. Das kommt dann vor, wenn die Partner die Vorstellung haben, ein bestimmtes Problem (sein Alkoholkonsum, ihre Depression) »gehöre« einem Partner allein und sei deshalb besser auch individuell mit dem Therapeuten zu besprechen. Bei einer solchen Verabredung geht der Therapeut verschiedene Risiken ein:

- *Geheimnisse:* Ein Partner vertraut dem Therapeuten im Einzelgespräch ein relevantes Geheimnis an, etwa eine Außenbeziehung, was den Therapeuten in ein Loyalitätsdilemma bringt.
- *Symptomverständnis:* Auch wenn es nicht intendiert ist, wird ein individualisierendes Symptomverständnis markiert und die Funktion des Symptoms im interaktiven Kontext der Familie marginalisiert.
- *Triangulierung:* Mit der Vieraugenverabredung bekommt die Dyade zwischen Therapeut und diesem Partner eine besondere Bedeutung, die in der Folge nicht nur die Personenneutralität, sondern auch die Veränderungsneutralität des Therapeuten erschwert.

Wer bestimmt das Ursprungssetting, und wer entscheidet einen Settingwechsel?

Es ist nützlich, sich zu vergegenwärtigen, wie ein Setting zustande gekommen ist, dessen Veränderung nun zur Disposition steht: Wieweit haben die Klienten das anfängliche Setting bestimmt und inwieweit der Therapeut bzw. Berater? Wenn Klienten das Setting wählen, also entscheiden, *wer* zur

Therapie/Beratung kommt, und damit kommunizieren, wer an einer Lösung mitarbeiten will/soll, sind sie stärker in »ihre« Therapie involviert und auch stärker dafür, dass das von ihnen favorisierte Setting erfolgreich sein kann. Die Therapeutin akzeptiert nicht einfach die Settingwünsche der Klienten (»Sie wünschen – wir spielen«), sondern bringt ihre Überlegungen mit ein, ob die gerade Anwesenden ausreichen, ob sie die richtigen sind, um die Probleme zu lösen, oder ob es anderer bedarf, ohne die die Probleme nicht lösbar erscheinen. Im Prinzip gilt:

Diejenigen sollten anwesend sein können, die am meisten unter der problematischen Situation leiden oder sich dafür verantwortlich fühlen, weil deren Bereitschaft zur Veränderung auch am größten ist. Eine kritische Konstellation ist die, wenn Schlüsselpersonen nicht am Gespräch teilnehmen wollen, unter deren Verhalten die anderen leiden (ein delinquenter Jugendlicher, ein misshandelnder Vater …).

Wenn dagegen der Therapeut das Ausgangssetting bestimmt hat (Schulprobleme bedürfen eines Familiensettings! Sexuelle Probleme bedürfen eines Paarsettings! Depression und PTB bedürfen eines Einzelsettings! Erziehungsprobleme bedürfen eines Settings, an dem alle Kinder und alle Erziehungsberechtigten teilnehmen!), ist er bei einem Settingwechsel viel stärker involviert. Nun steht seine eigene Entscheidungskompetenz zur Disposition, und er könnte durch den Settingwechsel einen Gesichtsverlust befürchten. Wenn er dann noch aus eigener Initiative den Settingswechsel initiiert, kann dies zu einer Verantwortungsübernahme für den Erfolg der Therapie durch den Therapeuten werden bzw. umgekehrt zu einer ungünstigen Verantwortungsentlastung für die Klienten.

Dies Risiko sollte den Therapeuten freilich nicht dazu verführen, starr an einer einmal getroffenen Entscheidung festzuhalten, nur um nicht als inkonsequent oder unsicher dazustehen. Eine souverän begründete Settingentscheidung ist allemal professioneller als das ängstliche Festhalten an einer Entscheidung, die sich als ungünstig herausgestellt hat.

Was bedeutet ein Settingwechsel?

Die zentrale Frage beim Settingwechsel heißt: Ist der Settingwechsel Teil eines problemerhaltenden Musters, unterbricht er ein problematisches Muster, oder ist er gar ein neues Lösungsermöglichungsmuster? Um das einzuschätzen, sollte die Therapeutin sich ihre Beweggründe, einen Settingwechsel herbeizuführen, klarmachen. Unterscheidungskriterium ist: Übernehme ich mit einem Settingwechsel eine Einladung, eine Funktion des/der Klienten? Eine alte Therapeutenregel lautet: Wenn ich an Settingänderungen denke, kann das ein Zeichen von Widerstand sein, dem ich nachgebe, ohne ihn zu verstehen. In der systemischen Therapie, die die Nutzung kommunikativer Möglichkeiten im Blick hat, bezieht sich der Widerstand auf die Vermeidung der Metakommunikation, also darauf, eine Außenperspektive zur eigenen Kommunikation einzunehmen. Ob die Vermeidung der metakommunikativen Ebene (als Weigerung oder auch nur als Vernachlässigung) von den Klienten oder den Therapeuten ausgeht, ist zunächst belanglos. Die Verantwortung dafür hat immer der Therapeut. Ein Settingwechsel aus einer solchen Situation heraus kann eine Verschiebung von der Beziehungs- auf die Settingebene bedeuten und würde den zentralen Konflikt umgehen, aber nicht lösen. Der Therapeut würde die Neutralität verlieren und damit seine Handlungsmöglichkeiten verringern.

Entscheidungshilfen

Allgemeine Empfehlungen

1. Es gibt im Allgemeinen keine eindeutige Zuordnung eines bestimmten Settings zu einem bestimmten Problem oder einer bestimmten Lösung.
2. Es empfiehlt sich, die Klienten schon zu Beginn, d. h. bei der Einladung und Terminbestätigung an der Auswahl des Settings zu beteiligen. Ein einmal gewähltes Setting sollte nicht ohne Not verändert werden.
3. Im Allgemeinen ist es unproblematischer, ein Setting zu reduzieren als ein Setting zu erweitern. Eine Reduktion des Settings sollte mit denen, auf die verzichtet werden soll, besprochen werden. Damit kann die Bedeutung eines solchen Settingwechsels für die Klienten exploriert und beeinflusst werden.
4. Eine wichtige Ausnahme von der letzten Regel ist das Paarsetting.

In einer Paartherapie kann es problematisch sein, das Setting in der Weise zu verändern, dass zusätzlich Einzelgespräche angeboten werden. Für das Klientenpaar kann die Einführung von Einzelgesprächen unter einem kommunikationstheoretischen Gesichtspunkt die Auflösung der Paarbeziehung bedeuten. Für den Paartherapeuten bedeuten Einzelgespräche nicht nur, dass er zum Geheimnisträger werden kann und oftmals auch wird, sondern dass er die fehlende Klammer (d. h. die Kommunikationslücke in der Paarbeziehung) durch die Einzelgespräche ersetzen soll. Der Therapeut ist trianguliert, eine äußerst unangenehme und gleichzeitig äußerst ineffektive Position für einen Paartherapeuten.

Für die pragmatische Entscheidung, die die Risiken und die möglichen erweiterten Handlungsoptionen berücksichtigt, können bestimmte *Fragen für den Therapeuten* nützlich sein:

- Welchen Unterschied möchte ich einführen und wozu?
- Was *vermeide* ich durch den Settingwechsel?
- Was *ermögliche* ich durch den Settingwechsel?
- Übt das Problemsystem einen Druck auf mich aus, dem ich nachgebe?
- Welchem Konflikt gehe ich durch einen Settingwechsel aus dem Weg?
- Welchen neuen Konflikt nehme ich durch einen Settingwechsel in Kauf?

Fragen können auch *an die Klienten* gestellt werden und so in die therapeutische Kommunikation eingeführt werden. Mit dieser Einführung wird die Entscheidung transparent und besser kontrollierbar.

Um mit diesen Fragen nicht neue Fest-Setzungen zu erzeugen, empfiehlt es sich, sie hypothetisch, also im Konjunktiv, und zirkulär zu stellen. Etwa nach dem Muster: »Angenommen, ich würde, Ihrem Wunsch entsprechend, nachgeben und Ihrer Frau/Ihrem Mann Einzelgespräche anbieten, welche Vorteile hätte das für Ihren Mann/Ihre Frau?«

- Wer könnte von einem Settingwechsel welche Vorteile haben?
- Wer könnte von einem Settingwechsel welche Nachteile haben?
- Wenn durch einen Settingwechsel ein Problem gelöst werden sollte, was könnte das sein?
- Welches neue Problem könnte bei einem Settingwechsel auftauchen?
- Welche Frage würde durch einen Settingwechsel in den Hintergrund treten?
- Welche Frage würde durch einen Settingwechsel mehr in den Vordergrund treten?

Die entsprechenden Fragen lassen sich auch für den umgekehrten Fall stellen, dass das Setting beibehalten wird. Das Ziel all dieser Fragen ist es, den Settingwechsel nicht einfach als technische »Maßnahme«, sondern als beobachterabhängige kommunikative Handlung zu erörtern und gegebenenfalls zu vollziehen.

Ulrich Clement, Arnold Retzer, Hans Rudi Fischer

WERKZEUGKASTEN — Settingwechsel

Impulse und Strategien für die Praxis

Zum Setting:

- Idealerweise sind die Personen anwesend, die am meisten unter der problematischen Situation leiden oder sich dafür verantwortlich fühlen; sie bringen i. d. R. Veränderungsbereitschaft mit.
- Klienten sollen von Beginn an in die Entscheidung über die geeignete Personenkonstellation für den Beratungsprozess aktiv einbezogen werden.
- Es gibt keine allgemeingültigen Regeln für bestimmte Settings bei bestimmten Problemen.

Zum Settingwechsel (Veränderung des beteiligten Personenkreises):

- SW kann und darf von Klienten- oder Therapeutenseite angeregt werden
- SW kann Teil eines problemerhaltenden Musters darstellen (z. B. Vermeiden von Metakommunikation).
- SW kann zum Verlust beraterischer Neutralität führen.
- SW kann die Komplexität zu verarbeitender und nicht von allen geteilter Informationen erhöhen.
- Zweck: Settingwechsel sollte die beraterischen Handlungsoptionen erweitern und eine lösungsermöglichende Musterunterbrechung bewirken.

Beraterische Strategien:

- Eruieren Sie vor einem Settingwechsel Ihre *eigenen Motive sowie die der Klienten*, z. B. durch hypothetisch-zirkulär formulierte Fragen (was soll durch einen Settingwechsel potentiell vermieden oder ermöglicht werden?).
- Wägen Sie Vor- und Nachteile umsichtig ab und *besprechen Sie das Vorgehen mit den Klienten*, um Bedeutungszuschreibungen zu explorieren und bei Bedarf zu beeinflussen.

5. Wann endet eine Therapie, ein Coaching oder eine Beratung?

Eine Therapie, ein Coaching oder eine Beratung haben kein natürliches Ende. Das Beenden einer professionellen Beziehung ist das Resultat eines Entscheidungsprozesses zwischen den Beteiligten. Dabei muss das Beenden nicht einvernehmlich geschehen. Gewählte Beziehungen sind einseitig kündbar, sowohl vom Klienten wie vom Berater.

Wovon hängt die Entscheidung über das Therapieende maßgeblich ab? In erster Linie davon, welches *Ziel* die Beteiligten mit einer Beratung/Therapie verfolgen – wenn sie denn ein Ziel verabredet haben, was nicht selbstverständlich ist. Das Ziel ist eine interaktive Konstruktion, mit der die Größe der Aufgabe definiert wird, die beraterisch erreicht werden soll. Therapeut und Klient einigen sich darüber, was sie in eine Beratung/Therapie einschließen und was sie ausschließen. Je umfassender sie das zu lösende Problem definieren und je mehr sie damit in die Beratung oder Therapie einschließen, desto weiter weg rücken sie das Ende des Beratungsprozesses.

Metaphern der Therapie – Ausgesprochenes und Unausgesprochenes

In einer Therapie (Gleiches gilt für Coaching und Beratung) begleitet der Therapeut einen Klienten über eine gewisse Phase seines Lebens, das danach erträglicher werden soll als zuvor. Diesen Prozess beschreiben wir häufig metaphorisch, ohne es zu merken. Therapien – wie Coachings – werden als Arbeit, als Begleitung, als Reise, als Entwicklung, als Analyse, als Weg oder als Heilung beschrieben und illustriert.

Abhängig von der Metapher, wird für den Anfang und das Ende eine bestimmte Bedeutung nahe gelegt, weil die jeweiligen Metaphern damit auch Zeit organisieren. Werfen wir einen kurzen Blick auf die Frage, wie Metaphern Verläufe und damit auch Beendigungskriterien von Therapie nahe legen. Insbesondere Metaphern des Raumes (Größe, Gewichtsverhältnis und Viskosität) organisieren Zeit, Zeitbedarf, Zeitverbrauch und Tempo.

Aus der bereits metaphorisierten Vorstellung, der Gegenstand einer Therapie sei groß, komplex, zäh und fest, ergeben sich *»langsame« Metaphern:* Schwere Probleme, die bewältigt werden müssen, frühe Störungen, die durchgearbeitet werden. »Entwicklungen brauchen Zeit« gehört zu den geläufigen therapeutischen on-dits dieser Metaphorik. Entwicklungs- und wachstumsorientierte Konzepte plausibilisieren eine lange Zeitperspektive.

»Schnelle« Metaphern ergeben sich aus der Idee, der Gegenstand der Therapie sei übersichtlich, niedrigkomplex und flüssig. Therapie ist dann eine Lösung, die man sucht; oder eine Frage, die man beantwortet.

Die meisten »lösungsorientierten« Verfahren legen eine kurze Zeitperspektive nahe.

Auch *räumliche Metaphern*, die das Verhältnis von Beratenden, Beratung und Klient beschreiben, erzeugen Zeit- und Tempovorstellungen:

Wer »einen Therapieplatz *hat*«, stellt sich auf einen längeren Aufenthalt auf diesem Platz ein. Wer »*in* Therapie ist«, schafft eine passiv-rezeptive Vorstellung, in der er sich mit Therapie umgibt, und hat eine längere Perspektive vor Augen, als wer sich Therapiestunden »nimmt« und sich damit aktiv-gestaltend zu Therapie positioniert. Schließlich haben therapeutische Haltungen zeitliche Implikationen. Ob sich ein Therapeut als Mediator, Helfer, Vater- oder Mutter-Ersatz, als Modell, Beziehungsdienstleister oder Coach sieht, legt nahe, wie er die Therapiezeit strukturiert.

Problemkonstruktion und Zeit

Die täuschend einfach klingende Regel, wonach schwere Probleme lange Zeit brauchen und leichtere Probleme schneller zu lösen sind, setzt voraus, dass klar sei, was »das Problem« ist. Dafür ist es nützlich, zwischen einer Tatsache und einem Problem zu unterscheiden. Eine Tatsache (z. B. eine Kündigung, eine Außenbeziehung des Ehepartners, eine Lese-Rechtschreib-Schwäche) wird erst dadurch zum Problem, dass der »Besitzer« oder seine relevante Umgebung sie negativ bewertet und ändern möchte.

Einschluss und Ausschluss: Was gehört dazu?

Entsprechend ist auch das »schwere« oder »leichte« Gewicht (noch eine Metapher) von Problemen keine inhärente Eigenschaft, sondern eine Zuschreibung von außen. Mit der Erzeugung von Größe oder Schwere eines Problems wird entschieden, welche Sachverhalte als zum Problem gehörend (eingeschlossen) und welche als nicht zum Problem gehörend (ausgeschlossen) betrachtet werden.

Nehmen wir das Beispiel einer Klientin, die als an einer Bulimie leidend beschrieben wird. Was gehört zum Problem (was wird eingeschlossen)? Die Beziehung zu ihrer Mutter? Ihre Sexualität? Ihr Körperbild? Ihre Beziehung zu Freundinnen? Ihr Haschischkonsum? Ihre Schwierigkeiten mit ihrem Vorgesetzten? Ihre religiöse Überzeugung? Ihre Berufsplanung? Ihre Depression? Jede dieser Fragen lässt sich begründet als Teil des Problems sehen – oder auch nicht. Es ist eine therapeutische Entscheidung, *wie* das Problem formatiert wird. Die zentrale Operation dieser therapeutischen Entscheidung ist *Einschluss* (gehört dazu) oder *Ausschluss* (hat nichts damit zu tun) bestimmter Sachverhalte. Wenn Probleme komplexitätserhöhend und hochinklusiv beschrieben werden (vieles »gehört dazu«), wird eine lange Dauer nahe gelegt, weil mehr Fragen behandelt und beantwortet werden müssen. Andererseits kann diese Hochinklusivität auch dazu führen, dass ein Problem für unlösbar gehalten wird, so dass damit gelebt werden muss. Das kann auch eine Lösung sein, zum Ende nutzloser Lösungsversuche führen und damit zum Beenden der Therapie.

Ende des Problems oder Beginn der Lösung?

Bisher haben wir das Ende der Therapie vom Problem her überlegt: Therapie ist dann zu Ende, wenn das Problem verschwunden oder deutlich schwächer geworden ist. Eine andere Sichtweise ist, das Ende der Therapie durch den *Beginn der Lösung* zu definieren. Statt *weg* vom Problem *hin* zur Lösung. Problem und Lösung können, müssen aber nicht unbedingt komplementär zueinander sein. Anders ausgedrückt: Die Abwesenheit des Problems bedeutet nicht notwendigerweise die Anwesenheit der Lösung.

So kann am Beispiel der Bulimie-Klientin das Ende des Problems darin bestehen, dass sie keine Ess-Attacken mehr hat. Wenn es ihr damit aber gleich schlecht geht wie zuvor, ist mit dem Ende des Problems noch nicht der Beginn der Lösung eingetreten. Um – im Beispiel – die Abwesenheit von Ess-Attacken festzustellen, muss man verschiedene Zusatzkriterien definieren (Wie lange mindestens keine Attacke? Ist *eine* Attacke bereits ein Rückfall?), die gelten lassen, dass das Problem verschwunden sei.

Die therapeutische Relevanz dieser Unterscheidung wird deutlich, wenn wir den Aspekt der Opfer- und Täterposition hinzunehmen. Klienten können sich als »Problem-Opfer« sehen (»Es ist mir passiert«) oder als »Problem-Täter« (»Ich trage zur Aufrechterhaltung des Problems bei, bin mitbeteiligt«). Entsprechendes gilt für die Lösung. Klienten können passiv hoffend eine »Lösungsopfer«-Perspektive einnehmen, bei der ihnen die Lösung von außen widerfährt (»Es ist jetzt besser geworden«). Oder sie können in der »Lösungstäter«-Sichtweise eigene Handlungen ins Auge fassen, mit denen sie die gewünschte Lösung selbst herstellen oder zumindest begünstigen können (»Ich verhalte mich jetzt anders«).

Nach dieser Unterscheidung kann es vorteilhaft sein, das Ende einer Therapie über den *Beginn der Lösung* statt über das Ende des Problems zu definieren: Die Lösung und damit das Therapieende ist positiv definiert und kann damit direkt wahrgenommen werden. Und eine Lösung, die im Sinne einer Lösungstäterschaft hergestellt wurde, lässt sich vom Klienten eher nachhaltig stabilisieren. Es kann einfacher sein, das Gute zu tun als das Schlechte zu lassen.

Zeit als Rahmen – Zeit als Intervention

Therapiezeit und damit das Ende der Therapie ist nicht nur vom inhaltlichen, sondern sehr stark auch vom institutionellen Kontext der Therapie abhängig. Er begrenzt oder eröffnet die Verfügbarkeit von Therapiezeit.

Stationäre Therapiekonzepte definieren oft durch bestimmte Behandlungsprogramme (etwa: sechs Wochen) den Zeitrahmen, innerhalb dessen sich Therapie bewegt, weitgehend unabhängig vom Therapieverlauf. Das Therapieende ambulanter kassenfinanzierter Therapien ist durch die bewilligten Stunden definiert, ebenfalls unabhängig vom Verlauf. Bei diesen Restriktionen bestimmt die Form den Inhalt: Dem therapeutischen Gespräch stehen, sagen wir: 40 Stunden zur Verfügung. Dem folgt die Frage: Welcher Inhalt passt in 40 Stunden, und was muss man dementsprechend weglassen oder: Wie formatiert man ein Problem so, dass es sich in 40 Stunden lösen lässt bzw. – wenn man schon die Kassenfinanzierung bewilligt hat – 40 Stunden anhält und nicht zu früh gelöst wird?

Diese Zeitdefinition (gegebene Zeit) vereindeutigt eine offene Frage, die sich anders herum gestellt erheblich schwerer beantworten ließe: Wie viel Zeit braucht ein Klient für eine bestimmte Therapie (genommene Zeit)?

Zeit ist zum einen der Rahmen, innerhalb dessen Therapie stattfindet. Zum andern lässt sich Zeit ihrerseits als Intervention verstehen. Das zeitliche Setting beeinflusst – unabhängig vom Inhalt der Therapie – die Problem»größe« und damit die Plausibilisierung dafür, wann eine Therapie beendet werden sollte. In Kombination mit der Zieldefinition lassen sich vier Konstellationen unterscheiden, die spezifische Folgen für die Definition des Therapieendes haben:

1. *Feste Zeitstruktur, feste Zieldefinition:* Eine feste Zeitstruktur bei gleichzeitig fester Zieldefinition setzt eine hohe Berechenbarkeit der therapeutischen Abläufe und Ergebnisse voraus. Nur bei engem diagnostischem Verständnis und hohem Standardisierungsgrad der Therapie ist diese Kombination plausibel.
2. *Feste Zeitstruktur, lose Zieldefinition:* Eine Verabredung fester Intervalle (jede Woche, alle vier Wochen) lässt sich auch ohne klare Zieldefinition treffen.

Ordnungsgesichtspunkt ist hier die Zeit, nicht die Veränderung. Diese Verabredung legt Kontinuität und Langsamkeit nahe und schiebt das Ende eher hinaus. Die feste Zeitstruktur erlaubt es, eine weiche Perspektive auf die beabsichtigte Verabredung zu treffen: Mal sehen, wie weit wir kommen.

3. *Lose Zeitstruktur, feste Zieldefinition:* Umgekehrt lässt sich bei einer klaren Zieldefinition die Zeitstruktur flexibel handhaben. In diesem Fall ist es plausibel, Therapieverabredungen von Sitzung zu Sitzung zu treffen. Die Therapie beginnt gewissermaßen mit dem Bewusstsein ihres Endes. Die klare Zieldefinition erlaubt dann eine weiche Perspektive auf die Zeit. Wenn die beabsichtigte Veränderung klar ist, wird Zeit flexibel: Mal sehen, wie lange wir brauchen.
4. *Lose Zeitstruktur, lose Zieldefinition:* In dieser offenen Zeit-Ziel-Kombination ist das Schauen-wir-mal-Prinzip am konsequentesten durchgehalten. Sie wird nicht nur als Langversion in der »unendlichen Analyse« gewollt realisiert, auch unklar gelassene Therapieaufträge von fremdmotivierten »Besucher«-Klienten können diese Struktur – meist ungewollt – haben. Die Entscheidung über das Therapieende ist hier dem Verlauf überlassen: Mal sehen, was passiert.

Wann ist es genug?

Therapeuten wie Klienten kennen die Einschätzung, dass es nach einer gewissen Therapiezeit, die bestimmte Phasen durchlaufen hat, »genug« ist. Diese Einschätzung basiert auf zwei Komponenten: zum einem auf dem Eindruck, eine erkennbare Veränderung des eigenen Verhaltens oder der eigenen Sichtweisen geschafft zu haben, und zum anderen in dem Nachlassen der Hoffnung, mehr Therapie bringe nennenswert mehr Lebensqualität bzw. weniger Leidensdruck. Die erste Komponente ist als »Therapieerfolg« leicht plausibel. Sie ist aber für das Therapieende wenig relevant. Besonders dann, wenn vorher keine Verabredung getroffen wurde, wann, d. h. bei welchen Merkmalen, die Therapie abgeschlossen werden kann. Therapiezeit und damit das Therapieende kann auch durch die zweite Komponente bestimmt werden, die man als »angemessene Resignation« bezeichnen könnte. Sie resultiert aus der Einsicht, dass man bestimmte Dinge nicht ändern kann, dass man mit gewissen Begrenzungen und Unzulänglichkeiten leben muss und auch kann. In der Ökonomie ist das mit dem Begriff des »Grenznutzens« rational konzipiert. Er beantwortet die Frage, wie viel zusätzlichen Nutzen eine weitere Einheit der Investition x stiften würde. Dabei gilt als Optimum, dass der Grenznutzen eines Gutes seinen Grenzkosten entspricht, dass also der Aufwand nicht größer sein darf als der erwartbare Nutzen.

Therapiedauer als Lösung – Therapiedauer als Problem

Die Dauer einer Therapie lässt sich als Lösung oder als Problem sehen. Da wir auch hier zur Freiheit der eigenen Einschätzung verurteilt sind, haben wir die Wahl zwischen zwei alternativen Plausibilisierungen:

a) Dauer als Problemlösung
Anleitung zur Plausibilisierung längerer Therapiedauer:
Therapeuten, die eine höhere berufliche Lebensqualität dadurch erfahren, dass sie eher längere Therapien machen, empfiehlt sich, »das Problem« folgendermaßen zu konzipieren:

- Erzeuge komplexe Fallkonstruktionen.
- Erhöhe horizontale Komplexität und gehe davon aus, dass »alles mit allem zusammenhängt« und dass sehr viele Gesichtspunkte berücksichtigt werden müssen.
- Erhöhe vertikale Komplexität und gehe davon aus, dass »die Ursachen tiefer liegen« und wahrscheinlich nicht leicht zu erkennen, womöglich sogar unbewusst sind.
- Bevorzuge Metaphern der Tiefe und Schwere (die Wahrheit wiegt schwer, sie liegt demzufolge unten).
- Suche die inkompetenten und beeinträchtigten Seiten des Klienten.
- Gehe davon aus, dass die Ursachen des Problems lange zurückliegen und erst die Kenntnis und die Orientierung an den Ursachen eine Lösung möglich machen.
- Misstraue den Kompetenzeinschätzungen des Klienten.
- Misstraue positiven Veränderungen von Verhalten und Sichtweisen des Klienten.
- Beachte Verantwortung und Stellenwert, die du als Therapeut im Leben eines Patienten hast.
- Gehe davon aus, dass bei einem vorzeitigen Therapieende Rückfälle wahrscheinlich sind und einen demotivierenden Effekt haben.
- Bei symptomatischen Besserungen: Suche die Symptomverschiebung.

- Definiere keine Merkmale für eine ausreichende Lösung.
- Gib dich nur mit 100 %-Lösungen zufrieden und prüfe kritisch deren Nachhaltigkeit für das weitere Leben des Klienten.
- Organisiere deine therapeutische Praxis so, dass du optimale Einnahmequellen mit wenigen wechselnden Klienten über einen langen Zeitraum sicherstellst.

b) Dauer als Problem

Anleitung zur Plausibilisierung kürzerer Therapiedauer:

Therapeuten, die kürzere Therapiedauer bevorzugen, empfiehlt sich, »das Problem« wie folgt zu konzipieren:

- Gehe davon aus, dass sich alles Wichtige auch einfach sagen lässt.
- Gehe minimalistisch vor: Nicht alles, was gesagt und getan werden kann, muss gesagt und getan werden.
- Wenn etwas nicht zum definierten Therapieziel beiträgt: Lass es und versuche etwas Neues.
- Reduziere horizontale Komplexität, indem du Wichtiges von Unwichtigem unterscheidest und auf das Wichtigere fokussierst.
- Reduziere vertikale Komplexität und gehe davon aus, dass alles Relevante mitgeteilt werden kann.
- Lösungen an der Oberfläche sind nicht weniger wert als Lösungen in der Tiefe.
- Bevorzuge den Fokus »hier und jetzt« und Zukünftiges, statt »dort und damals« und Vergangenes.
- Stütze dich auf die kompetenten Seiten des Klienten.
- Unterstütze positive Veränderungen von Verhalten und Sichtweisen des Klienten.
- Mache dich als Therapeut so bald wie möglich überflüssig und beachte, dass Therapie nur einer von mehreren Wegen nach Rom ist.
- Definiere Merkmale für eine ausreichende (nicht 100 %-ige) Lösung.
- Gib die Idee auf, erzeugte Lösungen müssten nachhaltig stabil für das weitere Leben des Klienten sein.
- Organisiere deine therapeutische Praxis so, dass du optimale Einnahmequellen mit wechselnden Klienten über einen kurzen Zeitraum sicherstellst.

Ulrich Clement, Hans Rudi Fischer, Arnold Retzer

Impulse und Strategien für die Praxis

- Eintrittskarte in Therapie oder Beratung (auch Coaching) sind häufig *zu lösende Probleme*. Probleme sind Phänomene, die von Beobachtern als solche definiert werden und ein Veränderungsbedürfnis implizieren.
- Es ist aussichtsreicher, das *Beratungsende* über den *Beginn der Lösung* (verändertes Denken oder Verhalten beim Klienten) einzuführen als über das Verschwinden des Problems (negative Zieldefinition). Die Lösung (Zielerreichung) ist positiv zu definieren und soll sich vom Klienten nachhaltig stabilisieren lassen.
- Auch formale Aspekte des institutionellen Rahmens (wer bezahlt wie lange?) bestimmen die verfügbare Zeit und somit den Komplexitätsgrad, der bei der Definition des Problems anzusetzen ist (welche Aspekte des Lebens des Klienten werden als problemzugehörig verstanden?).
- Eine *kürzere Therapie- oder Beratungsdauer lässt sich plausibilisieren*, indem man das Problem eingrenzt und nur als so einfach wie möglich konzeptualisiert, den beraterischen Prozess auf das Wesentliche reduziert; Klienten als kompetent erachtet, um keine Abhängigkeiten zu erzeugen und sich möglichst schnell wieder entbehrlich zu machen.
- Eine *längere Therapie- oder Beratungsdauer lässt sich plausibilisieren*, indem man sie als notwendigen Preis einer als komplex definierten Problemlösung erklärt – tendenziell wertet das die Bedeutsamkeit des Beraters/Therapeuten eher auf und schmälert die dem Klienten zugeschriebene Kompetenz.
- Das *Beratungsende* ist auch dann angesagt, wenn eine »*angemessene Resignation*« mit der Einsicht einhergeht, dass bestimmte Dinge nicht zu verändern sind.

UNGEN

II. Zeit, Erwartungen und Aufträge

Erwartungsstrukturen bestimmen unser soziales Leben. Unsere Erwartungen an das Verhalten des anderen und unsere Erwartungserwartungen, nämlich was wir denken, was der andere von uns erwartet, werden vom anderen mit eigenen Erwartungen und Erwartungserwartungen beantwortet. So sind in unserer sozialen Welt Erwartungen so etwas wie der Klebstoff sozialer Systeme. Wir verhalten uns so, wie andere es von uns erwarten und umgekehrt. Im Alltag funktioniert das prima, wir sind füreinander »Erwartungskollagen«, wie Niklas Luhmann sie nennt, und als solche gehen Milliarden von Interaktionen auf der Welt gut und glatt. In einem Haus mit einem gelben Posthorn bekommen wir Briefmarken und der Schalterbeamte singt uns kein Lied vor, genauso wenig tut dies die Bäckerin, wenn wir Brötchen kaufen, und sie kann sicher sein (einigermaßen sicher, jedenfalls so, dass es in der Regel klappt), dass wir entsprechend bezahlen und eben keine Turnübungen machen oder statt Bezahlung ein Märchen erzählen.

Das, was im Alltag so reibungslos funktioniert, kann uns im sozialen Nahraum zum Verhängnis werden. Wir sind so gewohnt, uns unseren Erwartungserwartungen entsprechend zu verhalten, dass wir oft gar nicht mehr prüfen, ob sie eigentlich noch passen. Natürlich ist es Blödsinn, mit der Bäckerin zu verhandeln: »Ich schlage vor, wir machen es heute so: ich bekomme von Ihnen 4 Brötchen und Sie bekommen von mir Geld! Wäre das eine gute Idee?« Doch die Geschichte von dem Ehepaar ist vielleicht übertrieben, aber auch nicht untypisch: Die Frau wünscht sich am 50. Hochzeitstag, doch nun nach all den Jahren auch einmal die untere Hälfte des Brötchens zu bekommen – der Mann fällt aus allen Wolken, hatte er ihr doch nach der Hochzeitsnacht die obere Hälfte gegeben, weil er dachte, dass sie diese lieber äße (so wie nämlich er), sie aber meinte, er möge die untere lieber – und so waren sie 50 Jahre jeweils ungefragt ihren Erwartungsstrukturen gefolgt.

Was hat das alles nun mit Aufträgen zu tun? Sensibilität für Aufträge ist für die systemische Praxis deshalb essenziell, weil man auf diese Weise dem Phänomen vorbeugen kann, dass man in eine Richtung arbeitet, von der man zwar denkt, dass der andere sich das wünscht, von der man aber nur eine implizite Vorstellung hat. Ohne sorgfältige Klärung der Auftragslage geraten wir als Praktiker schnell in die Situation, unausgesprochenen Erwartungen zu folgen. Manchmal geht es schnell, dass wir uns mit unseren im Laufe unserer Sozialisation gut entwickelten Antennen dafür, was in dem jeweiligen Feld von uns erwartet wird, in einem Geflecht von unausgesprochenen Erwartungen verfangen – man lese nur die kleinen Beispiele zu Beginn des ersten Textes. Um sich bewusst zu entscheiden, welche Einladung man annimmt und welche man freundlich, aber auch klar ablehnt oder umgeht, muss man sich diese Einladungen erst einmal bewusst machen. Die »Stellenausschreibungen«, die von Ratsuchenden in die Kooperation eingebracht werden, verdienen es, dass mit ihnen bewusst und sorgfältig umgegangen wird.

Derartige Erwartungskonstellationen beginnen sich im Moment der Begegnung von Ratsuchenden (und oft auch anderen Personen, die als »unsichtbare Dritte« mit Hoffnung oder Sorge auf die Beratung schauen) und Beratern zu bilden. Die beiden folgenden Beiträge bieten verschiedene Möglichkeiten, die Situation so zu strukturieren, zu gestalten und zu analysieren, dass das Ergebnis für alle Beteiligten möglichst hilfreich ist.

6. Welche Einladungen nehme ich an?

Zwei kleine Geschichten zum Anfang:

Eine Paartherapie, sie läuft schon einige Zeit. Im Prozessverlauf hat sich ein Muster herausgebildet, die Partner kommen hoch zerstritten ins Gespräch, in dessen Verlauf sie durch die sensiblen Interventionen des Beraters ruhiger werden. Sie gehen jedes Mal hoch zufrieden nach Hause. Immer wieder berichten sie davon, dass es in der ersten Woche nach dem Gespräch richtig gut und harmonisch verlaufe, sich dann aber die alten Muster wieder in voller Schärfe zeigten. Mit einem Schuss Ironie meint der Berater daraufhin: »Oh, dann sollte ich vielleicht bei Ihnen einziehen!«, woraufhin die Frau zu seinem Erstaunen sagt: »Ja, daran haben wir auch schon gedacht!«

Ein Berater schildert in der Supervision ein mittelständisches Familienunternehmen, die Eltern versuchen verzweifelt, ihren psychisch schwer beeinträchtigten Sohn (25) zum Unternehmensnachfolger aufzubauen und seine Problematik vor den Mitarbeitern zu verheimlichen. Beide sind uneins und streiten untereinander über die Entwicklungspotentiale des Sohnes. Die Mutter glaubt, der Junge werde sich noch entwickeln, er brauche nur Schonzeit, der Vater traut ihm nicht so viel zu und findet, er solle endlich mal gefordert werden. Der Berater: »Ich versuche ständig, den beiden klarzumachen, dass sie das Unternehmen verkaufen müssen, der Sohn wird die Nachfolge nicht antreten können. Er ist persönlich und fachlich nicht in der Lage, eine solche Position auszufüllen. Aber die sind nicht zugänglich, die wollen das nicht hören, was kann ich tun?« Der Supervisor: »Herzlichen Glückwunsch zur neuen Anstellung?« – »Was heißt das?« – »Nun, Sie haben auf eine Stellenanzeige geantwortet und den Job gekriegt!« – »Welchen Job?« – »Den des Entscheiders.« Berater: »Aber den habe ich ja nicht, denn die entscheiden ja nicht, wie ich ihnen das empfehle!« Supervisor: »Eben! Das ist eine Dauerstelle …«

Therapie kommt zustande, wenn Klienten sich die Therapie als nützlich vorstellen, um ihre Wünsche, Bedürfnisse und Sehnsüchte zu verwirklichen. Das ist völlig legitim und die Grundbedingung jeder Beratung/Therapie. Paare, Familien, Organisationen versuchen (»als sich selbst steuernde Systeme«) sich selbst in einem Gleichgewichtszustand zu halten und das, was ihnen zum Funktionieren fehlt, zu importieren. In solchen Situationen wird sozusagen »eine Anzeige aufgegeben«, um Aufgaben und Funktionen nach außen zu delegieren, die innerhalb des Systems – ob Familie oder Organisation – nicht ausgefüllt werden, weil sie Ambivalenzen sichtbar machen und zu Konflikten führen können. Besonders prädestiniert für die Vergabe nach außen sind Entscheidungen, die naturgemäß Veränderungen nach sich ziehen, die wiederum in den allermeisten Fällen in der Vorausschau ambivalent erlebt werden.

Berater und Therapeuten werden dann zu Garanten einer systeminternen funktionalen und emotionalen Stabilität. Wenn sich diese »chronifiziert«, kann die Annahme der Einladung als Kunstfehler beschrieben werden, denn es kann nicht Aufgabe des Therapeuten sein, anstehende Veränderung zu verhindern. Im Gegenteil: Veränderung soll ja – unter Rückgriff auf vorhandene Ressourcen – ermöglicht werden. Das »funktioniert« besser, wenn der Therapeut sich weder als Agent der Veränderung noch der Nichtveränderung versteht, sich vielmehr neutral gegenüber beiden Seiten der Ambivalenz verhält.

Wenn Beratung/Therapie dem Zweck der Systemstabilisierung dient, sprechen wir von der Komplementaritätsfalle. In diese tappt man meist hoch engagiert hinein. Beratung oder Therapie ergänzt das, was im System fehlt, wird aber zugleich Teil des Problems, des Systems und der Problemerhaltung. Das ist eine bestimmte Form von Triangulation, von der beispielsweise ein ganzer Zweig der Wirtschaftsberatung lebt, indem etwa interne Führungsschwächen, Konfliktvermeidungsstrategien usw., all das, was man eigentlich längst weiß, in das Pflichtenheft der Wirtschaftsberater geschrieben werden.

Wie kann man solchen Einladungen als Therapeut oder Beraterin entgehen? Zunächst einmal: gar nicht! Es ist nicht einmal geraten, sie immer zu vermeiden, weil es auch ein Aspekt des Joinings sein kann, die Anliegen der Klienten im Mitgehen kennen zu lernen. Es ist dabei aber wichtig, sich möglichst dessen bewusst zu sein, was geschieht, eine Sensibilität für die Einladungen zu entwickeln und sie ggf. auch zu thematisieren: Wir lassen uns zum Tanze auffordern, nehmen die Einladung zum Tanze an, und manchmal können wir während des Tanzes beginnen, unsererseits freundlich zu einer neuen Schrittfolge einzuladen.

Zum Umgang mit Einladungen und Stellenangeboten

Anliegen und Aufträge klären
Das probateste Mittel besteht in einer sorgfältigen Klärung der Anliegen: Wer will was von wem? Wer will was von wem nicht? Wer könnte möglicherweise was von wem wollen, ohne dass dies bereits als expliziter Auftrag ausgesprochen wurde? Mit welchen Hoffnungen, vielleicht auch unausgesprochenen, sitzen die Menschen im Sprechzimmer bzw. schauen von außen darauf, was hier geschieht bzw. geschehen soll?

Balancierende Neutralität
Selten ist strikte Neutralität zu verwirklichen, wichtiger ist es eher, sich immer wieder »wie von außen« daraufhin zu beobachten, an welchen Stellen man (wie) zu nichtneutralem Verhalten eingeladen wird. Die Aufmerksamkeit gegenüber solchen Verführungsversuchen schützt davor, den sicheren Boden der Neutralität zu verlassen. Ein bewusster Umgang mit den eigenen Gefühlen kann hier eine Art von Richtschnur sein: Wie empfinde ich wem (oder der jeweiligen Lösung) gegenüber? Wenn man merkt, dass man einer Seite einer Entscheidung (oder einer Person) zuneigt, dann kann man bewusst gegensteuern, indem man explizit den Fokus auf die andere Seite legt:

> *»Mir ist gerade bewusst geworden, dass ich die ganze Zeit mit Ihnen so gearbeitet habe, als sei es völlig klar, dass Sie zusammen bleiben werden. Vielleicht ist das aber ein Irrtum? Vielleicht geht es ja eher darum, dass wir den Blick auch einmal darauf richten, dass es eine gute Idee sein könnte, sich zu trennen? Was denken Sie darüber?«*

Explizit machen im Indikativ
Der meist implizit formulierte Auftrag an den Berater verliert schnell seine bindende Wirkung, wenn er ausgesprochen wird: Stellt man explizit die Frage: »Soll ich – nach erfolgreicher Beratung – für Sie entscheiden, ob x oder y geschehen soll?«, wird kein Klient ja sagen, wenn klar ist, dass der Berater keine Verantwortung für die Folgen übernehmen kann. Wenn doch, dann kann das hypothetisch durchgespielt werden, bis die Erkenntnis kommt, dass das nicht erfolgversprechend sein kann. Falls die Erkenntnis nicht kommt, kann man ja immer noch in das Zimmer bei dem Paar einziehen …

Explizit machen im Konjunktiv
Man kann auch den indirekt formulierten Wunsch an den Berater in einer hypothetischen Frage aufgreifen: »Angenommen, ich könnte und würde für Sie entscheiden, denken Sie, das würde zum Familienfrieden beitragen? Denken Sie, dass das innerfamiliär erfolgreich wäre?« etc. »Angenommen, Sie würden sich entscheiden, mich entscheiden zu lassen, würde das Ihr Sohn (Ihr Partner etc.) akzeptieren? Wenn er nicht damit einverstanden wäre, zu wem würde er gehen, um sich zu beschweren?« Der Konjunktiv ist meist die elegantere Methode, weil sich hier alles unbedrohlich aussprechen lässt. Es ist ja nur ein Gedankenexperiment.

Metakommunikation
Die Stellenanzeige, die Einladung können auch direkt angesprochen werden. Das sollte immer mit Wertschätzung und kann mit Humor geschehen:

> *»Sie schildern Ihre Situation so einladend, dass ich bei mir eine Tendenz merke, Verantwortung für Sie zu übernehmen und Ihnen zu sagen, was Sie tun sollen.« Da die Aufträge natürlich nicht von jedem im ratsuchenden System gleich erlebt werden, sondern sich immer Ambivalenz finden lässt, kann dann weiter gefragt werden: »Angenommen, Frau Maier, ich würde Ihrem Mann empfehlen, sein Lebenswerk zu verkaufen, würde er das dann eher tun oder eher nicht? Würde er mir die Empfehlung übel nehmen? Was würde er von meinen beraterischen Kompetenzen halten, wenn ich Ihnen solch einen Rat gäbe?« »Und Sie, Herr Maier, was sagen Sie? Sieht Ihre Frau das richtig, versteht sie Sie? Und angenommen, Herr Maier, ich würde Ihnen raten, die Firma zu verkaufen, wie würde Ihre Frau – die ja die Zukunft Ihres Sohnes in der Firma sieht – auf diesen Vorschlag reagieren?«*

Damit kann der Weg freigemacht werden, das Dilemma selbst zu thematisieren:

»Das bringt mich zu der Frage, wie Sie eigentlich zu gemeinsamen Entscheidungen kommen. Wie kommen Sie aus einer Sackgasse wie dieser normalerweise heraus? Wer von Ihnen wäre am ehesten geneigt, den Verkauf des Unternehmens in Betracht zu ziehen, wer eher weniger? Wie gehen Sie mit einem solchen Dilemma um?«

Atopos und Beweglichkeit
Wichtig scheint uns zu sein, die Einladungen, die von Mitgliedern eines ratsuchenden Systems ausgesprochen werden, nicht unter dem Gesichtspunkt von Macht und Kampf zu verstehen. Die Beraterin oder der Therapeut bezieht dann keinen Ort in der Konfliktlandschaft; so ist es mit dem sokratischen Begriff des Atopos, des Nichtorts, gemeint. Diese Art von Flexibilität bietet die Chance, ein wenig mehr von den Dilemmata der Beteiligten zu verstehen und zu erkennen, welche Qualität in diesem System eigentlich fehlt, welche Stelle nicht besetzt ist. Indem dies auf liebevolle Weise expliziert und ausgesprochen wird, erfährt man als Therapeut, dass die Sicherung der eigenen Beweglichkeit auch zu der des Gegenübers beiträgt, indem er oder sie sich die verloren gegangenen Qualitäten wieder zu Eigen macht.

Hans Rudi Fischer, Arist von Schlippe und Ulrike Borst

WERKZEUGKASTEN Einladungen

Impulse und Strategien für die Praxis

Problematische Einladungen

- Soziale Systeme, die belastet sind, versuchen oft das, was ihnen zum Funktionieren fehlt, durch »Import« von außen komplementär zu ergänzen (beispielsweise »Treffen Sie für uns eine hochambivalente Entscheidung!").
- Übernimmt Berater unbewusst diese Funktion, kann er in eine »Komplementaritätsfalle« geraten: Er erhält die Stabilität des Systems, verhindert – unbeabsichtigt – anstehende Veränderungen und trägt zur Aufrechterhaltung des problematischen Zustandes bei.
- Faustregel: Bleiben Sie gegenüber beiden Seiten der Ambivalenz neutral und vermeiden Sie es, sich zum Agenten von Veränderung oder Nichtveränderung machen zu lassen.

Strategien, mit Einladungen umzugehen

- *Klären Sie sorgfältig das Anliegen bzw. die Aufträge*: Wer will (explizit oder implizit) *was* von wem (nicht) und wozu? Das Wozu (Zukunft, Sinn) der Beratung bzw. Therapie ist zentral.
- *Explizit machen im Indikativ*: Ein impliziter Auftrag kann zum Gegenstand des Gesprächs gemacht werden.
- *Explizit machen im Konjunktiv*: Weniger direkt ist es, ein brisantes Thema über hypothetische Fragen aufzugreifen.
- *Metakommunikation*: Die Einladung kann auch direkt angesprochen und nach (hypothetischen) Konsequenzen befragt werden. Metakommunikation sollte mit Humor und Wertschätzung geführt werden.
- *Beweglichkeit*: Einladungen von Klientenseite sollten als Kooperationsangebot und nicht als Machtkampf verstanden werden.
- *Atopos*: Beziehen Sie keinen Ort, keine Position in der Konfliktlandschaft der Klienten. So bewahren Sie sich den größtmöglichen Denk- und Handlungsspielraum und tragen zur Flexibilität bei.

7. Wie mit Erwartungen und Aufträgen umgehen? Vom Umgang mit dem Ungefähren …

Keiner denkt bei dem Wort gerade und genau das, was der andre, und die noch so kleine Verschiedenheit zittert, wie ein Kreis im Wasser, durch die ganze Sprache fort. Alles Verstehen ist von daher immer zugleich ein Nicht-Verstehen, alle Übereinstimmung in Gedanken und Gefühlen zugleich ein Auseinandergehen.
Wilhelm von Humboldt

Betrachte Aufträge als eine Beschreibung – von vielen möglichen!

Der Terminus »Auftrag« wird im Kontext systemischer Therapie und Beratung vielfach genutzt. Er ist gleichwohl etwas unglücklich, weil die mit ihm verbundene Assoziation die Klarheit einer *geschäftlichen* Vereinbarung nahe legt (»Liefern Sie mir x bis zum Termin y!«), deren Erfüllung das »Problem« des Auftraggebers löst. Zugleich wird damit eine Eindeutigkeit suggeriert, die im therapeutischen Kontext so nicht gegeben ist, weil die Bedeutung der Wörter erstens im Fluss ist, sich also im Gebrauch verändert, und zweitens sich auch das, was Klienten als Auftrag begreifen, unterwegs – im Laufe einer Therapie – verändern kann. Hier wird mit dem Begriff *Auftrag* eher die komplexe Konstellation von Erwartungen und Wünschen, Befürchtungen und Hoffnungen verstanden, in die man sich als Therapeut hineinbegibt, wenn die Arbeit beginnt. Die anfängliche Gesprächsgestaltung befasst sich in der Regel ausführlich mit diesem Geflecht. Die Worte »Auftrag« wie »Auftragsklärung« suggerieren eine missverständliche Klarheit, die am Anfang überhaupt nicht und am Ende der Klärung auch nicht vollständig gegeben ist. Wir haben es also generell mit Vagem, mit Ungefährem zu tun. Das Ungefähre – wie die Herkunft es uns sagt – ist auch das Ungefährliche und insofern zunächst funktional, weil es gefährliches Terrain umgeht. Je mehr man hinter die Kulissen des Auftrages blickt, umso mehr werden ganze »Erwartungspakete« sichtbar. Solche Aufträge erweisen sich als Matroschka-Puppen.

Abb. 3: Aufträge als Matroschka-Puppen (Quelle: Wikipedia)

Aufträge sind, wie Probleme auch, *Beschreibungen*, die aus unterschiedlichen Perspektiven, von unterschiedlichen Personen zu unterschiedlichen Zeitpunkten vorgenommen werden. Und weil die Regel gilt: »Alles, was beschrieben wird, kann auch anders beschrieben werden« (Wittgenstein), kann es hilfreich sein, sich von dem Wort »Auftrag« und den damit verbundenen Assoziationen zu lösen und stattdessen nach Unterschieden zu fragen und damit verschiedene Beschreibungen zu bekommen. Im Mehrpersonen-Setting sollte davon ausgegangen werden, dass es sehr unterschiedliche Erwartungen und Befürchtungen gegenüber einer Therapie/Beratung gibt. Ist man sich einig, umso besser. Das ist aber selten der Fall. Daher sollten unterschiedliche Erwartungen an die Therapie positiv konnotiert werden, um einen Rahmen zu schaffen, in dem Unterschiede (i.e. Ambivalenzen!) ausgesprochen werden können. Dann sollte danach gefragt werden, wer mit welcher Erwartung hergekommen ist. Des Weiteren könnte mit einer Skala (Ranking) danach gefragt werden, wer das größte, wer das geringste Interesse, die geringsten Erwartungen (an Erfolg/Nutzen) an der Beratung/Therapie hat. Das kann auch zirkulär geschehen, so dass der eine über die anderen gefragt wird, wer bspw. derjenige ist, der sich am meisten von einer Therapie verspricht etc. Die Unterschiede, die dann ausgesprochen werden, sind wertvolle Information und Voraussetzung, die Beteiligten miteinander ins Gespräch zu bringen. Es gilt die Regel: keine Angst vor Unterschieden!

Im Gegenteil, Unterschiede und die Einführung von Unterschieden in die Kommunikation sind die Quelle aller Veränderung und das beraterische Kapital schlechthin. Dann lässt sich weiter fortfahren bspw. mit der Frage danach, wie denn die unterschiedlichen Erwartungen auf einen gemeinsamen Nenner zu bringen sind, der es den Beteiligten ermöglicht, in der vorliegenden Angelegenheit gut zu kooperieren.

»Blicke weiter um dich!« (Wittgenstein)

Es lässt sich eine Fülle von Erwartungen denken, mit denen man gleich zu Beginn einer Beratung/Therapie konfrontiert sein kann. Man mag einwenden, dass eine im Kontext einer Privatpraxis beginnende Einzelpsychotherapie doch leicht überschaubar sei: Da kommt eine Person mit einem umschriebenen Problem und möchte eine Lösung dafür. Es sitzt dann zwar nur eine Person vor uns, doch auch hier stehen in der Regel »unsichtbare Auftraggeber«, abwesende Anwesende mit im Raum, die in der Erwartungsklärung sichtbar werden. Dies können beispielsweise Ehepartner, andere Familienangehörige, Lehrer sein, bedeutsam kann auch die Frage nach dem Zuweisungskontext sein: Wer immer von dem Geschehen weiß, könnte eine Hoffnung oder Befürchtung darüber haben und sich somit als »indirekter Auftraggeber« entpuppen. So können therapeutische Wirkungen auf die externen »Auftraggeber« zurückwirken und diese damit über Bande in die Therapie hineinspielen. Manchmal wird dieser Einfluss erst durch Zufall erkennbar, wie etwa bei einer Klientin, die die sechste Therapiesitzung bedrückt mit den Worten begann: »Mein Mann hat gesagt: ›Was ist das denn für ein Therapeut, du hast dich ja noch gar nicht verändert!‹«

Sinnzirkel von Therapie und Beratung

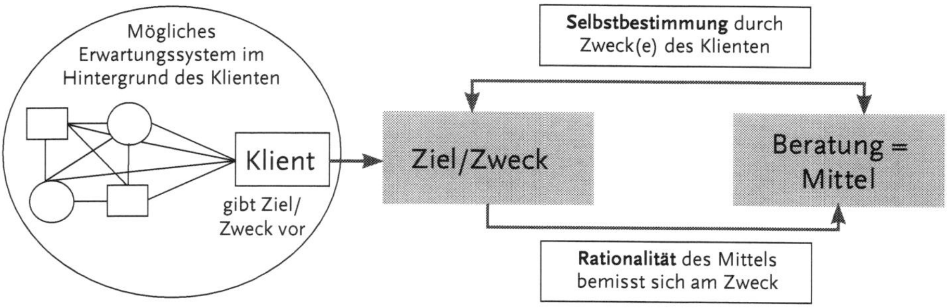

Abb. 4: Das relationale Verhältnis von Rationalität und Sinn.
Therapie/Coaching bzw. Beratung sind nicht an sich sinnvoll, Klienten müssen ihnen Sinn geben. Dazu sind Zweck (wozu?) und Ziel (wohin?) entscheidend, sie liefern eine rationale Grundlage beraterischen Handelns – oder eben nicht. Es gibt Fälle, in denen Beratung/Coaching oder Therapie keine adäquaten Mittel sind.

Besonders im Coaching ist es meist unerlässlich, die Rolle von Vorgesetzten zu klären, die das Coaching empfohlen oder angeordnet haben und evtl. sogar bezahlen (man spricht hier von »Dreieckskontrakten«). Hier sind Steve de Shazers Kliententypen hilfreich zur Orientierung: Sitzt ein »Kunde« vor mir, der sich als eigenverantwortlicher Teil eines Problems sieht, das er ändern möchte, oder ein »Kläger«, der ein »Problem« hat, auf das er selbst keinen Einfluss hat, oder ein geschickter »Besucher«, der kein »Problem« sieht und zunächst nur in Coaching oder Therapie gekommen zu sein scheint, um befürchtete Nachteile (Sanktionen) zu vermeiden? Ähnliches gilt bei der Arbeit mit Familien, wenn Ämter oder andere Einrichtungen involviert sind und eventuell sogar ein Kontext entstanden ist, der die Freiwilligkeit der Zusammenarbeit fraglich sein lässt (»Zwangskontext«). Mit dem »Weiter-um-sich-Blicken« kann man sich mithin leichter ein Bild machen von der Komplexität der Erwartungen, indem man überlegt,

- welche präsenten und nicht präsenten »unsichtbaren« Träger von Erwartungen mit im Raum sitzen,
- welche offenen und vielleicht unausgesprochenen Erwartungen sie vermuten lassen, also explizit ausgesprochene Wünsche und unausgesprochene, meist weniger sozial erwünschte Hoffnungen und Bedürfnisse.

- Im Sinn eines »Auftragskarussells« können schließlich »innere Auftraggeber« bedeutsam sein, persönliche innere »Anteile« oder »Stimmen«, die der Klient aus seiner persönlichen Geschichte mitbringt.

Dies ist nicht immer zu klären, aber es ist hilfreich, sich dessen bewusst zu sein, da eine Stagnation im Beratungsprozess oder gar ein Scheitern oft mit einer der angesprochenen Ebenen zu tun hat. So kann sich herausstellen, dass ein nicht anwesender Partner Erwartungen hat, die einen gewissen Druck ins Gespräch hineintragen. Oder es wird deutlich, dass hinter dem offenen Auftrag: »Wir wollen unsere Kommunikation verbessern!« in der Teamsupervision die Erwartung steckt, dass der Supervisor doch bitte die »Unfähigkeit« des Kollegen X aufdecken und ihm die Kündigung nahelegen solle …

Sei vorsichtig, wenn du zu schnell verstehst!

Verstehen ist eigentlich ein fast unmöglicher Sonderfall der Kommunikation, Missverstehen ist zu erwarten (siehe unser Humboldt-Motto oben). Wenn man also davon ausgeht, noch nicht verstanden zu haben, kann es hilfreich sein, den »Stand der Dinge« im Prozess der Erwartungsklärung mit Hilfe der »4+1 A's« zu klären. Man kann sich jeweils selbst im Prozess fragen:

- *Anlass:* Habe ich verstanden, was mein Gegenüber (Einzelperson, Mehrpersonensystem) zu mir bringt (was war der Auslöser, warum kommen sie jetzt und nicht vor/in drei Monaten usw.)?
- *Anliegen:* Habe ich verstanden, was er/sie (und bedeutsame Dritte, s. o.) mit der gemeinsamen Arbeit erreichen möchte, was er/sie wünscht/erwartet/befürchtet (wie wird das Problem erklärt, welche Lösungsideen entstehen daraus usw.)?
- *Auftrag:* Habe ich verstanden, was er/sie genau von mir will (was ist die mir zugedachte Rolle in der Lösung, die der andere sich vorstellt)?
- *Abmachung:* Kann ich mir vorstellen, mit dem, was er/sie möchte, mitzugehen? Wozu bin ich bereit, wozu nicht? Wie kann ich wertschätzend mit dem umgehen, zu dem ich nicht bereit bin, welche Alternative kann ich anbieten – oder die Kooperation freundlich beenden? Besteht ein Kontrakt zwischen uns?
- *Arbeit:* Erst jetzt beginnt das fünfte »A«, die konkrete Bearbeitung des Problems (wobei natürlich, um genau zu sein, die therapeutische bzw. beraterische Arbeit schon lange vorher begonnen hat).

Diese Struktur hilft, nicht zu schnell die Problembeschreibung des Gegenübers zu übernehmen und sich nicht bereits bei der Schilderung des Anlasses in eine »Problemtrance« (vgl. »Wie komme ich aus einer Problemtrance heraus?« – Kapitel VI, Frage 22 in diesem Buch) bringen zu lassen. Oder aber mit Veränderungsideen zu beginnen, ehe man genau weiß, wohin das Gegenüber genau will, was er/sie von einem ganz spezifisch erwartet und ob man selbst bereit und in der Lage ist, diesem Anliegen zu folgen.

Hüte dich vor vorschneller und einseitiger Zuschreibung auf Personen!

Wo eine Tat ist, ist nicht immer ein Täter. Das Verstehen einer Person ist immer ein Verstehen von Gründen, nicht von Ursachen. Das wird häufig verwechselt. Wir verstehen einander, wenn wir unsere Gründe bzw. Intentionen, Absichten oder Motive kennen. Unser Handlungsbegriff (von dem der Verhaltensbegriff zu unterscheiden ist) impliziert, dass Handlungen einen Zweck und einen Grund/Motiv haben, sie können gelingen oder misslingen, sie sind nicht wahr oder falsch. Unser Begriffssystem rechnet Handlungen Personen zu: Als handelnde »Täter« sind sie entsprechend verantwortlich. Ich öffne das Fenster, um frische Luft in den Raum zu lassen. Die Handlung des Fensteröffnens ist gelungen, wenn ich das Fenster öffne und frische Luft in den Raum kommt. Der Handlungszweck bzw. das Ziel war die frische Raumluft, das Öffnen des Fensters das Mittel. Jetzt kann die Handlung »Nebenwirkungen« haben. So bekommt eine Person im Raum einen »Zug« und erkältet sich und schreibt mir, der ich das Fenster geöffnet habe, die Absicht/Intention zu, dass das das eigentliche Ziel war (was ja auch durchaus möglich wäre). Die üblichen Vorwürfe kennt jeder: »Ich bin krank geworden, weil du x getan hast«.

Hier wird das kausale »weil« benutzt. So wird das Ausführen einer alltäglichen Handlung zu einem bösartigen Akt. Was tatsächlich die Ursache des steifen Halses war, bleibt im Dunkeln.

Es wird immer wieder schnell auf eine Person zugerechnet: Seine/ihre »Unfähigkeit«, »Bösartigkeit«, »Uneinsichtigkeit«, »Beschränktheit« ist es, die das Problem bedingt – wenn nur er/sie »weg« wäre, wäre alles gut. Wenn Beziehungen erst einmal in eine konflikthafte Schieflage geraten sind – und das ist meist der Fall, wenn Beratung gesucht wird –, neigen die Beteiligten dazu, sich die Lage auf eine Weise zu beschreiben, dass sich Konflikte, wechselseitige Verärgerung und Kränkungen eher vertiefen. Das Geschehen wird in Ursache-Wirkungs-Ketten aufgeteilt, und zwar entlang der Handlungen/

Aussagen der einzelnen Personen: »Der« hat das gemacht, »weil…« und darum konnte »die« nur das tun, »weil…«. Die Verlockung, die psychosoziale(n) Wirklichkeit(en) in überschaubare Ursache-Wirkungs-Ketten aufzugliedern, lässt sich so universell beobachten, dass etwa der Biologe Riedl von »angeborenen Lehrmeistern« spricht, die uns mit großer Eindringlichkeit dazu bringen, die von uns erlebte Wirklichkeit kausal zu interpunktieren und zu ordnen.

Entsprechend haben Erwartungen, über die wir im Kontext von »Auftragsklärung« sprechen, oft die Form, dass sich jeweils *andere* verändern müssten, um das Problem zu lösen (Klienten im Opfer-Modus). Aber: Only two can play this game – wie ein Buch von Spencer-Brown heißt. Hier sollte man mit »doppelten Beschreibungen« (wie Bateson das nannte) arbeiten und mit zirkulärer Kausalität: Das Tun des einen ist das Tun des anderen – wie es Hegel so schön formulierte. Es ist hilfreich, sich bewusst zu machen, dass diese Perspektive eben *eine* (mögliche) Perspektive ist, die Zurechnung auf Personen jedoch nicht selbst mitzuvollziehen. Vielmehr kann es darum gehen, darauf zu schauen, wie ein Kommunikationssystem sich seine »Akteure« schafft, wie ein Konflikt sich seine »Träger« sucht und wie die Kommunikationen der Menschen auf die Bedingungen eines Konfliktes ausgerichtet werden. Entsprechend spiegeln Aufträge auch Systemdynamiken.

Bleibe offen dafür, dass Aufträge »im Prozess« sind!

Das Problem mit Ausdrücken wie »Auftrag«, »Ziel« usw. ist, wie anfangs gesagt, dass sie eine Statik suggerieren, die weder zu ihrer Semantik noch zur Dynamik eines therapeutischen Prozesses passt. Bedeutung ist etwas Flüssiges, das sich im Gebrauch verändert, und es ist geradezu erwartbar, dass sich die Ziele unterwegs verändern. Kooperieren braucht kontinuierliche Reflexion des Prozesses, aber auch hier gilt: Only two can play this game. Der Prozess kann nur mit den Klienten zusammen reflektiert werden: Sind wir noch auf Kurs? Haben wir den Weg zum anfangs definierten Ziel verlassen? Hat sich das Ziel verändert? Ist ein Zwischenziel erreicht? Die Struktur der »4 + 1 A's« kann man eigentlich in jedem Gespräch im Hintergrund laufen lassen (auch wenn man sicher nicht immer wieder nach dem Anlass fragen wird). Ein »Auftrag« kann sich im Laufe der Gespräche verändern, ein »Ziel« kann sich ganz anders darstellen, wenn man es genauer fokussiert. Die meisten therapeutischen Ziele sind ein Gewimmel von Ambivalenzen, die erst spürbar werden, wenn die Ziele aus dem Nebel des Ungefähren aufsteigen. Es kommen meist auch unversöhnliche Zielkonflikte zum Vorschein, die den Preis der Lösung sichtbar machen. Wenn man zu gezielt mit der »Abarbeitung« eines Auftrages beschäftigt ist, kann es passieren, dass man den anderen verliert.

Hans Rudi Fischer, Arist von Schlippe, Ulrike Borst

WERKZEUGKASTEN Erwartungs- und Auftragsklärung

Impulse und Strategien für die Praxis

- Der Umgang mit Vagheit gehört zum beraterischen Kerngeschäft. Ein »*Auftrag*« ist in der Regel vage. Er umfasst ein komplexes Geflecht von Erwartungen, Wünschen, Befürchtungen und Hoffnungen. Es geht also meist nicht darum, den Auftrag »klar« zu kriegen, sondern dieses Geflecht kennen zu lernen.
- Auch in der *Einzelberatung* sitzen meist weitere *indirekte Auftraggeber* (Ehepartner, Vorgesetzte, Unternehmen ...) »mit im Raum«. Sie haben eigene Interessen und Erwartungen, auf die der beraterische Prozess rückwirkt und die in diesen hineinspielen. Versuchen Sie zu verstehen, wie deren Erwartungen für die Klärung hilfreich sein können. Eine gute Orientierung kann es sein, sich den *Überweisungskontext* zu vergegenwärtigen.
- Genauso ist im Mehrpersonen-Setting von unterschiedlichen Erwartungen und Befürchtungen der Klienten auszugehen. Erfragen Sie Unterschiede und konnotieren Sie diese positiv.
- Achtung: Verstehen Sie nicht zu schnell, übernehmen Sie nicht voreilig die angebotene Problembeschreibung, beginnen Sie nicht vorschnell mit Veränderungsideen.
- Fragen Sie sich – bevor das Problem konkret bearbeitet wird –, ob Sie das *Anliegen* verstanden haben, das die Klienten zu Ihnen geführt hat, und welcher *Auftrag* Ihnen dabei zugedacht ist.
- In vielen »*Aufträgen*« schwingt die Erwartung mit, ein jeweils *anderer* müsse sich zur Problemlösung verändern. Hüten Sie sich vor einseitiger Zuschreibung auf Personen. Jede Perspektive ist immer *eine von vielen möglichen*.
- Achtung *Navigation*: Erwarten Sie, dass die verabredeten »Aufträge« und Ziele sich unterwegs verändern, und reflektieren Sie dies regelmäßig gemeinsam.

8. Wie mit der Zeit umgehen?

Was also ist die Zeit? Wenn niemand mich danach fragt, weiß ich's, will ich's aber einem Fragenden erklären, weiß ich's nicht.
Augustinus, Bekenntnisse 11, 14

Nur die Gegenwart ist, das Vor und Nach ist nicht; aber die konkrete Gegenwart ist das Resultat der Vergangenheit, und sie ist trächtig von der Zukunft.
G. W. F. Hegel, Enzyklopädie der philosophischen Wissenschaften

Wenn wir schon nicht wissen können, was die Zeit *ist:* Wie wollen wir dann mit ihr umgehen? Selbst wenn wir versuchen es uns etwas einfacher zu machen und hier einschränkend meinen »mit der Zeit in Beratung, Coaching oder Therapie umgehen«, so sind doch auch Fragen berührt, wie wir im Leben, in Organisationen, in der Familie mit Zeit umgehen.

Eine große Frage um sie auf wenigen Seiten abzuhandeln, natürlich. Es wohnen, ach, so viele Wesen in der Zeit oder wohnt die Zeit in uns? Die Zeit als physikalisches Phänomen kann als sowieso verstreichend, messbar und getaktet, oder als zyklisch wiederkehrend aufgefasst werden. Die Zeit als Aspekt menschlichen Erlebens, als subjektive Größe, ist nur sprachlich gefasst kommunikativ zugänglich. In Sprache lässt sich das abstrakte Phänomen *Zeit* nur metaphorisch fassen und gehorcht dann einer bestimmten Logik. Eine wichtige Funktion metaphorischen Denkens ist die der Versinnbildlichung, das Vor-Augen-Führen. Wagner lässt eine seiner Figuren (in Parsifal) die für mitteleuropäische Sprachen typische Metaphorisierung der Zeit aussprechen: »Du siehst, mein Sohn, *zum Raum wird hier die Zeit.*«

In unserer Sprache wird die Zeit immer verräumlicht, um sie halbwegs für die Sinne augenfällig zu machen. Das zeigt sich, wenn man den üblichen Sprachgebrauch der Verben *(Zeitworte!)*, die Zeitliches metaphorisieren, betrachtet: Man kann Zeit schenken, vergeuden, spenden, fressen, nehmen, bezahlen, sparen, teilen, brauchen, füllen, vertun usw. Und auch in ihrem Verlauf verhält sich die Zeit, verhält es sich mit der Zeit auf psychischer Ebene keineswegs einfach, logisch linear, vorhersagbar. Spätestens seit Michael Endes »Momo« kennen wir das Paradoxon: Je mehr Zeit wir sparen, desto weniger haben wir. Die Paradoxien der Zeit sind seit der Antike (man denke an Zenons Wettrennen zwischen Achill und der Schildkröte) beredtes Beispiel dafür, dass die Zeit schon lange vor der Quantenphysik ein Mysterium war, das dann problematisch zu werden droht – Augustinus' Frage –, wenn wir sie verstehen und begreifen wollen.

Nicht zuletzt deswegen ist die Zeit oft *Thema* in Beratung, Coaching oder Therapie. Dort kann sie durchaus mal explizit, als Zeitnot, als Warten auf etwas oder als richtiger Zeitpunkt für eine Handlung »draußen« in der Welt, problematisiert werden. Implizit, sozusagen beiläufig, ist sie immer dabei – indem sie den Lebenslauf begleitet, aber dabei möglicherweise schrumpft oder sich dehnt, springt und Reihenfolgen tauscht. Zeit in ihrer physikalisch anzunehmenden Linearität ist eben weder in *der* (von jemandem aufgeschriebenen) Geschichte der Welt noch in *den* Geschichten der Menschen linear. Im kollektiven wie im individuellen Gedächtnis verändern Erinnern und Vergessen den physikalisch scheinbar so eindeutigen Zeitstrahl.

Wenn Zeit nicht Thema ist, dann ist sie zumindest als Sitzungsdauer, Frequenz und Gesamtdauer zwischen Anfang und Ende ein wichtiger Teil des *Rahmens* von Beratung, Therapie und Begleitung. Analog zu Augustinus' Diktum könnten wir sagen: Solange die Zeit nicht hinterfragt wird, ist alles klar. Wenn wir aber erklären wollen, wie wir mit ihr umgehen, wird alles fragwürdig.

Wie weich die Zeit als vermeintlich »harte Realität« in unserer Erinnerung sein kann, ist von Salvador Dalí (in Die Beständigkeit der Erinnerung, 1931) symbolisch ins Bild gesetzt. Im Gedächtnis – wie im Traum – können sich die Zeiten dehnen oder verdichten, dennoch ist das Ablaufen der messbaren Zeit (das Werk der Ameisen auf der einen Uhr) nicht aufzuhalten. Die Erinnerung (memoria) ist als abstrakte Landschaft inszeniert, die mittels weicher, zerfließender Uhren symbolisch aufgeladen ist. Jene Gleichzeitigkeit des Ungleichzeitigen – die Uhren zeigen unterschiedliche Zeiten an – ist der Zeitraum, in dem sich therapeutisches Arbeiten abspielt.

Zeit taucht in Beratung in besonderen Formen auf: als *Vergegenwärtigung* von Vergangenheit und als *Erwartung bzw. Schatten* der Zukunft. Wenn Hegel (siehe Motto) Vergangenheit und Zukunft kein wirkliches Sein zuschreibt – wie vor ihm andere – sondern nur der Gegenwart, so begreift er sie als lebendigen Prozess des Werdens, als Ergebnis eines Zeugungsaktes, bei dem die Gegenwart »trächtig« von der Zukunft ist. Das menschliche Zeitbewusstsein ist auf das Noch-nicht der Zukunft hin ausgerichtet und von Ahnungen beeinflusst. Schon Augustinus (4. Jahrhundert) schrieb (Bekenntnisse, 11. Buch,

20. Kap.) bei der Frage nach dem Sein der Zeit weder der Vergangenheit noch der Zukunft Sein zu; bei der Gegenwart hatte er seine Zweifel. Vergangenheit existiert nur in der Vergegenwärtigung (im Gedächtnis), Zukunft nur als Erwartung im Geist bzw. im Bewusstsein des Betrachters. Die drei Zeiten (»ein Missbrauch der Gewohnheit«) sind für Augustinus also nur im Geiste (bzw. Seele, lat. anima) existent, »anderswo aber nehme ich sie nicht wahr«. Das Mysterium der Gegenwart, die nur »ist«, »indem sie nicht mehr und noch nicht ist«, und die daher auch kein festhaltbares Sein, »keinen Platz in der Welt« hat, diese Gegenwart wird in der beraterischen Begegnung auf eine besondere Weise erzeugt. Denn es wird sehr explizit Vergangenes, *ausgewähltes* Vergangenes vergegenwärtigt und die darin zum Ausdruck kommende Selektivität beleuchtet, mit der auf Inhalte der Vergangenheit zugegriffen wird. Somit wird eine spezifische Vergangenheit immer wieder neu zur Gegenwart. Im Fokus stehen Sinn und Bedeutung vergangener Ereignisse, deren Bedeutung im vergegenwärtigenden Bewusstsein verändert werden kann. Coaching/Therapie beschäftigt sich nicht primär mit Vergangenheit, sondern mit Selektivität, also damit, wie bestimmte Erinnerungen hoch selektiv immer wieder vergegenwärtigt werden, und fragen danach, welche Wege denkbar sind, auf Erinnerungen auf eine andere, weniger quälende oder belastende Weise zuzugreifen als bisher.

Chronos und Kairos

Wenn Gegenwart in jedem Moment der Beginn einer neuen Geschichte ist, dann geht es darum, sich als Erzähler oder Erzählerin die Art und Weise des Erzählens wieder zu Eigen zu machen. Und Erzählungen folgen sowohl semantisch als auch syntaktisch ihrer eigenen zeitlichen Logik. Sagt jemand: »Meine Mutter schlug mich. Ich weinte bitterlich«, dann suggeriert das eine völlig andere zeitliche Logik und Kausalität als: »Ich weinte bitterlich. Meine Mutter schlug mich« – dieselben Sätze, nur in der Reihenfolge vertauscht. Erfahrungen werden erst durch eine Erzählung in eine zeitliche Folge gebracht und damit in eine verständliche und für das Selbstverstehen plausible Geschichte integrierbar. Die Erzählung des einen, als Integration eigener, sich wandelnder Erfahrungen, wird dabei vom anderen, dem »Zuhörer«, bezeugt. Dieser Intersubjektivität kommt eine große Bedeutung für die Bildung von Identität zu. Die Fähigkeit, eigene Erfahrungen in eine kohärente Geschichte zu fassen, kann aber nicht vorausgesetzt werden, sondern entsteht oft erst im

Laufe der Therapie. In der therapeutischen Beziehung werden wiederkehrende Erfahrungsmuster, die durch Erfahrungen in der Vergangenheit definiert sind, anerkannt und vom Therapeuten »bezeugt«. In der (therapeutischen) *Begegnung als Gegenwartserfahrung* wird der Knoten, in dem sich vergangene und gegenwärtige Erfahrungen verbinden, gelöst. Besonders wichtig ist dies bei Menschen mit so schweren seelischen Verletzungen, dass diese Erfahrungen nicht symbolisch repräsentiert und somit gar nicht unmittelbar als Episode erinnerbar sind, sondern sich in schwer erträglicher, bildhafter Gegenwärtigkeit aufdrängen oder aber völlig negiert werden und inexistent erscheinen. Hier wird deutlich, dass Geschichtenerzählen kein ausschließlich kognitiver Vorgang ist, sondern den Körper und seine Erinnerungen mit umschließt.

Wenn eine solchermaßen hilfreiche Begegnung nicht gelingt, kann das verschiedene Gründe haben. Einige davon könnten in der Zeit begründet liegen: zu wenig Zeit, unterschiedliche Tempi, Verpassen günstiger Momente etc. Daraus ergibt sich auf pragmatischer Ebene die Frage: *Wozu* könnte es gut sein, in den Zeitregimen von Beratung und Therapie der gemeinsam gelebten Zeit den Primat vor den standardisierten Zeitvorgaben der Manuale und Kostenträger ein*zuräumen?* Unter welchen Bedingungen entsteht in dieser geteilten Zeit das, was wir *Begegnung* nennen? Ist Begegnung als ein Zusammentreffen und eine Verbindung zweier Zeitläufe zu verstehen, und wie fördert der oder die Zuhörende diese Verbindung? Wie viel Zeit benötigt man dafür?

Hier könnte es passend sein, sich den Unterschied der beiden Zeitbegriffe bewusst zu machen, wie er schon in den beiden mythischen Gottheiten der Zeit bei den Griechen zum Ausdruck kommt. »Chronos«, der seinen Vater (Uranos) entthronte, indem er ihn entmannte und, um dem gleichen Schicksal zu entgehen (man achte auf transgenerationale Muster in der Familiendynamik!), seine eigenen Kinder verschlang (Goya hat dem seine Kinder verschlingenden Chronos ein phantastisches Bild gewidmet). Seither hat sich dieses Bild von der Zeit, die alle ihre Kinder frisst, ins mythologische Gedächtnis eingeprägt und begegnet uns noch im exakten »Chronographen« als Symbol messbarer, gleichwohl unerbittlich ablaufender und alles verschlingender Zeit. Diesem Gott steht der jugendliche »Kairos« (Chronos' Enkel) gegenüber, der Gott des »rechten Augenblicks«, des Momentums, das auf dem Waagebalken einer Entscheidung den Ausschlag gibt. Wer die günstige Gelegenheit, die unvorhersehbar und unverhofft kommt, nicht rechtzeitig erkennt und beim Schopfe packt, für den ist der Augenblick unwiederbringlich verloren.

Die eine Zeitvorstellung ist allgemein und verbindlich, die andere bezieht sich auf den persönlich bedeutsamen Moment, wie er sich in einer Beratungs- oder Therapiebeziehung als Begegnung, als Verstehen und Verstandenwerden verwirklicht. Es mag sein, dass heutzutage in vielen Modellen eine solche Begegnung, ein solcher Dialog gar nicht mehr angestrebt ist. Dann mag es nur darum gehen, ganz »auftragsgemäß« Veränderungen zu begleiten, ohne das Erleben ins Zentrum des Interesses zu stellen. Dann wird Zeit zum *Gegenstand von Aushandlung* in einem offenen Beratungs- oder Therapieprozess. Es wird vielleicht über Ziele gesprochen, doch sie sind – ebenso wie die subjektive Zeit – flüssig, veränderbar und an die sich entwickelnde Situation jeweils anzupassen. Damit erhält auch der *Kairos* seine Chance – um es in den Worten eines Kollegen zu sagen, der gern nach Manualen arbeitet: »Bei mir ist noch nie eine Therapie komplett nach Manual abgelaufen. Man muss immer improvisieren!« So scheint Kairos da, wo Menschen miteinander gut ins Gespräch kommen, unverhofft möglich zu sein, vielleicht auch das anzustrebende, wenngleich *nicht* zu berechnende Momentum und nicht nur die Störung im chronologischen Manual?

Spielen in den Zeiträumen

Es gibt noch weitere Arten, die Zeit ins Spiel zu bringen: Wir können auf der *Frageebene* mit der Zeit spielen, indem wir hypothetisch und im Konjunktiv umdrehen, was wir wollen: »Angenommen, Sie hätten damals nicht das und das getan, wie wäre Ihr Leben/Ihre Beziehung etc. weitergegangen?«, »Angenommen, Sie bekämen, wie im Märchen, die Chance, noch einmal in die Vergangenheit zu reisen und sich bei einem Ereignis anders zu verhalten als bisher, aber nur bei einem. Welches würden Sie wählen und was würde das aus Ihrer Sicht heute verändern?« In der Sprache können wir mit der Zeit und verschiedenen Zeitformen spielen und deren Logik verdrehen, um Klienten zu helfen, sich anders zu beobachten, ihren Möglichkeitssinn zu schärfen und den Möglichkeitsraum zu erweitern. Auf diese Weise kann es gelingen, Kairos und Chronos miteinander in Einklang zu bringen.

Die Vielschichtigkeit des Themas würdigend, enden wir hier. Einen kurzen pragmatischen Blick finden Sie in unserem Werkzeugkasten. Regen diese Zeilen neue Fragen an oder laden zum Weiterdenken ein, dann blättern Sie, verehrte Leserin oder Leser in diesem Buch, alles hat und alles braucht seine Zeit.

Ulrike Borst, Hans Rudi Fischer, Arist von Schlippe

WERKZEUGKASTEN Mit Zeit arbeiten

Impulse und Strategien für die Praxis

- Vergangenheit und Zukunft sind nur konstruktiv bzw. rekonstruktiv zugänglich. Sie müssen immer im Bewusstsein *vergegenwärtigt* werden. Dieser Prozess ist immer *selektiv:* neben dem, was erinnert/vorgestellt wird, gibt es viele andere Möglichkeiten, zu erinnern bzw. sich etwas vorzustellen. Fakten (Tatsachen) lassen sich nicht verändern, wohl aber der Sinn, der ihnen jeweils zugeschrieben wird.
- Ist *Vergangenes* im Fokus des Gespräches, so thematisieren Sie die Selektivität der Erinnerung, beleuchten Sie, *wie und wozu* spezifische Erinnerungen immer wieder aufgegriffen werden und wofür es sinnvoll ist, dass sie gegenwärtig dieses Gewicht einnehmen.
- Ihre Aufgabe kann auch darin bestehen, ungeordnete Erlebnisse mit dem Klienten in eine kohärente, dem Selbstverstehen dienliche und integrierbare Geschichte zu fassen.
- Faustregel I: Spielen Sie mit Möglichkeiten, in weniger belastender Weise auf Erinnerungen zuzugreifen als bisher. Die Bedeutung vergangener Erlebnisse und Erfahrungen kann sich ändern, wenn sie aus verschiedenen Blickwinkeln betrachtet und reflektiert werden.
- Faustregel II: Durch hypothetische Fragen kann *mit Zeit und Zeitformen* gespielt werden. Durch Konjunktiv I und II, durch Futur I und II lassen sich imaginäre Lösungsräume bilden, aus denen der Gesprächspartner neue Perspektiven auf sich und sein Leben gewinnen kann.

III. Therapeutische Haltung

»Haltung« können wir körperlich verstehen. Eine Haltung kann z. B. militärisch sein, lasch, zugewandt, abgewandt, zugeneigt u. v. a. m. Oder wir können sie als geistige Haltung verstehen, in der sich die Wertvorstellungen, politischen Haltungen und Weltanschauungen einer Person ausdrücken. Jedenfalls ist eine Haltung etwas Höchstpersönliches, ob ausgedrückt oder nicht. Das heißt, in Beratung und Therapie wird die Beraterin für den Klienten, der Therapeut für die Patientin sehr persönlich erkennbar und hat mit Reaktionen zu rechnen. Kybernetik 2. Ordnung begründet sich auch in der persönlichen Haltung: Man kann nicht als Beobachterin Teil des beobachteten Systems sein, ohne dass die Haltung, mit der man (sich) beobachtet, mit hineinspielt. Meine (verkörperte) Haltung entscheidet, wie ich beobachte, entscheide, wie ich mich ver-halte.

Die sogenannte therapeutische Haltung, die sich im Übrigen auch auf andere professionelle Haltungen übertragen lässt, kann als Kommunikationsbeitrag verstanden werden, der von Klienten beantwortet wird. Im besten Fall entsteht das, was nicht erst wir heutigen Menschen »Begegnung« nennen.

Beliebig ist es nicht, was eine »verinnerlichte« systemische Haltung ausdrücken will. Vielleicht sind es sogar Alleinstellungsmerkmale systemischer Haltung, die ich hier in Stichworten nennen möchte: Augenhöhe und Machtverzicht, Reflexion, Transparenz, Risikobereitschaft, Dialog über Nichtwissen. Sie kommen in allen Fragen dieses Kapitels mehr oder weniger explizit vor.

Augenhöhe und Machtverzicht: Um gemeinsames Nachdenken und offenen Dialog zu fördern, ist es unser Ziel, unter Beibehaltung der Rollen für gleiche Augenhöhe zu sorgen und nicht z. B. durch Zurückweisen von Fragen unserer Klienten (Frage 9) Asymmetrie herzustellen und Machtspiele zu fördern. Selbstoffenbarung soll dabei aber nicht Selbstzweck sein, sondern für die Anliegen des Klienten nutzbar werden.

Reflexion: Einige Inhalte der Selbstoffenbarung sind ja auch gar nicht verfüg- und verhandelbar. Manche »Eigenschaften« der Therapeutin (Frage 10) sind offensichtlich und beschränken scheinbar, aus eigener wie aus Sicht der Klienten, die Möglichkeiten des Verstehens. Wir empfehlen hier Reflexion und Metakommunikation, als spielerischen Umgang mit Unverfügbarem; und eine Entwicklung des Eigenen zum Selbst, unterstützt durch Selbsterfahrung.

Transparenz: Auch »Echtheit« (Frage 11) erschließt sich nicht so sehr aus der Frage danach, ob ein Mensch echt und selbstkongruent »ist«, sondern eher aus der Kennzeichnung einer sozialen Interaktion. In dieser sozialen Interaktion bedeutet Echtheit zum einen, dass man die eigenen Motive, Gedanken und Gefühle benennt, die in der sozialen Situation zum Tragen kommen, zum anderen ist Echtheit als soziales Spiel aber auch daran gekoppelt, dass der andere genau dies auch »glaubt«.

Risikobereitschaft: Vielleicht bedeutet »Echtheit« aber auch die Bereitschaft, in bestimmten Momenten ungefiltert durch professionelle Überlegungen zu reagieren, ohne zu wissen, was sich daraus ergibt. Das wäre eine Form und Funktion des therapeutischen Risikos, dessen Professionalität darin besteht, dass sie reflektierbar bleibt und in den Dienst des therapeutischen Prozesses gestellt werden kann.

Dialog über Nichtwissen: Unser Ausgangspunkt ist die kritische Betrachtung der »Intuition« (Frage 12 und 13). Intuition gilt dem Selbst als evident, und das heißt: Sie ist aller Kritik und Kritisierbarkeit prinzipiell entzogen. Deshalb finden wir für sie keine akzeptable professionelle Haltung. Für die beraterische und therapeutische Praxis (fünftes Kapitel) wird vorgeschlagen, den Begriff der Intuition durch den der Vermutung zu ersetzen. Doch auch Vermutungen sind herrschaftsfrei einzusetzen. Klienten werden nur dann ermächtigt und befähigt, Zusammenhänge selbst zu erkennen und Probleme selbst zu lösen, wenn ein Dialog über Vermutungen entsteht; wenn Vermutungen des Therapeuten auch verworfen werden können; wenn Klienten ihre eigenen Vermutungen dagegensetzen; wenn eine gemeinsame Suche nach Bedeutungszusammenhängen und Erklärungen entsteht.

9. Was ich weiß, macht mich heiß. Wie viel von sich preisgeben?

Was weiß ich schon?
Michel de Montaigne

Wir wissen nicht, was wir sehen,
sondern wir sehen, was wir wissen.
J. W. von Goethe

Denken wir uns …

Stellen Sie sich vor: Sie sind in einer Therapiestunde mit einem Mann im mittleren Lebensalter, der gerade von seiner Frau verlassen wurde und in einer schweren depressiven Krise ist. Sie stellen Frage über Frage: was die Trennung für ihn bedeute; was er glaube, warum sich seine Frau getrennt habe; ob er manchmal daran denke, sich das Leben zu nehmen; wer sich die größten Sorgen um seine Sicherheit und um sein Wohlbefinden mache; wer ihn in diesen Zeiten emotional unterstütze; was er morgen vorhabe ... Plötzlich unterbricht Ihr Patient Sie und fragt: »Sind Sie verheiratet?« oder, falls er Ihren Zivilstand schon kennt: »Haben Sie schon mal eine solche Trennung erlebt?«

Cosi fan tutte

Es gibt Kollegen, die beantworten prinzipiell keine Fragen von Patienten. Warum eigentlich nicht, wo doch Fragen im Dialog die Seele des Denkens sind? Metaphorisch lässt es sich formulieren: Sie glauben, es fällt ihnen ein Zacken aus der Krone, wenn sie die Frage beantworten. Und sie haben auch Recht damit, denn mit der Antwort fällt ein »Zacken«! Und wer unbedingt »oben bleiben« will, hat es schwer damit. Wer fragt, der führt schließlich! Und der Patient (darum heißt er auch so) hat das Gespräch nicht zu führen, sondern sein Therapeut. Das Tun des einen ist, so gesehen, nicht ein Tun, das dem anderen möglich ist. Unterschied und nicht Augenhöhe (Symmetrie) ist das Betriebsgeheimnis hierarchischer Kommunikation. Legen wir Batesons Kommunikationsmodell hier an, dann bietet der Fragende dem Befragten an, die klar komplementär strukturierte Beziehung zu verändern, er macht ein symmetrisches Beziehungsangebot. Die Therapeutin kann das Beziehungsangebot akzeptieren und sich komplementär verhalten (mit der Gefahr des »Zackenverlusts«). Wer die Frage mit einer Gegenfrage beantwortet – »Warum ist Ihnen das wichtig?« –, nimmt die Sekundärrolle (»unten«) nicht an und versucht, den Spieß umzudrehen. Wird die Frage als solche Einladung verstanden, könnte ein Kampf um die Kontrolle über die Beziehung beginnen. Eine solche potentiell eskalierende Dynamik lässt bekanntlich die Inhalte irrelevant werden, es zählt nur die Form und wer die Beziehung bestimmt. Vielleicht ist es diese Möglichkeit der Eskalation, die das Antworten auf Gegenfragen so schwierig erscheinen lässt. Aber kommen wir von den Höhen der Theorie zurück in die Niederungen alltäglicher Praxis.

Was tun?

Was tun Sie in solchen Situationen? Sie haben vielleicht in Ihrer Therapieweiterbildung gelernt, strikt abstinent zu sein – etwa mit der »eleganten« Gegenfrage: »Was bedeutet mein Zivilstand für Sie?« – oder selektive Selbstoffenbarung zu praktizieren, diese aber mit der Verbalisierung vermuteter Erlebnisinhalte des Patienten zu verknüpfen: »Ja, ich bin verheiratet, und ich habe in früheren Paarbeziehungen wohl auch Ähnliches erlebt ... ich kann mir daher schon vorstellen, wie es Ihnen jetzt geht. Aber ich überlege, warum Sie mich das gerade jetzt fragen. Vielleicht haben Sie ja den Eindruck, dass ich Sie noch nicht richtig verstanden habe?« Oder Sie haben gelernt, schlicht und sachorientiert zu antworten: »Ja, ich bin verheiratet, aber das tut hier nichts zur Sache, es geht ja schließlich um Sie. Kann ich jetzt mit der Anamnese fortfahren?«

In jeder dieser Verhaltensweisen versteckt sich eine Theorie, die jeweils die Handlungen der Therapeutin bestimmt. Im Lichte systemischer Theorie hat kein Zeichen außerhalb des jeweiligen Verwendungskontextes Bedeutung. Die Bedeutung dessen, was im Gespräch gesagt wird, entsteht, so gesehen, aus den Bedeutungszuweisungen beider Partner. Je mehr also eine Therapeutin die Frage des Klienten als »Versuch, die Situation zu kontrollieren« versteht, desto mehr wird es damit auch ein solcher. Die Frage bietet insofern die Möglichkeit, innezuhalten und darüber nachzudenken, wie das Beziehungsangebot in den verschiedenen Perspektiven erscheint. So könnte man neben vielen anderen Möglichkeiten etwa annehmen, dass der andere einfach neugierig ist. Darf er das? Und was tun Sie – unter der einen oder der anderen Annahme – als systemisch denkender Mensch?

Die Idee, es könnte einfach Neugier sein, veranlasst uns an dieser Stelle, weiter auszuholen und nicht nur in Kategorien der Kommunikationstheorie, sondern hermeneutisch zu argumentieren. Wir beginnen mit drei Thesen, um dann wieder zurück zu den Ausgangsfragen zu kommen. Jede Beziehung – ganz gleich, ob zwischen Herr und Knecht oder Arzt und Patient – basiert auf wechselseitiger Anerkennung. Die Interdependenz beim Kampf um Anerkennung lässt sich als dialektische bzw. zirkuläre formulieren: *Das Tun des Einen ist das Tun des Anderen* (Hegel). Das Fragen des einen ist von der Antwort des anderen abhängig und umgekehrt. Anerkennen kann man nur jemanden, den man kennt oder kennen lernen möchte, und insofern ist wechselseitige Kenntnis oder Kennenlernen-Wollen Voraussetzung von wechselseitiger Anerkennung. So kommen wir zu These 1.

These 1: Beziehung braucht Kenntnis voneinander, nicht die Erkenntnis eines Subjekts (Therapeuten) über sein Objekt (Klient)

Um Begegnung in der Therapie lebendig zu erhalten, sollte der Erkenntnisprozess nie mit einem festen Urteil abgeschlossen werden. Wer »weiß«, schaut nicht mehr hin. Der Glaube zu wissen lässt unsere Sinne verkümmern, und wir werden sehenden Auges blind. Wie geht das, wenn mein Gegenüber z. B. Anzeichen einer schweren Depression zeigt und gebetsmühlenartig wiederholt, was alles nicht geht, was er alles nicht kann und wie schwarz die Zukunft aussieht? Die *Grundhaltung*, die den Erkenntnis*prozess* als solchen auf Dauer stellt, ist die Begierde zu wissen, anders formuliert: die Neugier – im Sinn eines nichtinvasiven Interesses für den anderen und für die Chancen, die im lebendigen Gespräch neu entstehen können.

Bei kaum einer anderen psychischen Störung ist Neugier so schwer aufrechtzuerhalten, aber auch so wichtig wie bei der Depression. Nichts ist schwieriger für eine depressive Patientin, als wenn sie den Schluss zieht – und das tut sie sehr schnell: »Nicht mal meine Therapeutin interessiert sich für mich.« Auch der depressivsten Patientin gegenüber gilt es also, die Neugier immer wachzuhalten, weil sich in ihr Interesse am anderen bzw. Anerkennung des anderen als Anderen artikuliert. Auf der Seite der Therapeutin setzt also These 2 an:

These 2: Neugier ist die erste therapeutische Tugend

Mustererkennung, gemeinsame Konstruktion von Wirklichkeit und Begegnung stehen in einem heiklen Verhältnis zueinander. Wie bleibt die Therapeutin offen für neue Schilderungen eines Musters, das sie bereits zu kennen glaubt? Das Gefühl, etwas »bereits zu kennen«, verführt uns, die Haltung der Neugier aufzugeben. Wir schauen nicht mehr hin und unsere Sinne verkümmern. Vielleicht ist es deshalb so wichtig, seinen eigenen Hypothesen gegenüber eher skeptisch zu bleiben, mit ihnen zu flirten, sie aber nicht zu schnell zu heiraten – wie Luigi Boscolo zu sagen pflegte.

Wenn nun These 1 und These 2 plausibel sind: Wie sieht es dann bei der Neugier mit der Gegenseitigkeit aus?

These 3: Neugier der Klienten ist ein berechtigtes Anliegen

Unter dem beschriebenen Blickwinkel ist die Neugier des Klienten ein Beitrag, mit dem eine gemeinsame Beziehungswirklichkeit hergestellt wird. Diese »neutral« und »abstinent« zurückzuweisen, erzeugt eine Art von Machtbeziehung, die mit systemischem Selbstverständnis nicht vereinbar ist. Zugleich geht es darum, die Selbstoffenbarung, die in jeder Antwort liegt, sinnvoll zu nutzen.

Wir kennen das Wechselspiel von Frage und Antwort sowie seine Wirkung auf die Beziehungsdefinitionen wahrscheinlich alle von eigenen Arztbesuchen. Manchmal fragen wir: »Wie würden denn Sie entscheiden?« Dann gibt es kaum eine passendere Reaktion des Arztes, als wenn er etwa sagen würde: »Wenn es meine Mutter wäre, würde ich so und so entscheiden« oder »In einer ähnlichen Situation habe ich einmal so und so entschieden.« Er zieht hiermit eine Parallele, die den Angehörigen seines Patienten in wichtigen Entscheidungssituationen helfen kann. Er erzählt damit ja nicht, welche Trauerprozesse er selbst z. B. nach dem Tod seiner Mutter durchgemacht hat. Solange der Heilungsprozess des Klienten oder die Beratung der Angehörigen im Mittelpunkt stehen, besteht keine Gefahr, zu viel von sich preiszugeben. Eine andere Frage ist, ob solche Ratschläge in einer Psychotherapie nützlich sind.

Aus systemischer Perspektive können wir für beraterische Begegnungen folgern, dass Gegenseitigkeit eine conditio sine qua non gelingender Beziehung ist. Wenn die Kybernetik 2. Ordnung postuliert, dass der Beobachter die entscheidende Rolle für die zu beobachtenden Phänomene spielt, dann »macht es einen Unterschied«, 1. ob ich verheiratet oder nicht und 2. ob mein Patient das weiß oder nicht. Die Erwartungserwartungen meines Gegenübers ändern sich durch dieses Wissen. Nichtwissen wiederum könnte zur Aktivierung der Einbildungskraft (»Projektionen«) führen, die wir nicht unbedingt hervorrufen wollen.

Um zur Ausgangsfrage zurückzukommen: Klienten »dürfen« neugierig sein, müssen es vielleicht sogar, damit lebendige Begegnung entstehen kann. Der Kommunikationsbeitrag lässt sich so verstehen: »Es ist mir nicht egal, wer mir gegenübersitzt. Ich wüsste gerne, welche Meinung meine Therapeutin zu meiner Trennungsgeschichte hat. Erst dann weiß ich, wie ich darüber erzählen will.« Beiderseitige Neugier ist das Medium, eine Beziehung beweglich zu halten und einen Dialog zu führen, in dem trotz unterschiedlicher Rollen beide Gesprächspartner gleich (ohn-)mächtig und Fragen die Seele gemeinsamen Nachdenkens sind.

Ulrike Borst, Hans Rudi Fischer, Arist von Schlippe

WERKZEUGKASTEN Mit Neugier umgehen

Impulse und Strategien für die Praxis

Die Neugier des Klienten, wie sie sich z. B. in persönlichen Fragen äußern kann, entspricht einem berechtigten Interesse und ist als solche in Ordnung bzw. wünschenswert. Ihr Beschneiden kann der persönlichen Entwicklung von Klienten abträglich sein.

- Persönliche Fragen von Klienten streng zu reglementieren oder prinzipiell nicht zu beantworten kann zu einer übermäßig hierarchischen, asymmetrischen Kommunikation führen, die nicht mit dem systemischen Selbstverständnis vereinbar ist.
- Beantwortet man persönliche Fragen, kann dies die Erwartungen des Klienten verändern.
- Dasselbe gilt umgekehrt auch für verweigerte Informationen, wobei die beim Klienten aktivierte Einbildungskraft nicht ausgesprochene und u. U. nicht hilfreiche Projektionen hervorbringen kann.
- Zeichen erhalten ihre Bedeutung durch die Zuschreibung der Beteiligten: Eine persönliche Frage lässt sich – alternativ zum Beziehungskampf – auch als symmetrisches Beziehungsangebot auffassen und der weitere Gesprächsverlauf (nichteskalierend) *symmetrisch gestalten*.
- Faustregel: Beraterische Neugier lässt sich aufrechterhalten, indem man den Erkenntnisprozess als nie abgeschlossen betrachtet (»Alles ist im Fluss«) und stets auch gegenüber den eigenen Hypothesen skeptisch bleibt. Lassen Sie sich überraschen!

10. Wie kommt das Eigene ins Spiel?

Zum beraterischen Umgang mit eigenen, unverfügbaren Eigenschaften wie dem Geschlecht, dem Alter, der Hautfarbe, dem Glauben …

> *Wir bestehen alle nur aus buntscheckigen Fetzen, die so locker und lose*
> *aneinander hängen, daß jeder von ihnen jeden Augenblick flattert,*
> *wie er will: daher gibt es ebenso viele Unterschiede*
> *zwischen uns und uns selbst wie zwischen uns und den anderen.*
> Michel de Montaigne, Essais

»Eigenschaften«, die man »hat«, »Charaktereigenschaften« gar, werden in der systemischen Literatur skeptisch gesehen, werden sie doch traditionell von dem jeweiligen Beziehungskontext losgelöst und einer Person zugeschrieben:

er/sie »ist« so und so. Statt einen »Charakter« zu konstatieren und nach mehr oder weniger festen »Persönlichkeitseigenschaften« zu suchen, wird daher eher darauf geschaut, wie ein Mensch in jeder Beziehung »ein Anderer« ist/wird, wie sich in unterschiedlichen Kontexten unterschiedliche Facetten dessen verwirklichen, was dann als »Selbst« oder als »Eigenes« erlebt wird. »Selbst-erfahrung« des Therapeuten in der systemischen Therapie dient insofern weniger der Frage, *wie* man der geworden ist, der man »ist«, als vielmehr solchen wie: Welche Qualitäten erfahre ich als relativ stabil, welche als flüchtig und beweglich, wie kann ich die vielen Facetten von mir selbst in unterschiedlichsten Beziehungen kennen und nutzen lernen, und wie lassen sich all diese inneren »Teile« ins therapeutische System so einbringen, dass sie eher hilfreich nutzbar werden, als störend, begrenzend oder gar belastend zu sein?

Zugleich haben Therapeuten – wie alle Menschen – es mit Randbedingungen des eigenen Körpers, des Leibes zu tun, und um diese soll es hier vordringlich gehen. Alter, Geschlecht, die Körperfülle, Haut-, Augen- oder Haarfarbe werden von vornherein in jede Begegnung und damit auch in den therapeutischen Prozess eingebracht. Doch auch sie sind immer bereits gestaltet: Das Alter kann durch jugendliche Kleidung und dickes Make-up kaschiert werden, die Figur kann betont oder mit Kleidung weit umspielt werden. Sie sind nonverbale Zeichen, die vor der offiziellen Kommunikation und synchron dazu die Qualität der entstehenden Beziehung beeinflussen und auf die Gesprächspartner zurückwirken. Die Frage, welche Muster sich daraus entwickeln, wie man sich ihrer bewusst werden und wie man therapeutisch damit umgehen kann, ist für die Beziehungsgestaltung durchaus relevant. Das »Eigene« ist eine markante, wenn auch meist schweigende Stimme im vielfältigen therapeutischen Gespräch.

Begegnungen des Sichtbaren und des Unsichtbaren

Auch in diesen uns mehr oder weniger konstant mitgegebenen Qualitäten müssen wir eine entscheidende Asymmetrie zwischen der 1. und der 3. Person markieren. Denn aus dem Blickwinkel der 3. Person kann das Eigene vielleicht sichtbar sein, doch die Schlüsse, die daraus gezogen werden, sind es nicht. Das Geschlecht kann fast immer am Anderen abgelesen werden, die sexuelle Orientierung zumeist nicht. Was nicht sichtbar ist, muss und kann über äußere Zeichen erschlossen werden – das Foto von den drei Kindern auf dem

Schreibtisch kann die eigene Kernfamilie darstellen oder eine Gruppe von Nichten und Neffen. Die Religionszugehörigkeit – wenn nicht in symbolischen Zeichen angedeutet – kann nicht von außen gesehen werden. Das Alter ist äußerlich erkennbar und über sichtbare Zeichen zu erschließen, der Zivilstand nur dann, wenn konventionell geregelte Zeichen (Ehering) getragen werden. Schichtzugehörigkeit zeigt sich schon weniger prägnant, und Statussymbole können – wie alle Symbole – trügen. All diese Aspekte, Geschlecht, Schichtzugehörigkeit oder sexuelle Einstellung, erkenne *ich bei mir selbst* nicht an *äußeren* Zeichen, sondern nur der Andere. Es braucht also bei all diesen Facetten einen Beobachter, der ihnen Bedeutung zuweist – oder eben nicht. Dieser kann *sich* auch täuschen, oder ich kann ihn täuschen. Überall, wo Zeichen gedeutet werden müssen, sind Irrtum und Manipulation möglich. Daher ist es wichtig zu wissen, zu welchen Eigenschaftszuschreibungen die Zeichen an mir andere einladen. Oder, einfacher formuliert: Welche Ideen, welche Assoziationen löst mein Eigenes – das, was relativ eindeutig nach außen erkennbar ist – bei meinen Klienten aus?

Erwartungen und Erwartungserwartungen

In Begegnungen, so auch in therapeutischen, kann das Eigene des einen, der Therapeutin, sich von dem Eigenen des anderen, des Klienten, stark unterscheiden. Der Kontrast kann bewusst gewählt sein, wenn etwa ein Mann, der sich meist nach einem halben Jahr von seinen Freundinnen trennt und das veränderungsbedürftig findet, sich bewusst eine Frau als Therapeutin sucht. Er weiß dann nur, dass er eine Frau als Gegenüber hat, kennt aber deren unsichtbares Eigenes (Zivilstand, Kinderzahl, Einstellungen zu Männern mit häufig wechselnden Partnerinnen etc.) – wenn es nicht auf der Homepage steht – nicht. Will er es wissen? Und wie wirkte es, wenn er es wüsste? Oder eine Klientin entscheidet sich für eine weibliche Therapeutin auf der Suche nach Ähnlichkeit. Vielleicht, weil sie sich so größere Empathie vonseiten der Therapeutin verspricht? Die Beispiele zeigen, dass das Eigene der Therapeutin und das Eigene des Klienten wechselwirken können. An die wahrgenommenen Eigenschaften des Gegenübers knüpfen sich Erwartungen: Was mag er oder sie schon erlebt haben, worin mag er oder sie erfahren sein, welche Einstellungen lassen sich zuschreiben, und was denke ich, was er oder sie wohl von mir erwarten mag, wie er oder sie mich wohl sieht? Hier geht es um die Erwartungserwartungen, die das Gespräch entscheidend beeinflussen können, wie sie Watzlawick in der *Anleitung zum Unglücklichsein* so schön formuliert hat: »Behalten Sie doch Ihren Hammer, Sie Blödmann!«

Chancen und Risiken von Ähnlichkeit liegen auf der Hand. Vielleicht verstehe ich wirklich besser, wie es meiner Klientin sechs Monate nach Geburt ihres ersten Kindes in ihrer kriselnden Ehe geht, wenn ich Ähnliches erlebt habe? Vielleicht gefährdet es aber auch meine Neutralität und Neugier, wenn ich schon viel zu wissen und zu kennen glaube, und vielleicht werde ich enttäuscht, wenn ich davon ausgehe, dass das Gegenüber schon verstehen wird, weil er/sie vom selben Geschlecht, Alter, Hautfarbe usw. ist?

Eine 30-jährige Weiterbildungsteilnehmerin, nicht verheiratet, beklagt sich: In vielen der Paartherapien, auf die sie sich spezialisiert hat, werde sie, manchmal explizit aufgrund ihres Alters, anfangs nicht ernst genommen. Männer seien in dieser Hinsicht meist schwieriger für sie als Frauen.

Ein psychiatrisches Team denkt in der Supervision darüber nach, ob Pflegefachfrauen Bezugspersonen für männliche Patienten muslimischen Glaubens sein können oder nicht.

Eine ältere Therapeutin wird von der jungen Kollegin gefragt, wie sie mit jugendlichen Klienten umgehe. Sie finde es »voll krass«, wie früh Jugendliche heutzutage mit dem »Kiffen anfangen«, und frage sich, ob sie den Jugendlichen, die sie oft direkt danach fragten, von ihren eigenen Erfahrungen mit Drogen erzählen solle.

Eine aus Deutschland stammende, in der Schweiz arbeitende Therapeutin wird von einer jüdischen Familie per Mail um Beratung angefragt. Die Therapeutin fragt sich, ob die Familie weiß, dass sie Deutsche ist, ob die Familie (was wahrscheinlich ist) Holocaust-Opfer unter den Vorfahren hat und ob sie nicht vielleicht lieber eine andere Therapeutin suchen würden, wenn sie wüssten …

Im letztgenannten Fall reicht ein Telefonat, um der Familie ganz einfach durch die Sprache die eigene Herkunft zu erkennen zu geben und ihr – bei Bedarf – den schnellen, frühen Ausstieg aus der Zusammenarbeit zu ermöglichen. Findet dann doch ein erstes Gespräch von Angesicht zu Angesicht statt, kann zum Thema gemacht werden: Macht es einen Unterschied für Sie, ob hier eine Deutsche nichtjüdischen Glaubens oder eine Schweizerin sitzt? Welche Vor-, welche Nachteile sähen Sie darin, wenn die Beraterin ebenfalls jüdischen Glaubens wäre? Welche Konsequenzen hat es innerhalb der Familie, dass gewisse Familienmitglieder orthodox praktizierend bzw. nicht praktizierend sind, und für wen hat das welche Auswirkungen auf das Zusammenleben und -arbeiten mit anderen? Was hat das alles schließlich mit dem geschilderten Problem zu tun?

Der jungen Kollegin mit der eigenen Drogenerfahrung und der Jugendsprache im dritten Beispiel könnte man anbieten, dies zu reflektieren. Was für eine schillernde Kombination bietet sie in der Kommunikation an, wenn sie ihr »Eigenes«, ihre reichhaltigen eigenen Drogenerfahrungen und die Zugehörigkeit zu der »coolen Szene«, über die Art der Sprache so »krass« in die therapeutische Interaktion einbringt? Was würde sich wohl ändern, wenn sie vielleicht allmählich den sprachlichen Code der Therapeutenzunft annehmen würde? Welchen Unterschied würde es bedeuten, auf direkte Fragen Jugendlicher im Konjunktiv zu antworten: Angenommen, ich würde dir davon berichten, was würde das für unsere hier zu besprechenden Themen bedeuten? Oder: Was würdest du/würden deine Eltern von mir wohl als Antwort hören wollen? Was bedeutete es für dich/deine Eltern, wenn ich keine/sehr viel Drogenerfahrung hätte? Es ist möglich, mit dem »Eigenen« bewusst umzugehen und zu entscheiden, was man in welcher Form in die Beziehung einbringt.

Das Team mit den muslimischen Patienten könnte sich überlegen, wie die eigenen Schemata aussehen, mit denen dem »Eigenen« des muslimischen Patienten begegnet wird. Was würde sich ändern, wenn man mit einer fragenden Haltung an ihn heranginge, herausfände, welcher ethnischen Mehr- oder Minderheit der betreffende Mann angehört, welche Stellung die Frau dort normalerweise innehat, wie es der betreffende Mann selbst sieht, ob es schon früher Frauen in seiner Umgebung gegeben hat, die ihm mit ihrer Professionalität helfen konnten usw.

Die junge Paartherapeutin aus dem ersten Beispiel kann mehr tun als zu warten, bis sie älter wird. Ein unreflektierter Umgang mit dem »Eigenen« und seiner Wirkung wäre vielleicht, den Mann mit Fachkompetenz, mit Schneidigkeit und Machtgebaren zu beeindrucken. Doch welche Möglichkeiten gibt es daneben noch? Das Thema des größeren Altersunterschiedes zwischen Therapeutin und Klienten kann am Anfang offensiv thematisiert und auf die (gedachten) Rückwirkungen auf die Therapie hinterfragt werden. Die Erwartungserwartung, dass es Bedenken bzgl. Altersunterschieden (in welcher Richtung auch immer) geben kann, kann angesprochen und »normalisiert« werden. Sie kann bereits in der Auftrags- und Kontextklärung angegangen werden:

»Wissen Sie, dass die Therapeutin noch ›so jung‹ ist?«, wäre zu fragen. Daran anschließend könnte geklärt werden, ob und wenn ja, welche Befürchtungen das Paar bezüglich der Jugendlichkeit der Therapeutin anfangs hatte und was sie dann trotzdem zu ihr in die Therapie geführt hat. Wusste es das vor der 1. Sitzung nicht, kann die Therapeutin die Überraschung und mögliche Skepsis, die ihr Alter auslöst, artikulieren lassen, dafür Verständnis (Würdigung!) zeigen und so vielleicht Skepsis in Kooperation überführen: Was besprechbar ist und besprochen wird, ist weniger in Gefahr, negativ zu wirken. Die Macht des Ausgesprochenen ist geringer als die des Unausgesprochenen. Wenn also die Bedenken des Mannes bezüglich der Jugendlichkeit der Therapeutin erst mal ausgesprochen sind, kann die Gretchenfrage gestellt werden: »Dann heißt das ja, dass für Sie hier Paargespräche mit mir unter Umständen gar keinen Sinn machen, oder?« Bevor eine Antwort kommt, kann man die Tür für Paargespräche wieder öffnen: »Oder wie müssten Paargespräche verlaufen, dass Sie sagen, die junge Frau macht ihren Job wirklich gut?« Falls ein explizites Nein des Mannes käme, wäre die Situation auch klar. Dann wäre der Unterschied, den das »Eigene« der Therapeutin ausmacht, zu groß.

Ist der Altersunterschied von Anfang an klar, kann man ihn auch nutzen und Zweifel beim Paar mit Fragen aufgreifen: »Wie würden Sie mir als Jüngerer erklären, wie Sie es geschafft haben, 20 Jahre lang als Paar zusammen zu bleiben?« – »Würden Sie es einer älteren Therapeutin anders erklären?« – »Was, denken Sie, Frau X./Herr X., welche Erwartungen Ihres Mannes/Ihrer Frau an mich ich erfüllen und welche ich nicht erfüllen kann; und was, meinen Sie, welche ich erfüllen sollte?« – »Welche Erfahrungen, meinen Sie, haben Sie mir voraus? Was von Ihrem Erfahrungsvorsprung müssten Sie mir vermitteln, damit ich Sie gut unterstützen kann?«

Eine weitere Kernfrage lautet: Wie kann sich das je Eigene, das für mich Unverfügbare, das, was ich mitbekommen habe (vom Schicksal, von meiner Kultur, von Gott oder wem oder was auch immer), zum integralen Teil meines Selbst entwickeln, und was soll bzw. kann die *Selbst*erfahrung dazu beitragen? Die Grundsituation ist hier paradox, was in der Formulierung zum Ausdruck kommt. *Was* erfährt *sich selbst* am und im Eigenen, das *Selbst?* Oder soll und muss das Selbst sich am Eigenen erst entwickeln?

Das »Selbst« oder die »Selbste« gehen über das Eigene hinaus; in der Reflexion des Eigenen entsteht ein »Selbstbild«, das das Eigene reflexiv erfasst. Wobei das Selbstbild nicht nur sichtbare Merkmale umfasst, wie etwa die, die ich im Spiegel sehe, sondern eben auch unsichtbare (wie bspw. ich *bin* intelligent, ich *bin* schön, ich *bin* ein richtiger Mann etc.), die für Dritte nur über äußere Kriterien (Verhalten, Äußerungen) zu erschließen sind. Die unsichtbaren Aspekte meines Selbstbildes reflektieren häufig das zur Mentalität gewordene Eigene. Bildet sich das Eigene am Selbst oder umgekehrt?

Das Eigene führt laufend und unvermeidlich zu Erfahrungen – mit dem eigenen Selbst, mit den Reaktionen der anderen darauf, mit den eigenen Grenzen und Möglichkeiten. Muss erst die Reflexion dazukommen, damit es Selbsterfahrung zu nennen ist und zur Entwicklung der eigenen Kompetenz als Therapeut führt?

Alle Erfahrung bildet sich in Interaktionen mit anderem und anderen. Manche Interaktionen – hier beschränken wir uns auf therapeutische – gelingen und bringen die Beteiligten voran, manche scheitern bzw. haben keine nützlichen Konsequenzen. Die meisten liegen in der nachträglichen Bewertung irgendwo dazwischen. Natürlich fragen wir uns, woran es liegt, dass uns z. B. vor 20 Jahren noch bestimmte Klienten gar nicht »lagen«, während wir heute doch mit den allermeisten Klienten-Eigen-Arten halbwegs zurechtkommen. Was hat uns das ermöglicht? Wie haben wir uns im Laufe dieses Prozesses selbst verändert? (Vgl. auch Frage 18: Wie mit unsympathischen Klienten umgehen?)

Selbsterfahrung ist mehrschichtig. Zum einen kann ich mich in einer Eigentherapie oder in einer Gruppe erfahren. Zum anderen kann ich als Therapeutin die Erfahrung eigener (Un-)Wirksamkeit machen. Um als Therapeutin besser zu werden, wäre vor allem die eigene Erfahrung in den Blick zu nehmen. *Wie* könnte man vorgehen, um diese Selbsterfahrung in Richtung einer Ressourcenentfaltung weiterzuentwickeln, um mehr (gute) Erfahrung zu erzeugen und therapeutisch erfolgreicher zu sein?

Das Nachdenken darüber, was meine eigene Geschichte und meine Erfahrungen damit zu tun haben, dass ich Lieblingsklienten und -konstellationen einerseits, blinde Flecken andererseits habe, könnte ein Vorgehen sein. Dabei geben meist die Fälle, die auf irgendeine Weise »unter die Haut« gehen, die besten Hinweise auf das zu reflektierende und im Selbst zu integrierende Eigene.

Am Schluss könnte es der Friede mit dem – die Annahme des – Eigenen sein, der es der Therapeutin erlaubt, gelassen auf andere zu reagieren, und die Anerkennung des anderen im Eigenen; aber natürlich auch der Friede mit dem Eigenen des anderen; und der Friede, den der andere mit dem Eigenen schließt. Und es könnte das gemeinsame Nachdenken über und die Nutzung von Unterschieden sein, die den Erfolg der Therapie ausmachen. Die Unterschiede im Eigenen innerhalb der therapeutischen Beziehungen – wenn sie relevant sind – können zur Ressource werden, wenn sie metakommunikativ in der Therapie bearbeitet werden. Wir empfehlen einen kommunikativ offensiven Umgang mit den Erwartungen von Klienten gegenüber »Eigenschaften« oder Erfahrungen des Therapeuten, die erhofft oder befürchtet werden, wenn das aufgrund der Problemlage und des Überweisungskontextes absehbar ist.

Ulrike Borst, Hans Rudi Fischer und Arist von Schlippe

WERKZEUGKASTEN — Umgang mit Eigenem

Impulse und Strategien für die Praxis

- Seien Sie sich bewusst, dass Ihr wahrnehmbares »Eigenes« (Alter, Geschlecht, Körperfülle, Hautfarbe u. a.) Assoziationen bzw. Zuschreibungen (sexuelle Orientierung, Zivilstand, Kinderzahl, Religionszugehörigkeit …) auslöst.
- Unser »Eigenes« kann sich von dem des anderen stark unterscheiden; Kontraste oder Ähnlichkeit können von Ratsuchenden bewusst gewählt oder zufällig sein, sie bergen Chancen und Risiken, die es auszuloten gilt.
- Es ist erforderlich mit dem »Eigenen« und daraus resultierenden Konsequenzen reflektiert umzugehen, da sie unausgesprochener Teil einer jeden Begegnung sind und Beratungsprozesse beeinflussen.
- Skepsis von Klientenseite bezüglich offensichtlicher Unähnlichkeit (z. B. des Alters) ist zu würdigen, um sie – vielleicht – in Kooperation zu überführen.
- Ausgesprochenes hat geringere Macht als Unausgesprochenes; daher konkrete Fragen nach dem »Eigenen« durch Rückfragen im Konjunktiv beantworten: Was bedeutete es für Sie, wenn x der Fall wäre …? Danach entscheiden, was in welcher Form in die Kommunikation eingebracht wird.
- Sie können »Eigenes« (Erwartungserwartungen) offensiv thematisieren und (gedachte) Rückwirkungen auf Beratung/Therapie hinterfragen und so absehbaren Hoffnungen/Befürchtungen von Klienten bewusst begegnen.
- Faustregel: Eine akzeptierende, wertschätzende Haltung gegenüber dem eigenen »Eigenen« sowie dem der Klienten, deren explizite Thematisierung und ein gemeinsames Nachdenken, wie die Unterschiede zu nutzen sind, können den Erfolg der Beratung/Therapie befördern.

11. Wie kann man »echt« und professionell handeln?

> *»Aus so krummem Holze, als woraus der Mensch gemacht ist, kann nichts ganz Gerades gezimmert werden.«*
> Immanuel Kant

Echtheit und Selbstkongruenz gelten seit den frühen Forschungen zur Psychotherapie als Eckpfeiler therapeutischen Agierens, nicht nur in der klientenzentrierten Variante. Die Idee, das in der Person »wirklich« vorhandene Potential zu verwirklichen, war die Botschaft der Humanistischen Psychologie, verbunden mit der Hoffnung, die durch die Gesellschaft bedingten Verbiegungen, die Fassadenhaftigkeit der fünfziger und sechziger Jahre überwinden zu können und so einen Zugang zu einem unerschöpflichen Potential an Möglichkeiten zu erschließen. Und natürlich ist diesem Postulat zumindest auf den ersten Blick nicht zu widersprechen, nur dass es in der Therapie zugleich mit der Forderung an die Therapeuten verkoppelt ist, innerhalb des therapeutischen Rahmens *professionell* zu agieren. Um »Echtheit« allein ging es also nie, sondern sie war immer verbunden mit der Forderung, systematisch und professionell einen Rahmen bereitzustellen, der dem Gegenüber in der therapeutischen Interaktion die Möglichkeit bietet, sich zu entwickeln und das eigene Potential auszuloten.

So einleuchtend der Anspruch auf den ersten Blick erscheint und so viel Resonanz er in Fachkreisen gewonnen hat – es zeigten sich doch schnell einige Probleme. Denn was »ist« Echtheit eigentlich? So wurde etwa lange darüber nachgedacht, wie man Echtheit und Selbstkongruenz »objektiv« erkennen, messen kann. Ratingskalen wurden entwickelt, in der gesprächspsychotherapeutischen Grundausbildung wurden Tonbandsequenzen eingesetzt und beurteilt, nicht selten mit der Folge, dass der um Echtheit »ehrlich bemühte« Ausbildungskandidat immer mehr verkrampfte. Es war eine Situation, als würde ein Fotograf verzweifelt rufen: »Nein, Sie sind noch immer nicht natürlich genug!« Und trotz aller Mühe, die man sich gibt – es klappt einfach nicht. Der vor dem Auge der Kamera Postierte sieht sich widersprüchlichen Aufforderungen ausgesetzt: Einerseits soll er sich natürlich *verhalten*, andererseits ist die Situation (auf Metaebene) ein künstlicher Rahmen – das Porträtfoto. Der Inhalt der Aufforderung oder der Äußerung steht im Gegensatz zu den Bedingungen, die die Äußerung gelingen lassen.

Vergleichbar stellt Therapie einen künstlichen Rahmen für Natürlichkeit/Echtheit her, nämlich einen Rahmen, in dem etwas »Natürliches« hergestellt werden soll, sei es Persönlichkeitsentwicklung oder die Selbstorganisation eines Kommunikationssystems. Dargestellte Natürlichkeit – etwa in der Kunst – ist immer noch Kunst! Gleichwohl ergeben sich daraus keinerlei logische Probleme, denn der Rahmen von Kunst ist klar. Probleme gibt es nur in Handlungssituationen, in denen Menschen entscheiden müssen, welcher Aufforderung sie in welchem Rahmen folgen sollen bzw. wollen. Betrachten wir vor dem Hintergrund dieser Logik die Forderung nach Echtheit/Authentizität des Therapeuten, dann wird sofort deutlich, dass wir eine pragmatische Paradoxie vor uns haben. Pragmatisch wird diese Paradoxie deshalb genannt, weil sie erst entsteht, wenn man die Handlungsaufforderung zu befolgen versucht. Gekennzeichnet ist sie durch zwei einander widersprechende Forderungen, die nur gleichzeitig befolgt werden können: »Folge der Aufforderung – freiwillig!« Etwas, das »von selbst« kommen soll, zu verlangen, verlegt geradezu den Weg zu dessen Erscheinen. Die soziale Welt ist voll von diesen »Sei-spontan-Paradoxien«: »Nie sagst du mir, dass du mich liebst!« – Was passiert, wenn der Partner dies dann folgsam tut? »Meine Mitarbeiter sind angewiesen, mir ab sofort voll zu vertrauen, wenn sie ihren Arbeitsplatz behalten wollen!« – Zu welcher Form von Arbeitsklima würde eine solche Anordnung führen?

Die Paradoxie konfrontiert mit einem zentralen Problem menschlicher Interaktion, das sich offenbar nicht so einfach durch eine »Anstrengung« lösen lässt. Die Ausgangslage einer sozialen Begegnung wird in der Systemtheorie als das »Problem der doppelten Kontingenz« beschrieben: Wir sind (und bleiben) füreinander undurchschaubar.

Ich kann nicht in deinen Kopf hineinschauen, du kannst nicht in meinen Kopf hineinschauen. Ich bin mir dessen bewusst und du weißt das auch. Und mehr noch: Wir wissen auch voneinander, dass wir das wissen. Menschen sind in jeder Begegnung füreinander »kontingent«, also unberechenbar. Damit erst ist die Grundlage für kommunikative Spiele gelegt, für das »So-Tun-als-ob« und für die Notwendigkeit zu vertrauen. Vertrauen ist ein Mechanismus zur Reduktion sozialer Komplexität, eng verbunden mit einem Risiko, das in sozialen Systemen überall präsent ist, nämlich, dem anderen immer wieder eine positive Absicht zu unterstellen.

So gesehen, erscheint »Echtheit« nicht so sehr als eine Frage danach, ob ein Mensch echt und selbstkongruent »ist«. Vielmehr kann »Echtheit« eher *als*

Kennzeichnung einer sozialen Interaktion verstanden werden. In dieser sozialen Interaktion bedeutet Echtheit zum einen, dass man sich bewusst verletzbarer macht, indem man die eigenen Motive, Gedanken und Gefühle benennt, die in der sozialen Situation zum Tragen kommen, zum anderen ist Echtheit als soziales Spiel aber auch daran gekoppelt, dass der andere genau dies auch »glaubt«, denn jederzeit kann unter der Bedingung doppelter Kontingenz das Echtheitsangebot des anderen auch abgewiesen werden, als »besonderer Zug« im therapeutischen Spiel entwertet werden (»Das sagen Sie jetzt, weil Sie Therapeut sind!« »Das meinen Sie nicht wirklich so!«). Echtheit als soziales Phänomen lässt sich also auf die Frage zuspitzen, ob sie »geglaubt« wird.

Sind wir nun weitergekommen? Offenbar noch nicht. Das Dilemma, sich auf verschiedenen Ebenen gleichzeitig zu bewegen, nämlich der »künstlichen« Ebene Therapie und der »echten, unmittelbaren« Ebene der menschlichen Begegnung, bedeutet, dass jederzeit ein Interaktionsangebot auf der einen Ebene (»Jetzt bin ich echt …«) in den Kontext der anderen Ebene gestellt werden kann (»Das müssen Sie als Therapeut ja auch sagen …«). Dieses scheint ein typisches Dilemma psychotherapeutischer und vermutlich auch pädagogischer Situationen zu sein, in denen der »Gegenstand« der professionellen Praxis zugleich das Medium darstellt, in dem dieser verhandelt wird (bei einem Automechaniker stellt sich die Frage nach dessen »Echtheit« nicht, solange der Wagen so repariert wird, dass er wieder funktionsfähig ist). Vielleicht ist es hilfreich, sich eine therapeutische Situation genauer anzuschauen, in der sich das Dilemma auf einer praktischen Ebene zeigt.

Fallbeispiel Paartherapie

Die Frau arbeitet halbtags, der Mann sitzt seit drei Jahren an seiner Dissertation (ein Stipendium lief vor einem Jahr aus), beide haben zwei Kinder, 6 und 8 Jahre alt. Beide Partner beschreiben sich als hoffnungslos in unlösbare Konflikte verstrickt, inszenieren diese auch im Gespräch. Es geht immer wieder um die Erledigung von Hausarbeiten, Kinderfürsorge u.v.a.m. Während eines Dialogs, der ungefähr so wiedergegeben werden kann, entstehen beim Therapeuten heftige Gefühle:

Frau: »Neulich, ich kam von der Arbeit, du hattest gesagt, du wolltest die Waschmaschine ausräumen …«
Mann: »Moment, ich hatte gesagt: ›Vielleicht!‹«

F.: »Jedenfalls, ich war ziemlich fertig, hatte noch die Kinder abgeholt und das Essen musste noch gemacht werden – wenigstens die Waschmaschine. Das ist doch nicht zu viel verlangt!«
M.: »Hey, Britta, ich promoviere! Hast du das vergessen? Da ist es dann doch o.k., dass du das alles machst. Ich hab ja schließlich auch Wichtiges zu tun!!«
F.: (weint) »Ja, du hast ja Recht, das ist ja auch wichtig, aber kannst du mich nicht ein bisschen mehr unterstützen?«
M.: »Ich unterstütze dich ja schon sehr. Außerdem ist es ja absehbar, ich weiß zwar noch nicht wann, aber wenn ich fertig bin, können wir uns sicher eine Putzfrau leisten!«

In Gedanken vergleicht der Therapeut diesen Dialog mit einer analogen Situation in seiner eigenen Paarbeziehung und kommt zu dem Ergebnis, dass
a) seine Frau ihm bei einem solchen Verhalten »den Kopf waschen« würde und
b) er sich auch von seinen eigenen Werten her völlig anders verhalten würde.
Entsprechend wächst in ihm ein »untherapeutisches« Gefühl von Wut, das er zu unterdrücken versucht. Schließlich platzt es abrupt aus ihm heraus:

Th.: »Also, ich halte es nicht mehr aus, wie Sie miteinander reden! Ich möchte Sie am liebsten rausschmeißen! Ich finde es unverschämt, was Sie (zum Mann) da von Ihrer Frau verlangen. Wenn ich mir vorstelle, ich würde so mit meiner Frau reden, wird mir schlecht! Und Sie (zur Frau), Sie lassen sich das auch noch alles gefallen!! Haben Sie denn keinen Mumm in den Knochen? Was muss denn eigentlich passieren, dass Sie mal auf den Tisch hauen?«
Und dann, einen Moment später:
»So, das musste raus. Vermutlich habe ich es jetzt mit Ihnen beiden verdorben, das täte mir Leid, aber ich wollte die Spannung einfach nicht mehr aushalten.«

Interessanterweise reagiert das Paar alles andere als negativ:

M.: »Alle Achtung, das war jetzt 'ne ziemlich starke Sache. So klar habe ich das noch nie gehört!«
F.: »Irgendwie sollte ich mich jetzt wohl doof fühlen, aber nein, es hat mir gut getan, was Sie gesagt haben!«
M.: »Vielleicht ist es das, was uns fehlt, dass wir mal sozusagen ›ohne Visier‹ Klartext miteinander reden?«
F.: »Ja, das holt mich jedenfalls aus diesem depressiven Loch heraus!«

Th.: »Ich fühle mich jetzt erleichtert, auch weil Sie nicht aus dem Kontakt gehen. Sie haben meine Wut ausgehalten, danke dafür. Könnte es sein, dass ich auch ein wenig von den heftigen Gefühlen ausgedrückt habe, die Sie beide manchmal gegeneinander haben?«

Das Gespräch gewinnt nun eine völlig andere »Fahrt«, beide Partner konfrontieren einander heftiger, lauter, aber auch lebendiger. In einem Nachgespräch am Ende der Beratung benennen beide diese Szene als Schlüsselerfahrung und bedanken sich beim Therapeuten für seinen Wutausbruch.

Oben war das Dilemma von Echtheit als ein Problem verschiedener Rahmen aufgeworfen worden. Offenbar wurde von dem Klientenpaar der Sprung aus der professionellen Ebene in die Beziehungsebene als hilfreich erlebt. Vielleicht bedeutet »Echtheit« die Bereitschaft, in bestimmten Momenten wohldosiert den professionellen Rahmen zu verlassen und sich in den Rahmen unmittelbarer Begegnung einzulassen, ohne zu wissen, was sich aus dieser Unmittelbarkeit ergibt. Hier begegnet uns das oben beschriebene Phänomen der doppelten Kontingenz in der therapeutischen Interaktion.

Das wäre eine Form und Funktion des »therapeutischen Risikos«, dessen Professionalität darin besteht, dass »Echtheit« reflektierbar bleibt und in den Dienst des therapeutischen Prozesses gestellt werden kann. Es kann natürlich nicht darum gehen, die eigenen Gefühle undifferenziert auszudrücken. Wenn der therapeutische Rahmen verlassen wird, braucht es zumindest anschließend die Bereitschaft, sich dem Szenario wieder reflektierend zuzuwenden, in eine Schleife der Selbstreferenz einzutreten. Und es bleibt ein Risiko: Ein anderes Paar oder dieses Paar zu einem anderen Zeitpunkt hätte anders reagieren können, die Szene hätte destruktiv, im Streit, im Kontaktabbruch enden können. Zur »Echtheit« kann es also keine eindeutige Verhaltensanweisung geben, denn eine solche würde geradewegs in die krumme Fotografenparadoxie führen (»Seien Sie echt nach dem Piepston!«).

So können wir die in der Überschrift aufgeworfene Frage, wie man »echt« sein und zugleich professionell handeln kann, nicht beantworten, ohne uns wieder in einer Paradoxie zu verfangen. Vielleicht hilft uns das Kant-Zitat hier weiter? Es verweist darauf, dass wir es in der therapeutischen Praxis mit einer kontinuierlichen Aufgabe zu tun haben: das potentiell paradoxe Spannungsfeld zwischen der Ebene persönlicher Begegnung und therapeutischer Professionalität immer wieder neu auszubalancieren. Diese Balanceakte sind ein

Versuch, das krumme Holz, aus dem der Mensch – soweit wir wissen, gehören Therapeuten auch zu dieser Spezies – gemacht ist, für eine »gerade« Therapie fruchtbar werden zu lassen. Insoweit hat das Bild vom »krummen Holze«, das nicht »gerade« zu zimmern ist, etwas Tröstliches: Es ist lebendig, es ist natürlich und schützt vor absurden, unerfüllbaren oder in sich widersprüchlichen Aufgaben und bewahrt die Therapeuten vor Zynismus. Ein Therapeut, der Kants Maxime beherzigt, kann nie mehr als »krummer Hund« beschimpft werden!

Arist von Schlippe, Hans Rudi Fischer, Ulrike Borst

WERKZEUGKASTEN Echtheit

Impulse und Strategien für die Praxis

- *Professionalität* im Sinne der kundigen Steuerung des therapeutischen Prozesses bedeutet, dem Gegenüber im Rahmen der Interaktion die Möglichkeit zu geben, sich zu entwickeln und das eigene Potential auszuloten.
- *Echtheit* lässt sich als authentische Kommunikation des Therapeuten mit seinem Klienten sowie als Kennzeichnung einer sozialen Interaktion verstehen. Für die therapeutische Praxis bedeutet dies einerseits, dass der Therapeut eigene Motive, Gedanken und Gefühle benennt, andererseits, dass der Klient ihm *glaubt*, dass diese Äußerungen echt und nicht nur aus therapeutischen Gründen lanciert sind.
- Als Therapeut *echt und zugleich professionell* zu handeln, ist eine manchmal widersprüchliche Handlungsanweisung, da der Therapeut sich zeitgleich auf zwei Ebenen bewegen muss: Einerseits soll er sich auf der unmittelbaren Ebene der menschlichen Begegnung und Beziehung natürlich (echt) verhalten, andererseits muss er auf der professionellen Ebene die künstliche Situation, die eine Therapie darstellt, verwalten.
- Echtheit als Ressource: Es kann hilfreich sein, die professionelle therapeutische Ebene in bestimmten Momenten zu verlassen und sich auf die Ebene unmittelbarer, persönlicher Begegnung zu begeben.
- Unprofessionell wäre es, die eigenen Gefühle undifferenziert auszudrücken und es dabei zu belassen.
- Um die Professionalität auch bei einem solchen Wechsel der Ebenen beizubehalten, muss diese unmittelbare Begegnung in den Dienst des therapeutischen Prozesses gestellt werden, d.h. im Anschluss bedarf es der Bereitschaft, sich dem Szenario reflektierend zuzuwenden.

- Echtheit stellt auch ein therapeutisches Risiko dar: Es lässt sich nie gänzlich vorhersehen, was sich aus dem Wechseln von therapeutischer zu persönlicher Ebene ergibt, je nach Klient und Situation kann das problematisch sein und den Kontakt erschweren oder gar beenden.
- In der therapeutischen Praxis ist das Spannungsfeld zwischen persönlicher Begegnung und therapeutischer Professionalität immer wieder neu auszubalancieren.

12. Wie viel Macht der Intuition? Teil I – Die Kannibalenfalle

> *»Über das Unsichtbare wie über das Irdische haben Gewißheit die Götter, uns aber als Menschen ist nur das Erschließen gestattet.«*
> Alkmaion von Kroton (in Diels/Kranz, Bd. I, S. 214)

> *»Lovers and madmen have such seething brains,/Such shaping fantasies, that apprehend/More than cool reason ever comprehends.«*
> W. Shakespeare, A Midsummer Night's Dream

In therapeutischen Kontexten und in Weiterbildungen wird immer wieder die Intuition des Therapeuten als Erklärung für Interventionen oder für Hypothesen über Zusammenhänge herangezogen. Wir möchten Sie, liebe Leserin, lieber Leser, an einem intensiven Diskurs innerhalb der Redaktion zu diesem Thema teilhaben lassen. Im ersten Teil setzen wir uns zunächst mit der Sprache *über* die Phänomene auseinander, mit denen wir zu tun haben. Wir wollen über eine begriffliche Bestimmung eine Klärung dessen erreichen, wovon wir sprechen, wenn wir über Intuition reden. Im zweiten Teil (Frage 13) werden wir die therapiepragmatischen Konsequenzen im Umgang mit »Intuition« beleuchten.

Kommen wir also zunächst zur entscheidenden Frage: Was meinen wir, wenn wir das Wort »Intuition« gebrauchen, oder: Worüber reden wir eigentlich, wenn wir über das uns allen vertraute Phänomen sprechen, das wir mit dem Wort *Intuition* belegen? Eines scheint klar zu sein: Intuition als Form von »Wissen« steht in einem Spannungsverhältnis zu dem Wissen, das wir durch Reflexion, durch bewussten, methodischen Einsatz unserer Vernunft oder unseres Verstandes erreichen. Zunächst eine Geschichte, die zwar nicht wahr ist, die aber genau so hätte geschehen können.

Die Intuitionsfalle der Kannibalen

Wenn du redest, dann muß deine Rede besser sein,
als dein Schweigen gewesen wäre.
Arabisches Sprichwort

Stellen wir uns ein für seine intuitiven Fähigkeiten bekanntes systemtherapeutisches Team (vier Personen) vor, das bei einem Outdoor-Teamentwicklungsworkshop in Afrika auf eigene Faust den vom Coach bestimmten Trail verlässt und in das Gebiet eines Stammes gerät, der normalerweise alle Fremdlinge, die in sein Stammesgebiet eindringen, verspeist. Der blinde Schamane des Stammes möchte herausfinden, ob die Eindringlinge über die Gabe der Intuition verfügen, und lässt unsere vier Systemiker bis zum Kopf in den Sand eingraben (siehe Abb. 5).

Abb. 5: Teamentwicklung in der Kannibalenfalle (© Hans Rudi Fischer & Silvio Erni)

Er räumt den Eindringlingen eine Überlebenschance ein, indem er sie vor ein Rätsel stellt. Jeder bekommt einen Hut aufgesetzt, einen schwarzen oder einen weißen. Kopfdrehen ist unmöglich, daher sieht jeder nur den oder die Vordermänner. Einer (rechts) sieht nur den drohenden Kochtopf vor sich, der ihn von den drei Kollegen trennt.

Der Schamane erklärt ihnen, sie könnten ihr Leben retten, wenn sie folgende Aufgabe lösten: Einer der Männer muss sagen, welche Hutfarbe er trägt, dann kommen alle frei. Es darf nur die Lösung gesagt werden. Kommunikation miteinander ist verboten. Kann es keiner, oder ist die Antwort falsch, werden alle verspeist. Unser Therapeutenteam weiß nur, dass zwei dunkle und zwei helle Hüte verteilt wurden. Zur Lösung der Aufgabe haben die Männer fünf Minuten Zeit. Der Schamane dreht die Sanduhr um, die Zeit läuft. Nach zwanzig Sekunden gespannten Schweigens ruft HM: »Ich habe einen schwarzen Hut auf!« Der Schamane ist verblüfft, dass HM weiß, welche Hutfarbe er trägt, und lässt die Männer wie versprochen frei. Er fragt HM hinterher, woher er gewusst habe, dass er einen schwarzen Hut trage. HM – der psychoanalytisch ausgebildet ist – sagt, er habe es unbewusst gewusst, seine Intuition habe es ihm gesagt. Die Therapeuten verabschieden sich glücklich von den Kannibalen und laufen zurück in ihr Camp.

Kaum dort angekommen, wird der Retter der Gruppe, HM, von IT scharf angegriffen. HM habe mit seinem verantwortungslosen, irrationalen Verhalten das Leben der ganzen Gruppe aufs Spiel gesetzt. Wie man seinem Unbewussten den Vorrang vor systemischer Urteilskraft einräumen könne, sei völlig unverständlich. Eines sei absolut gewiss gewesen, HM konnte nicht sicher wissen, welchen Hut er trage, insofern habe er Russisches Roulette gespielt.

SM sagte, auch er habe ein Bauchgefühl gehabt, das sogar richtig gewesen sei, wie er im Nachhinein festgestellt habe, aber er habe sich nicht getraut, das Leben der gesamten Gruppe aufs Spiel zu setzen, denn die Wahrscheinlichkeit, richtig zu raten, sei 50:50 gewesen, genau wie für HM. Im dann angesetzten Reflecting Team wird den Systemikern klar, dass einer von ihnen die richtige Lösung hätte wissen können, ohne sich ausschließlich auf seine innere Stimme zu verlassen.

Das Problem wäre also rational entscheidbar gewesen. Ist es in solchen Situationen daher nicht irrational, sich auf »innere Stimmen«, »Bauchgefühle« (in den Händen von Kannibalen!) oder Intuition zu verlassen?

Wer von den vier Therapeuten hätte es wissen können und warum?

Wenn man davon ausgeht, dass in der lebensbedrohlichen Situation das Vertrauen (Luhmann nannte das nüchtern »Komplexitätsreduktion«) unter den Beteiligten vorhanden ist, dass nur der eine Antwort gibt, der sicheres Wissen hat, dann ist Schweigen informativ für alle am Prozess Beteiligten. HM hätte sicher wissen können, welchen Hut er trägt, wenn die beiden Vordermänner zwei gleiche Hüte getragen hätten (Konjunktiv (II) irrealis). Faktisch war das aber nicht der Fall, daher konnte er keine rational begründete Antwort geben. Hätte HM seinem Nichtwissen gemäß geschwiegen, wäre sein Schweigen für IT (und die anderen) Information gewesen, nämlich dass die beiden Vordermänner von HM verschiedenfarbige Hüte tragen (Prämisse 1).

Nur IT sieht, dass sein Vordermann einen schwarzen Hut trägt (Prämisse 2), also muss er einen anderen – eben einen weißen – tragen.

Das ist eine deduktive, wahre Schlussfolgerung. IT kann also in der gegebenen Situation mit Sicherheit erschließen, was wirklich der Fall ist. Das ist das, was wir – begründet und begründbar – eine Erkenntnis bzw. wahres Wissen nennen. Hierin wird der Unterschied zu dem, was man intuitives Wissen, Intuition, Eingebung, innere Stimme, Bauchgefühl u.ä. nennt, ganz klar.

Intuition und Vernunft

Wie das Beispiel zeigt, kann in gewissen Situationen rational entschieden und eine richtige, eine wahre Lösung (Antwort) gefunden werden. Alle rational entscheidbaren Situationen lassen sich natürlich auch auf nichtrationaler Grundlage entscheiden – wie das unser HM getan hat –, aber *nicht* umgekehrt.

Es zwingt uns niemand dazu, unsere Vernunft oder unseren Verstand zu gebrauchen, aber es ist das, was wir »denken« nennen. Wenn wir von Intuition oder Ähnlichem reden, so meinen wir meist rational *nicht* begründete oder begründbare Entscheidungen. Es gibt viele Situationen im Leben, die rational *unentscheidbar* sind, die sich also nicht mit den Mitteln der Vernunft, mit der Logik, beantworten lassen oder bei denen es überhaupt nicht um Wissen geht. Das sind Situationen, die Menschen nicht zum Logiker, sondern eher zum Therapeuten führen. Bleiben wir im Moment aber noch ein wenig in der Erkenntnistheorie, dem Bereich der Philosophie, der sich systematisch (und systemisch!) mit der Frage beschäftigt, *was* wir wissen können und *wie* wir Wissen rechtfertigen, d.h. vom Irrtum abgrenzen können. Der Intuitionsbegriff spielte für die Grundlegung dessen, was wahre Erkenntnis genannt wurde, zwei Jahrtausende eine fundamentale Rolle.

Schon Platon hat den Intuitionsbegriff (griech. *noesis*, Einsicht, Ideenschau) als besondere Form der Erkenntnis eingeführt, bei der der Geist *nicht* auf Erfahrung zurückgreift, sondern die Ideen innerlich erschaut und damit erkennt, was unmittelbar gewiss und zeitlos wahr ist. Damit hat Platon Gewissheit und Wahrheit in seine Erkenntnistheorie eingeschleust – heute würden wir sagen: Er hat eine metaphysische Voraus*setzung* gemacht –, auf deren Grundlage dann erst Wissen, auch empirisches, möglich und begründbar wird. Der Beobachter mit seinem Erkenntnisapparat – wie wir heute sagen würden – wurde eliminiert und die Erkenntnis auf eine abstrakte Instanz, die Vernunft *(nous)*, übertragen, die den Gegenstand der Erkenntnis *unmittelbar*

»erschaut« oder mit ihm bekannt wird. Der Anfang (lat. *principium*, griech. *arché*) selbst aber, die intuitive Erkenntnis, ist auch damit nicht wirklich begründet. Gleichwohl hat noch 2000 Jahre später Descartes in seinem Versuch, einen unerschütterlichen Grund *(fundamentum inconcussum)* für Erkenntnis zu schaffen, der Intuition – er nannte sie auch so – eine ausgezeichnete Rolle zugewiesen. Als rationalistischer Philosoph – wie Platon – glaubte er noch daran, dass alle sichere Erkenntnis nur aus der Vernunft deduktiv abgeleitet werden könnte. Für ihn sind die Prämissen, auf denen unsere Vernunft beim Schließen (Deduktion) aufbaut, durch Intuition erkannt, sie sind »selbstevident« und absolut gewiss. Von diesen dem Selbst präsenten Repräsentationen lasse sich auf eine repräsentations*unabhängige* Realität schließen, scheinbar so, wie sich von der *Gewissheit* des Sinneseindruckes, den ich habe, wenn ich das Blau des Himmels sehe, auf das wirkliche Blau des Himmels schließen lasse. Wenn uns jemand beispielsweise nach der Bedeutung des Wortes Schmerz fragte, so könnten wir ihm etwa ins Bein kneifen, bis er schreien würde, und dann könnte er die »Bedeutung« des Wortes Schmerz *direkt*, d. h. von »innen«, »anschauen« (Präsenz). Vom Wort »Schmerz« käme er unmittelbar mit der Wirklichkeit des Phänomens in Kontakt. Nach diesem Modell wird Intuition als eine Form von Erkenntnis verstanden, bei der der Erkennende direkten Zugang zum Erkannten hat.

Dem Subjekt leuchtet das »Licht der Vernunft« (Descartes' Metapher) voraus, und so kann es klar und deutlich die Wahrheit eines Lehrsatzes, eines Axioms etc. erkennen. Aus dem *Für mich* wird so ein *An sich*, bei dem der Beobachter sich selbst zum Verschwinden gebracht hat. Das ist Intuition im Sinne von *nicht* abgeleitetem, *nicht* vermitteltem, also direktem Wissen. Intuition ist dem Selbst »evident« heißt nichts anderes: Sie ist aller Kritik und Kritisierbarkeit prinzipiell entzogen. Das Subjekt kommt in die exklusive und privilegierte Situation, dass es sich für dieses Wissen, das keiner weiteren Begründung bedarf, nur selbst verbürgen kann und muss. Damit allerdings gerät der intuitiv Wissende schnell in eine machtvolle Position, weil ein solches Wissen nicht mehr angezweifelt werden kann und darf. Eine Erkenntnis jedoch, die sich durch »Intuition« gegen jegliche Kritik immunisieren will, gleicht einem fundamentalistischen Taschenspielertrick. Denn fundamentalistisches Denken heißt ja nichts anderes, als sich der Anforderung, dass jedes Fundamentum wieder rational begründbar sein muss, zu verweigern und aus dem damit verbundenen – oder jedenfalls immer auch möglichen – Regressus ad infinitum einfach auszusteigen und zu behaupten: *Wir* (ich!) sind an der

Basis, am Fundament, beim Absoluten angelangt. Diese Strategie verkennt aber, dass der Anfang nicht vorderhand da ist und gefunden wird, sondern gemacht werden muss.

Mit Kants kritischer Philosophie begann der endgültige Abschied vom Glauben an eine Erkenntnisweise, die unfehlbar ist und der Kritik prinzipiell entzogen werden kann. Vor dem Gerichtshof der Vernunft mussten sich alle Erkenntnisansprüche der Kritik stellen. Eine »intuitive Erkenntnis« hat vor dem »Gerichtshof der Vernunft« keinen Bestand, weil sie nicht für das Argument zugänglich ist, eben weil sie selbst nicht begrifflich (also diskursiv) und damit rational argumentiert. Wenn das Phänomen, das wir Intuition nennen, ein »Anschauen« der Wahrheit wäre – modern gesprochen: ein »Bauchgefühl«, eine »Ahnung« –, so wäre es eine nichtdiskursive Form der Erkenntnis, ein Wissen *vor* dem Wissen – und insofern ein Widerspruch in sich.

Warum ist das so? Kants Erkenntnistheorie hat gezeigt, dass wir nur das erkennen können, was wir aus eigenen Begriffen *selbst gemacht* haben. Daher müssen wir alle Anschauungen (ob von den äußeren oder inneren Sinnen gegeben) unter Begriffe bringen, um sie in Gedanken fassen und kommunizieren zu können. Genau das bringt Kant mit der berühmten Wendung aus seinem Meisterwerk der Erkenntniskritik auf den Punkt: »Gedanken ohne Inhalt sind leer, Anschauungen ohne Begriffe sind blind« (Kritik der reinen Vernunft, B 75). Sofern Intuition sich nur auf »Anschauung« bezieht, bleibt sie blind, d. h., sie ist keine Erkenntnis, und Gedanken, die sich nicht auf sinnliche Anschauung beziehen können, bleiben leer im Sinne von gehaltlos. In der modernen Philosophie hat man sich von der Pilatusfrage (»Was ist Wahrheit?«) verabschiedet und spricht von Wahrheit nur noch im Zusammenhang von Sätzen und Urteilen. Unter Wahrheit/Falschheit wird ein *metasprachliches* Prädikat verstanden, das das Verhältnis eines Satzes zur Wirklichkeit (was der Fall ist) qualifiziert. Sätze oder Urteile, die prinzipiell nicht wahr oder falsch sein können, können auch nichts über die Wirklichkeit aussagen.

Wenn ein Satz nicht falsch sein kann, ist er keine Hypothese darüber, was der Fall ist, sondern bspw. eine Tautologie. Wenn unser Systemiker HM in der Intuitionsfalle plötzlich ausrufen würde: »Heureka, ich habe entweder einen weißen oder einen schwarzen Hut auf!«, hätte er im vorhandenen Bezugssystem zwar einen wahren Satz geäußert, ohne allerdings zu sagen, was der Fall ist. Wahrnehmungen, Anschauungen, Gefühle, Halluzinationen etc. können ebenso weder wahr noch falsch sein, denn sie sind keine »Urteile«.

Werden Anschauungen oder »Intuitionen« artikuliert, muss man den dahinter steckenden Gedanken zum Ausdruck bringen. Dann erst lässt sich entscheiden, ob der Gedanke richtig oder falsch im jeweils vorhandenen Bezugssystem ist.

Klarer als Kant es hier sagt, lässt es sich kaum sagen: »Denn Wahrheit oder Schein sind *nicht im* Gegenstande, so fern er *angeschaut* wird, sondern *im Urteile* über denselben, so fern er *gedacht* wird. Man kann also zwar richtig sagen: daß die Sinne nicht irren, aber nicht darum, weil sie jederzeit richtig urteilen, sondern *weil sie gar nicht urteilen.*

Daher sind Wahrheit sowohl als Irrtum, mithin auch der Schein, als die Verleitung zum Letzteren, nur im Urteile, d. i. nur in dem Verhältnisse des Gegenstandes zu unserem Verstand anzutreffen« (KdrV, B 350, Hervorh. der Autoren).

In Situationen, in denen wir Entscheidungen auf rational nicht begründbare Weise treffen müssen, geht es nicht um Wahrheit in dem gerade erläuterten Sinne. Die Entscheidung, die ich zu treffen habe, soll mit meinem Leben (langfristig), mit meinen Glückwünschen und Sinnerwartungen kompatibel sein. Entscheidungen bzw. die daraus resultierenden Handlungen können gelingen oder misslingen. Hier geht es also um die Unterscheidung »richtig/nicht richtig« (um die subjektive Kategorie Sinn) und nicht um die Unterscheidung »wahr/falsch« in einem objektiven Sinne. Ob eine »intuitiv« genannte Entscheidung richtig war oder nicht, ist wiederum eine rational unentscheidbare Frage, die im Leben zu unterschiedlichen Zeiten unterschiedlich beantwortet werden kann; sie hängt völlig vom Sinnsystem der Person ab und fällt eher in den Bereich einer existenziellen Wahrheit.

In rational unentscheidbaren Situationen haben wir die Freiheit und die Notwendigkeit, uns zu entscheiden. Weil es keinen sicheren, rational entscheidbaren Übergang gibt, müssen wir springen, und hier ist mit dem Begriff »Intuition« etwas angesprochen, das auch vor dem Gerichtshof der Vernunft nicht geleugnet werden kann, weil es dort nicht verhandelbar ist. In der Intuition, dem Bauchgefühl, der »inneren Stimme« oder wie auch immer die Metaphern heißen mögen, drückt sich etwas aus, das therapeutisch höchst relevant ist und in jeder Therapie berücksichtigt werden sollte.

Das Phänomen trifft natürlich auch den Therapeuten selbst. Böse Zungen behaupten, auch systemische Therapeuten hätten Gefühle und würden sich gelegentlich in der Therapie von Bauchgefühlen leiten lassen. Wie sind Intuitionen von Therapeuten vor dem erläuterten Hintergrund zu deuten, welche Wirkungen entfalten sie, und wie lassen sie sich nutzen? Wie sind die Intuitionen unserer Klienten zu aktivieren, wie sind sie therapeutisch zu behandeln? Davon erfahren Sie »jenseits von Afrika« mehr im folgenden Teil dieser Fragestellung (Frage 12).

Hans Rudi Fischer, Arist von Schlippe, Ulrike Borst

WERKZEUGKASTEN | Intuition & Vernunft

Impulse und Strategien für die Praxis

- Viele Lebenssituationen sind rational nicht entscheidbar, lassen sich also nicht mit rein vernünftigen Mitteln beantworten – dies sind potentielle Situationen, die Menschen in Therapie oder Beratung/Coaching führen.
- In rational nicht entscheidbaren Situationen ist eine Entscheidung *notwendig*, die metaphorisch einem Sprung (Kierkegaard) gleichkommt, wobei »Intuition« als therapeutisch relevante Größe zu berücksichtigen ist. Über »Intuition« kann therapeutisch der Zugang zu den Emotionen laufen.
- Mit »Intuition« kann über Externalisierung therapeutisch (»Teile-Arbeit«) gearbeitet werden: Wie würde Ihre Intuition entscheiden, wenn sie hier Ihrem Verstand gegenüber säße …? O. Ä.
- Bei beraterisch relevanten Entscheidungen geht es i. d. R. nicht darum, herauszufinden, was *objektiv* wahr oder falsch, sondern was für die Klienten *subjektiv* richtig oder falsch ist. Es geht um existenzielle Entscheidungen, um die Passung mit dem eigenen Leben, Glücks- und Sinnvorstellungen.
- Ob eine »intuitiv« genannte Entscheidung richtig war oder nicht, ist wiederum eine Frage, die im Leben zu unterschiedlichen Zeiten unterschiedlich beantwortet werden kann; sie hängt völlig vom Sinnsystem der Person ab.

13. Wie viel Macht der Intuition? Teil II – Wie viel Intuition ist nützlich?

In der 12. Frage ging es uns darum, den Begriff der Intuition erkenntnistheoretisch zu hinterfragen. Der Abschied von dem Glauben an unfehlbare Erkenntnis geht mit dem Bewusstsein einher, dass wir nicht anders können, als Wirklichkeit mit Begriffen zu fassen, die wir – bzw. die Kommunikationsgemeinschaft –, ehe wir sie benutzen, selbst erst hergestellt haben müssen. Unsere – auch begriffsgeschichtliche – Hinterfragung des Intuitionsbegriffs hat gezeigt, dass die Bedeutung von Begriffen im Gebrauch lebt und historischen Wandlungen unterliegt. Die Bedeutung von Begriffen zu untersuchen heißt daher, ihren Gebrauch im jeweiligen Verwendungskontext zu hinterfragen.

Wenn wir verstehen wollen, was in therapeutischen Kontexten mit bestimmten Begriffen getan wird, welche Bedeutung bzw. Funktion sie dort entfalten, dann müssen wir diese reflektierbar halten, um nicht zu Opfern einer Verblendung durch die eigene Begrifflichkeit zu werden. In der »Kannibalenfalle« des vorigen Teils haben wir »Intuition« als einen Kandidaten einer solchen Gefährdung ausgemacht.

Im Folgenden möchten wir mit einem Beispiel aus dem therapeutischen Feld das Gefährdungspotential aufzeigen, das entsteht, wenn Begriffe in einen Begründungszusammenhang gestellt werden, der nicht infrage gestellt werden kann bzw. darf. Was nicht abgelehnt werden kann, muss angenommen werden – und das kann in Interaktionen kritisch sein, in denen Machtunterschiede bestehen, wie wir sie in Organisationen, in Familien, in der Schule oder in Beratungskontexten finden.

Intuition im Kontext zugeschriebener Macht – am Beispiel psychosozialer Arbeitsfelder

Wer in solchen Kontexten arbeitet, ist immer wieder mit einer bestimmten Klasse von Fragen konfrontiert. Klienten, Kunden, Patienten bringen Fragen mit, die jeweils zur Grundlage der Beziehungsgestaltung in der Beratung werden. Diese Fragen lassen sich häufig im Wesentlichen um eine Emotion herum gruppieren: Hilflosigkeit. Wer die Idee hat, nicht aus eigener Kraft heraus die vor ihm liegenden Herausforderungen meistern zu können, wird nach Hilfe suchen – und damit dokumentieren, dass er oder sie in irgendeiner Form hilflos ist und ohne das Bewusstsein der eigenen Macht: ohnmächtig. So gesehen, ist Macht dabei also auch immer thematisch.

Aber im Gegensatz zu hierarchischen Zwangskontexten wie einem Gefängnis oder einer Kaserne ist Machtzuschreibung in psychosozialen Kontexten meist implizit und vielleicht deswegen auch schwerer zu erkennen.

Auch wenn – oder gerade weil – aus einer systemischen Perspektive heraus Macht weniger als feststehende Gegebenheit denn als eine besondere Form sozialer (i. e. wechselseitiger) Konstruktion angesehen wird, durchzieht das Thema implizit oder explizit die Beziehungen (Hegels Dialektik von Herr und

Knecht). Für Bateson war es nicht die faktische An- oder Abwesenheit von Hierarchie, sondern der *Glaube an den Mythos der Macht*, der im Zentrum von Pathologie steht. Er bezeichnete diesen als den zentralen erkenntnistheoretischen Irrtum, ja, mehr noch als *die* »erkenntnistheoretische Krankheit«, der die Menschheit unterworfen sei. Indem man in sozialen Beziehungen in Begriffen von Macht denke, schaffe man eine sich selbst erfüllende Prophezeiung: Man beginne, jede Interaktion in Kategorien von Manipulation, Taktik, Strategie und Kontrolle zu betrachten, sich entsprechend zu verhalten und so die Machtfixierung zirkulär aufrechtzuerhalten.

Macht durchdringt über ein Kontinuum von Vorstellungen und Ideen die Gesellschaft, und sie ist desto stärker, je stiller sie wirkt. Im Kontext ungleich verteilter, ungleich zugeschriebener Macht kann nun Intuition zum Instrument werden, das demjenigen, dem Macht zugeschrieben wird, einen Selektionsvorteil für eine dominante Wirklichkeitskonstruktion sichert. Nach dem Motto »Wissen ist Macht« legt die Semantik von »Intuition« in solchen interaktiven Kontexten nahe, dass eine besondere Form von Erkenntnis stattgefunden hat, unbewusst zwar, aber auf jeden Fall richtig. Dabei wird der Plot des »weisen Unbewussten« aktiviert, das an sich gut ist und keine Fehler macht. Mit Intuition kann dann »begründet« werden, was von anderen nicht negiert werden kann. Intuition wird so selbstlegitimierend, eine kommunikative Setzung, zum Gesetz, das nicht mehr hinterfragt werden darf.

Ein Beispiel: »Die verlorenen Locken«

Eine junge Frau hatte bis vor ca. zwei Jahren einen prachtvollen Lockenkopf, eine Löwenmähne. Gegen Ende ihres Studiums, keiner weiß warum, verloren sich die Locken, seither trägt sie glatte Haare. Aber sie vermisst ihre Locken, und so geht sie zu Ärzten und anderen Helfern, bis man ihr einen besonders fähigen Heilpraktiker empfiehlt. Dieser macht mit ihr eine Reihe seriös wirkender Tests, als deren Ergebnis sich eine »Laktoseintoleranz« herausstellt. Ein Befund, den später ein Allergologe als irrelevanten Allerweltsbefund bezeichnete. Bei der Präsentation setzt er sich mit wichtiger Miene neben sie auf die Behandlungsliege: »Bei dieser Art von Befund gehe ich davon aus, dass ein schwerer Konflikt mit der Mutter besteht!« – »Wie kommen Sie darauf?«, fragt die junge Frau. Der Berater verweist auf seine jahrelange Erfahrung und seine Intuition. Als sie seine Interpretation dennoch zurückweist – sie erlebt die Beziehung zu ihrer Mutter herzlich und warm –, bietet der Behandler eine andere Beschreibung an: »Dann liegt das Prob-

lem wohl eher in Ihrer eigenen Weiblichkeit …« – »Was sollte ich da sagen?«, berichtete die junge Frau später, »ich bin 25 und habe noch keinen Freund, vielleicht ist da ja was dran …« Und so kommt es zu der Empfehlung, doch einmal eine Familienaufstellung zu machen, er kenne da zufällig eine sehr erfolgreiche Kollegin in der Region …

Wenn man voraussetzt, dass der Kollege in guter Absicht gehandelt hat, nicht an erster Stelle seinen Verdienst im Auge hatte, sondern selbst glaubte, was er sagte, wie lässt sich das Geschehen dann verstehen? Der Kontext struktureller Macht verleiht seinen Worten besonderes Gewicht und verwandelt damit das »Nein«, das im Kontext von Psychotherapie immer möglich sein sollte, mit einer größeren Wahrscheinlichkeit in ein »Ja«. Der Kontext bestätigt die Interaktion und gibt den verwendeten Worten ihre Bedeutung und ihre spezifische Funktion.

Indem die eigene Beschreibung als »intuitiv« bezeichnet wird, wird versucht, sie der kritischen Nachfrage zu entziehen, und damit wird Wirklichkeit geschaffen.

Was wäre gewesen, wenn – und vermutlich wird genau das oft passieren – eine verzweifelte Frau in Not an ihn geraten wäre, der bei der Erwähnung ihrer Mutter die Tränen in die Augen gestiegen wären? Er hätte sich bestätigt gesehen in seiner »intuitiven Diagnose«, und sie wäre beeindruckt gewesen von seiner Fähigkeit, in sie hineinzublicken – und so hätten sie wechselseitig das validiert, was dann »Intuition« genannt worden wäre. Daraus hätte sich in diesem Interaktionsspiel ein Bestätigungszirkel ergeben, in dem Intuition zu einem bedeutsamen Begriff wird: Da kommt jemand in einer existenziellen Notsituation, ist sehr empfänglich für orientierende Information, der Berater gibt ihm diese – und erlebt die bestätigende »Quittung« in Form von Tränen und Rührung. Beide bestätigen damit die asymmetrische Machtbeziehung. Zugleich verfestigen sie das Konzept von Intuition als einer entscheidenden Form der Erkenntnis des Wahren, indem sie beide immer mehr an die »Macht der Intuition« glauben. Zugleich wird verschleiert, dass diese »Macht« Resultat einer wechselseitigen sozialen Konstruktion ist, denn sie geht nur auf das Konto des Beraters, er »ist« intuitiv.

Die Verlockung, einer solchen Mythologisierung der Macht zu verfallen, ist im Kontext von Psychotherapie allgegenwärtig. Sie erfordert daher eine konsequente Orientierung des Therapeuten an dem Grundsatz des *errare humanum est*, was in unserem Kontext bedeutet, dass eine intuitiv formulierte Hypothese, eine Vermutung, eine Interpretation falsch sein können muss, andernfalls erstarrt sie zu einer autoritär gesetzten Deutung (Wahrheit), der gegenüber nicht mehr Nein gesagt werden kann und darf. In der Psychotherapie ist daher große Sensibilität für solche Zuschreibungen gefragt, mit denen in diesem undurchsichtigen Feld oft operiert wird. Ein anderer Therapeut hatte übrigens vorher zu der jungen Frau gesagt: »Das sind die Haare einer traurigen Frau!« – verbunden mit einem tiefen Blick in die Augen klappt so etwas vermutlich nicht selten.

Wie können Kreativität und intuitive Einsichten – deren Möglichkeit hier natürlich nicht bestritten wird – sinnvoll von Willkür und Mystifikation abgegrenzt werden, vor allem dann, wenn sich die Beteiligten der Mechanismen der Macht selbst nicht voll bewusst sind? Es gibt hier keine allgemeingültigen, eindeutigen Kriterien, die diese Abgrenzung erlaubten. Dies nicht nur, weil ein solches Kriterium (für den Logiker) ein Widerspruch in sich wäre, sondern auch, weil es Willkür und Mystifikation nicht an sich gibt, sondern immer nur in interaktiven Kontexten. Und so ist dieser Text ein Plädoyer dafür, zumindest im Kontext von Psychotherapie *Rechtfertigungen mittels Intuition* abzuschaffen oder den Begriff, soweit er mit autoritären Geltungsansprüchen *verwendet wird*, abzulehnen.

Natürlich geht es nicht darum, die Phänomene zu leugnen, auf die sich der Begriff bezieht. Das wäre auch gar nicht erstrebenswert, denn das Phänomen, das wir im Alltagsgebrauch »Intuition« nennen, ist ein Hinweis darauf, dass – unabhängig von der Quelle einer Einsicht – auch Vorstellungen und Ideen ins Bewusstsein treten, die einen Prozess der Sinnsuche und Sinnfindung anregen können. Therapeutisch geht es dabei nicht um die Frage, ob die »Intuition« wahr oder falsch ist, sondern ob sie Anschlussfähigkeit herstellen, d. h. weiteren Sinn erzeugen und so in neue Felder vorstoßen kann. Der Verzicht auf den von uns kritisierten »Jokerbegriff Intuition« zwingt dazu, den Beobachter wieder in die eigenen Aussagen zurückzubringen.

So ist es zwar kein großer, aber ein bedeutsamer Unterschied, anstelle von: »Das sind die Haare einer traurigen Frau!« zu sagen: »Wenn ich Sie so ansehe, frage ich mich, ob Sie vielleicht traurig sind« – und damit den Beobachter wieder einzuführen, der vorher »intuitiv« getilgt wurde.

Intuition, die sich ihrer Hinterfragbarkeit nicht bewusst ist, droht gerade im Kontext struktureller Macht, der Verführung ihrer selbst zu erliegen. Die größte Gefahr dürfte hier übrigens der Erfolg sein. Wer immer wieder erlebt, dass er mit seinen Aussagen höchste Grade von Anschlussfähigkeit erzeugen kann, wer erlebt, dass Menschen ihm in voller Begeisterung zustimmen, weil er »genau das Zentrum« getroffen habe, der ist vermutlich am stärksten gefährdet, zum Guru zu werden. Wer sich in diesem Sinne auf seine Intuition bezieht, hört auf zu fragen; es ist das Ende der therapeutischen Neugier darauf, dass die Situation vielleicht doch anders sein könnte, als beschrieben. Wenn der einfache Weg verlegt ist, weil über das Wort »Intuition« nicht mehr verfügt wird, wird es wieder mühsamer, aber auch lohnender.

Mehr Demut – Mut zur Vermutung

Wer das Wort »Intuition« nicht mehr zur Verfügung hat, der muss zurückgehen zu anderen, weniger ansprüchlichen Begriffen, wie etwa »Vermutung«. Der Begriff Vermutung setzt Ungewissheit voraus und muss sich selbst immer wieder hinterfragen lassen, und das sollte vom Therapeuten im Gespräch aktiv angeboten werden. »Vermutung« führt in diese Gespräche wieder etwas ein, das Therapeuten wie Klienten eigentlich gern draußen lassen wollen: Ungewissheit. Ungewissheit auszuhalten ist schwer, es ist aber auch das, was uns als Therapeuten menschlich macht – und das, was uns nicht von denen unterscheidet, die als Klienten zu uns kommen.

Alles, was gesagt wird, wird von einem Beobachter gesagt – der kann sich irren, denn auch seine Erkenntnisinstrumente sind menschlich. Das mag enttäuschen, auch die Klienten. Damit kann dann aber das gelingen, was so etwas wie die Quadratur des Kreises sein könnte, nämlich im Kontext der Zuschreibung struktureller Macht weder ihrer Verführung zu erliegen noch einfach »auszusteigen« und die eigene Ohnmacht zu erklären. Vielmehr geht es darum, Professionalität im Umgang mit den eigenen Vermutungen als solchen zu zeigen, ohne die vermeintliche Sicherheit der Intuition zu nutzen, um die eigene Unsicherheit zu absorbieren.

Nehmen wir nun die Interaktion zwischen Therapeuten und Klienten noch etwas näher in den Blick und fragen, was nützlich und was schädlich daran sein kann, von der »Intuition« des Therapeuten zu reden. Häufig, so auch im oben angeführten Beispiel, bezieht sich die »Intuition« auf Bedeutungszusammenhänge und Erklärungen für schwer Erklärbares. Im Beispiel hieße die Erklärung etwa: »Du bist traurig, deswegen sind die Locken verschwunden.«

Einer der stärksten Wirkfaktoren der Psychotherapie ist die Vermittlung von Hoffnung. Ein Hoffnungsschimmer wäre in unserem Beispiel: »Aha – jetzt muss ich nur weniger traurig sein, dann kommen meine Locken wieder.« Die geäußerte Intuition stößt bei der Klientin etwas an, was mit dem Begriff der Suggestion bezeichnet wird: Je sicherer die Therapeutin sich ihrer Intuition ist, desto mächtiger die Suggestion. Je rat- und hilfloser die Klientin, desto empfänglicher für die Suggestion. Die Suggestion hilft vielleicht kurzfristig, indem sie Hoffnung weckt. Auf lange Sicht aber bewirkt sie »mehr desselben«, weswegen die Klientin in die Therapie gekommen ist: Sie fühlte sich anfangs rat- und hilflos, und nun ist sie in ihrer eigenen Problemlösefähigkeit noch stärker eingeschränkt – obwohl die Lösung ihr vielleicht plausibel erscheint. Aber es ist ja die Therapeutin, die die genialen Erkenntnisse hat.

Langfristig wirkungsvoll wird aber nur sein, was Klienten ermächtigt und befähigt, Zusammenhänge selbst zu erkennen und Probleme selbst zu lösen. Dies kann nur erreicht werden, wenn ein Dialog über Vermutungen entsteht; wenn auch Nein gesagt werden darf zu den Vermutungen des Therapeuten; wenn die Klientin ihre eigenen Vermutungen dagegensetzt; wenn eine gemeinsame Suche nach Bedeutungszusammenhängen und Erklärungen entsteht; wenn diese Suche dazu führt, dass Verstehbarkeit, Handhabbarkeit und Sinn der Geschehnisse (die Dimensionen der Salutogenese) zunehmen. Das ist die Hoffnung »zweiter Ordnung«. Wer über längere Zeit mit einem irrsinnig intuitiven Menschen kommuniziert, wird sie kaum entwickeln.

Arist von Schlippe, Hans Rudi Fischer, Ulrike Borst

WERKZEUGKASTEN | Intuition & Macht

Impulse und Strategien für die Praxis

- Die Bezeichnung einer Perspektive als »intuitiv« legt nahe, es habe eine besondere, durch das »weise Unbewusste« geleitete Form von Erkenntnis stattgefunden, und entzieht sie der kritischen Nachfrage. Damit wird Wirklichkeit geschaffen.
- Suchen Klienten um Hilfe nach, sind sie sehr empfänglich für orientierende Information des Therapeuten. Beziehungen sind implizit oder explizit von der wechselseitigen Konstruktion von »Macht« durchzogen. Wird dem Therapeut mehr »Macht« als dem Klienten zugeschrieben und begründet er seine Aussagen mit »Intuition«, erhalten sie besonderes Gewicht und seine Wirklichkeitskonstruktion kann sehr mächtig werden.
- Reagiert der Klient emotional angerührt und beeindruckt, sieht sich der Therapeut in seiner »intuitiven Diagnose« bestätigt – die »Intuition« wird wechselseitig validiert, das Konzept als eine entscheidende Form der Wahrheitserkenntnis verfestigt und die asymmetrische Machtbeziehung zwischen Therapeut und Klient bestätigt.
- Erlebt ein Therapeut immer wieder, dass er mit seinen »intuitiven« Aussagen höchste Grade von Anschlussfähigkeit erzeugt und Klienten ihm voller Begeisterung zustimmen, ist er durch diesen Erfolg gefährdet, der Verführung struktureller Macht zu erliegen und als Guru aufzutreten.

Strategien, um nicht dem Mythos der eigenen Macht zu verfallen:
Halten Sie Ihre beraterische bzw. therapeutische Neugier aufrecht, indem Sie sich der Fehlbarkeit Ihrer »Intuition« bewusst sind: Eine intuitiv formulierte Hypothese muss falsch sein können.

IV. Möglichkeiten eröffnen: Gesprächsführung und Dokumentation

Die Kapitelüberschrift ist breit und so sind es auch die unter dieser Überschrift versammelten Texte. Es geht um das freie und kreative Spiel mit Interventionen. Wenn »systemisch« eher eine Bezeichnung ist für eine besondere Art die Welt zu sehen, dann ist es wenig sinnvoll davon zu sprechen, dass es »systemische Interventionen« gibt – und folglich auch »nichtsystemische«. Vielmehr kann die Vielfalt menschlichen und zwischenmenschlichen (und damit auch therapeutisch-beraterischen) Handelns daraufhin befragt werden, ob dadurch der Raum der Möglichkeiten vergrößert wird, wie es Heinz von Förster nahe legte: Sind Interventionen eher dazu angetan, konstruktive Anschlussinteraktionen zu ermöglichen, Beschreibungen zu finden, die es Menschen eher ermöglichen, Zugang zu ihren Ressourcen zu finden, oder werden »monosemantische« Beschreibungen angeboten (»Genau so ist es!«, »Es gibt keine andere Möglichkeit als …«, »Das ist die Krankheit!«), aus denen der Ausweg schwerer zu finden ist?

Beschreibungen sind alles andere als harmlose »Abbilder« des Beschriebenen. Mit unseren Worten greifen wir in das Beschriebene ein und verändern es. Die Verantwortung, die damit einhergeht, erfordert vor allem Bewusstheit. Das geht bereits in unserem Kopf als Praktiker los: Mit welchen Hypothesen gehen wir auf die Ratsuchenden zu? Welche Ordnungsversuche nehmen wir vor, wenn wir beginnen, in unserer Sprache zu beschreiben, was wir beobachtet und erfahren haben? Suchen wir nach Ursachen, »Schuld«, nach Eindeutigkeit oder suchen wir nach Möglichkeiten, wie schwer oder unerklärbares Geschehen möglicherweise Sinn ergeben könnte? Die Suche danach, wie Phänomene, die wir schwer nachvollziehen können, in den Lebenskontext der Ratsuchenden »passen« könnten, führt in andere innere Räume als die Suche nach Erklärungen für Ursachen.

»Räume«, ein weiteres Stichwort für die folgenden Texte. Ein Gespräch kann so gestaltet werden, dass es Räume eröffnet, die Therapeut und Klient, Beraterin und Ratsuchende im Einvernehmen aufsuchen können. Sich im Gespräch immer wieder zu orientieren, in welchem Raum man sich gerade bewegt, kann wieder – und darum sind all diese Texte in diesem Kapitel zusammengeführt – Möglichkeiten öffnen. Besonders kunstvoll ist dabei mit Provokationen umzugehen: Manchmal ist es eine »Haaresbreite«, um die eine Provokation in eine Verletzung umschlagen kann.

Und schließlich sind auch Dokumentationen von therapeutischen Prozessen alles andere als harmlos. Man schreibt eben nicht nur auf, was passiert ist. Erfahrungen sind vorbei in dem Moment, wenn sie gemacht werden. Wenn sie nicht »narrativ strukturiert« werden, gehen sie dem Gedächtnis verloren, darauf hat schon Jerome Bruner verwiesen. Doch mit der narrativen Strukturierung der eigenen Erfahrung wird der Protokollant zum Autor. Er entscheidet, was hervorgehoben, was marginal behandelt oder gar weggelassen wird. Nicht zuletzt aus dem Grund empfahl Michael White, man solle Therapieakten eher wiegen statt sie zu lesen, wenn man eine Idee darüber bekommen wolle, wie das Verhältnis von Ratsuchenden und Beratern gestaltet sein mag. Eine Form, in der systemische Praxis vielfach dokumentiert wird, verzichtet auf diese Art der Gestaltung. Es ist die Videodokumentation. Wie mit dieser umzugehen ist, wird im folgenden Beitrag beschrieben – und falls diese Form nicht gewählt wird, kommt es wieder auf die Bewusstheit an, mit der andere Formen der Dokumentation vorgenommen werden.

14. Wozu brauchen wir Hypothesen?

Es kommt gelegentlich vor, dass Therapeuten sich während der Therapie Gedanken über ihre Klienten, über deren Gedanken oder über die Therapie selbst machen. Hier wollen wir der Frage nachgehen, *wie* welche Hypothesen eine effektive therapeutische Praxis unterstützen können.

Für den Therapeuten haben Hypothesen eine doppelte Funktion. Sie aktivieren seinen Aufmerksamkeitsfokus, richten seine Wahrnehmung aus und lassen ihn etwas sehen, das ihm als Grundlage für seine auch das Klientensystem aktivierenden Fragen und Kommentare dient. Damit erfüllen Hypothesen auch eine Orientierungsfunktion. Die Kommunikation und Interaktion mit und im Klientensystem ermöglicht dem Therapeuten einen Überblick, wie Verhaltens-, Erlebens- und Denkmuster miteinander verbunden sind, welche Wirkung und welche Funktion sie haben könnten. Daher ist auch dieser eher theoretische Aspekt der Hypothesenbildung Mittel zum Zweck: mithilfe geeigneter Interventionen das problemstabilisierende System so zu stören, dass etwas Neues entstehen kann. Hypothesen sind also Aktivierungs- und Navigationsinstrumente zur Steuerung des therapeutischen Prozesses.

Bevor wir auf die Frage eingehen, wie man mit Hypothesen des Klientensystems umgehen sollte, wie mit den eigenen, und praktische Tipps zur Generierung und Reflexion eigener Hypothesen geben, wollen wir uns zunächst der Frage zuwenden, was Hypothesen sind und welche Hypothesenarten wir unterscheiden müssen.

Was ist eine Hypothese?

Eine Hypothese gibt Antwort auf eine *Warum-Frage* und ist eine Annahme, mittels derer Sachverhalte erklärbar werden. Stellen wir beispielsweise die Frage: *Warum* ist Herr Meier depressiv?, so gibt es je nach Befragtem sehr unterschiedliche Antworten bzw. Hypothesen. Eine Antwort könnte sein: Er ist depressiv, *weil* sein neuronaler Stoffwechsel gestört ist. Weiß man, dass seine Frau ihn verlassen hat, wäre folgende Antwort möglich: Herr Meier ist depressiv, *weil* er von Frau Meier verlassen wurde. Eine Alternative wäre: Herr Meier ist depressiv, *weil* er damit die Rückkehr seiner Frau bezweckt. Eine Hypothese *setzt* also zwei Sachverhalte *in Beziehung* und erklärt den einen (mittels »weil«) aus dem anderen.

Wir wollen hier drei Arten von Hypothesen unterscheiden, die wir für therapeutisch relevant halten: kausale (es geht um *Schuld*), intentionale (es geht um *Absicht/Motive/Gründe*) und funktionale (es geht um *Nützlichkeit*). Beginnen wir mit kausalen Hypothesen.

a) Schuld – Wozu kausale Hypothesen?

Nehmen wir das Beispiel des depressiven Mannes, und bei der Frau/dem Mann die Hypothese: Der Mann ist depressiv, *weil* er von seiner Frau verlassen wurde. Damit wird die Krankheit des Mannes *kausal* erklärt, d. h. als Wirkung der Ursache (des Verlassens der Frau). Solche kausalen Hypothesen spielen in familiären Systemen eine große Rolle, weil damit Schuld (Ursache = Schuld) und Verantwortung zugeschrieben werden. Solche Mechanismen innerhalb familiärer Interaktion sind therapeutisch relevant, um die familiäre Dynamik zu verstehen. Daraus wird auch die für Familien häufig (nicht immer!) entlastende Funktion biologischer Hypothesen verständlich. Denn wenn die Depression des Mannes »endogen«, durch eine Stoffwechselstörung, erklärt werden kann, hat die Frau in den Augen der Familienmitglieder keine Schuld.

Wie mit kausalen Hypothesen umgehen?

Gibt es innerhalb des Klientensystems Einigkeit bezüglich einer solchen Schuldzuschreibung und sieht der Therapeut keinen Zusammenhang mit dem vorgebrachten »Problem«, dann ist die kausale Hypothese therapeutisch nicht von Belang (Repariere nichts, was funktioniert!) und braucht nicht hinterfragt zu werden. Sieht der Therapeut in der Einigung auf einen Schuldigen eine Verbindung zum vorgebrachten Problem, dann sollte er diese Einigkeit infrage stellen. Häufig besteht aber bezüglich solcher Schuldzuweisungen und eventueller Schuldgefühle keine Einigkeit oder sie sind nur implizit am Werk, weil nicht darüber gesprochen wird. Steht beispielsweise innerfamiliär im Raum: Mann ist depressiv, weil Frau ihn verlassen hat, dann ist es therapeutisch nützlich, dieser Hypothese andere gegenüberzustellen und die verschiedenen Implikationen innerhalb der familiären Kommunikation zu explorieren. Zum Beispiel ließe sich die Hypothese einführen: Angenommen, die Depression wäre durch eine Stoffwechselstörung im Gehirn ausgelöst, was würde das für Sie/ihn bedeuten? Würde das einen Einfluss auf Ihr Verhalten ihm/ihr gegenüber haben? Was würde das für Ihre Beziehung bedeuten? Usw. Kausalen Hypothesen können auch intentionale vonseiten des Therapeuten gegenübergestellt werden, beispielsweise: Angenommen, Ihr Mann hätte die Absicht (Intention), mit der Depression etwas mitzuteilen, *was* könnte das *wem* gegenüber sein? (Depression als kommunikative Botschaft.) Auch lassen sich Kausalitäten als Gedankenexperimente umkehren: Angenommen, Frau hat Mann verlassen, *weil* er depressiv ist. In der Beantwortung solcher Fragen könnten Klienten die alte Gedankenbahn verlassen und gedanklich neue ausprobieren. Es ist Aufgabe des Therapeuten, solche alternativen Sichtweisen (Denkmodelle) in die familiäre Kommunikation einzuführen, um die Beteiligten so in die Metaposition gegenüber ihren eigenen Denk- und Verhaltensweisen zu bringen. Die durch andere Hypothesen therapeutisch angeregte Reflexion erfrischt nicht nur die Sinne der Beteiligten, sondern sie ermöglicht ein Sehen mit anderen Augen, so werden Denkänderungen möglich.

b) Absicht/Gründe – Wozu intentionale Hypothesen?

Verstehen ist immer ein Gründe-Verstehen. Wir *verstehen* die Handlung einer Person, wenn wir ihre Gründe/Intentionen kennen. Personen handeln normalerweise, *um* bestimmte Folgen (Zwecke) zu erreichen. Nun können bei allen Handlungen die beabsichtigten Zwecke und die tatsächlichen Folgen auseinander fallen. Nehmen wir an, eine Mutter bestraft den Sohn nach eigenen Aussagen mit Zimmerarrest, »*weil* er frech war«. Der Grund, der Sinn der Bestrafung liegt nun *nicht* in der angegebenen Ursache (Frechheit), sondern in dem nicht artikulierten *Wozu* der Handlung. Damit sind die beabsichtigten *Folgen* der Handlung gemeint. Dabei geht um Gründe, Motive, Intentionen, Zwecke der Handlung und nicht um Ursachen. *Eine* (!) »Folge« der Handlung könnte sein, dass der Sohn hinterher wieder »brav« ist. Eine Begründung der Mutter könnte sein: »Ich habe Sohn bestraft, *um* ihn *zum Besseren zu erziehen*«. Die Mutter nennt nun ihre Absicht bzw. Intention, und die Bestrafung des Sohnes würde gegenüber Dritten verständlich. Die »Ursache« der Handlung liegt hier in der Zukunft – nicht in der Vergangenheit wie bei kausalen Hypothesen – und *begründet* das Handeln der Mutter. Damit hätten wir *eine* Folge der Handlung als Zweck/Grund der Handlung der Mutter beschrieben, könnten ihr einen *Sinn* geben und die Handlung verstehen.

Wie mit intentionalen Hypothesen umgehen?
Da die Wirkungen jeder Handlung unabhängig von den Absichten sehr vielfältig sein können, gilt häufig die Ungleichung Absicht ≠ Wirkung. Der Raum für intentionale Hypothesen, also die Unterstellung (Annahme) von bestimmten Absichten/Motiven, ist prinzipiell groß.

So könnte die Mutter den Sohn eingesperrt haben, um ungestört den Liebhaber zu empfangen. Vielleicht war der Sohn frech, um einmal wieder ungestört in seinem Zimmer onanieren zu können (während er durchs Schlüsselloch guckt, wie die Mutter es mit dem Liebhaber treibt)? Etc. Da Intentionen, Motive und Absichten anderer nicht direkt wahrnehmbar sind, sind wir grundsätzlich auf intentionale Hypothesen angewiesen, um Personen zu verstehen und ihr Verhalten erklären zu können. In therapeutischen Prozessen lässt sich meist schnell über das *Ergebnis* von Handlungen Einigkeit erzielen (Sohn war im Zimmer, Frau ist ausgezogen etc.). Problematischer sind die Deutungshypothesen, die in einem System kursieren, um die verschiedenen Wirkungen von Handlungen zu erklären. Wir betreten dabei ganz schnell moralisches Terrain, weil die Bewertung von Handlungen meist von den hypothetischen Absichten des Handelnden abhängig gemacht wird. Das ist der Kontext, in dem Handlungen als »gut gemeint« (als Gegenteil von »gut«) bewertet werden, deren Folgen schlecht sind, um die Person von Schuldzuschreibungen (»er hatte die Absicht«) zu entlasten.

In moralisch hoch aufgeladenen Kontexten machen sich Menschen allein mit »schlechten Absichten« – selbst bei »guten« Wirkungen – vor sich selbst und/oder vor anderen schuldig. Beispiele solcher Art wären: »Du hast das nur gesagt, um mich zu schonen«. Oder: »Das war sehr hilfreich, aber du hast das nicht wegen mir getan«. Der Fokus kann dabei ganz auf der Ebene des Vermeinten, unterstellter Motive und Intentionen sein.

Wo positive Intentionen unterstellt oder vorgegeben werden, sind auch negative möglich oder präsent. Wird die Kommunikation von negativ bewertenden Hypothesen (»schlechte Absichten«) dominiert, lassen sich Gegenmodelle in die Kommunikation einführen, indem »gute Gründe« und positive Konnotationen hypothetisch angenommen werden. Wird die familiäre Kultur von Harmonie und positiven Intentionen (Eindeutigkeit) beherrscht, kann man mit dem Durchreflektieren von negativen Konnotationen das »Schlechte am Guten« und damit Vieldeutigkeit in die Kommunikation einführen: »Erlauben Sie mir eine vielleicht seltsame Frage: Gesetzt den Fall, Ihr Mann hätte mit seiner Handlung negative Absichten verfolgt, welche könnten das gewesen sein?«

Oder wenn im umgekehrten Falle das »Gute am Schlechten« in die Kommunikation einzuführen ist: »Was könnten denn die ›guten Gründe‹ gewesen sein, die Ihre Frau zu diesem Verhalten veranlasst haben?« Etc. Tipp: Orientiert sich die Kommunikation der Beteiligten nur an Interpretationen, dann andere Deutungsmöglichkeiten reflektieren und/oder auf die faktischen Wirkungen der Handlungen fokussieren. Konzentriert sich die Kommunikation nur auf die Wirkungen von Handlungen, dann hypothetisch andere Wirkungen durchspielen und alternative Motive/Absichten thematisieren.

c) Nützlichkeit – Wozu funktionale Hypothesen?

Die *Funktion* eines Verhaltens, eines Organs ist dessen Beitrag zum Funktionieren eines übergeordneten Systems. Es geht dabei *nicht* um Schuld oder Ursache, sondern um Nützlichkeit. Solche funktionalen Erklärungen bzw. Hypothesen sind für den Therapeuten wichtig, in Familien selbst kommen sie selten vor. Beispiele solcher Hypothesen sind: Die Funktion der Magersucht der Tochter ist der Zusammenhalt der elterlichen Ehe. Die Funktion des Symptoms (Depression) der Frau ist die Regulation der Nähe/Distanz in der Beziehung zu ihrem Mann. Das erklärt *nicht*, warum (kausal) das Familienmitglied depressiv geworden ist. Es gibt dem depressiven Verhalten aber einen Sinn, eine Funktion innerhalb des sozialen Systems Familie, und zwar unabhängig von den Entstehungsbedingungen. Selbst wenn wir eine neurophysiologische Ursache der Depression (»entgleister Stoffwechsel«) voraussetzten, bliebe die funktionale Hypothese möglich.

Wie sind funktionale Hypothesen zu nutzen?
Wenn depressives Verhalten eine Beziehung reguliert (so die Hypothese), dann ist es überflüssig, eine »unbewusste Absicht« als Ursache der Depression zu unterstellen. Der Spielraum einer funktionalen Erklärung liegt darin, dass sie keine individuellen Absichten (Intentionen) benötigt – ohne Schuldzuschreibung! –, um das Ergebnis des Handelns der Beteiligten zu erklären. Ein Beispiel: A zeigt sich »depressiv«, *weil* er damit von der Familie Zuwendung bekommt, die er anders nicht bekommt. Eine solche funktionale Hypothese machte die Nützlichkeit von A's Verhalten ebenso deutlich wie den Beitrag der Beteiligten zur Aufrechterhaltung des Symptoms. Subjektiv hält sich jeder der Beteiligten an bestimmte familiäre Spielregeln, und als unbeabsichtigtes Resultat dieses Zusammenspiels entsteht eine dauerhafte Symptomatik.

Solche Hypothesen lassen sich im Laufe der Befragung entwickeln, wenn man Informationen darüber hat, wer *wie* auf *was* reagiert, wer *was wie* deutet und hinterfragt hat, was wäre, wenn das Symptom verschwunden wäre. Das Gespräch mit den Beteiligten sollte so gesteuert werden, dass als Resultat der Befragung die funktionale Erklärung bei den Beteiligten selbst entsteht. Ist das nicht der Fall, kann der Therapeut die funktionale Erklärung selbst anbieten. Das ist für alle Beteiligten gesichtswahrend, weil sie sich alle am Resultat (Symptom) des Spiels beteiligt sehen können, ohne dass einer allein die Schuld hat. Allen Mitspielern wird so die Mitverantwortung gegeben und dadurch auch eine Mittäterschaft. So kann den Beteiligten die Verantwortung für ihr Handeln ohne Schuldzuweisung und Unterstellung negativer Absichten zurückgegeben werden.

Das Verhalten der einzelnen Beteiligten wird nicht negativ konnotiert, es muss daher auch nicht von den Betroffenen verteidigt werden, und eine Verhaltensänderung wird ohne Gesichtsverlust möglich.

Solche funktionalen Hypothesen sind therapeutisch hilfreiche Modelle, weil sie Therapeut und Klienten ein »Bild« des sich selbst stabilisierenden Interaktionszirkels ermöglichen, das das Verhalten der Einzelnen als Subjekt sinnhaft zu würdigen erlaubt und darin dennoch einen nicht beabsichtigten Beitrag zur Aufrechterhaltung des beklagten »Problems« zu sehen erlaubt. Aus der Metaperspektive, in die der Therapeut seine Klienten bringt, können alle Beteiligten sich als Opfer *und* Täter sehen. Aus dieser reflexiven Distanz lassen sich die eingefahrenen Gedankenbahnen erst sehen und therapeutisch so stören, damit Anderes, Neues entstehen kann.

Hauptfragen zur Generierung von Hypothesen

- Was ist Funktion des Problems (aus Therapeutensicht)? Wie *passt* das Problem in den Beziehungskontext des Klienten, welche Funktion könnte es haben?
- Was sind die intentionalen und/oder kausalen Klientenhypothesen zum Problem? Welche Deutungen (Absichten) vagabundieren durch die Köpfe der Beteiligten? Wodurch sehen sie das Problem verursacht (Schuld)?
- Wie ist die Motivation zur Veränderung? Warum gerade jetzt Therapie/Beratung, stehen Veränderungen bevor etc.?

Kriterien der Nützlichkeit von Hypothesen

- Hypothesen fungieren als *Leitideen*, mit denen der Therapeut die Fragen und Kommentare auswählt, mit denen er das Interview steuert. Als Hintergrund seiner Fragen geben sie Orientierung, um kreative Störungen des Problemsystems zu ermöglichen. Achtung: Die eigenen Hypothesen für die einzige Erklärungsmöglichkeit zu halten macht blind gegenüber Alternativen!
- Führt die Therapeutin ihre Hypothesen in die Kommunikation ein, sollten sie für Klienten plausibilisiert werden, weil sie das als neue Idee zunächst möglicherweise nicht sind (Anschlussfähigkeit beachten!). Dabei ist zu beachten, dass die Klienten *immer* die Möglichkeit haben sollten, die Hypothesen und daraus abgeleitete Fragen der Therapeutin abzulehnen. Andernfalls sind sie dogmatisch und mystifizieren, weil sie Metakommunikation ausschließen.
- Mehrere Hypothesen sind besser als eine. Wenn eine Hypothese sich als nicht nützlich herausstellt, sollte sie aufgegeben und durch andere ersetzt werden.
- Die *Nützlichkeit* von Hypothesen bemisst sich daran, ob die aus ihnen abgeleiteten Fragen das Problemsystem so stören (verändern), dass es Lösungen kreieren kann.
- Erklärende Hypothesen sollten Unterschiede zum Bekannten machen, um Denkalternativen für die Beteiligten ins Spiel zu bringen. Dabei ist Naivität im Sinne eines Nichtwissens des Therapeuten für bestimmte Lösungen hilfreich.
- Hypothesen können Komplexität erhöhen (zusätzliche Möglichkeiten) und vereinfachen, indem sie eine Vielfalt von Verhaltensweisen auf ein Muster reduzieren. Wichtig: Beide Möglichkeiten berücksichtigen, um Denkänderungen bewirken zu können.

Hans Rudi Fischer, Arnold Retzer, Ulrich Clement

WERKZEUGKASTEN Hypothesen

Impulse und Strategien für die Praxis

- Hypothesen sind *Möglichkeiten*! Eine Hypothese für die einzige Erklärungsmöglichkeit zu halten, macht blind gegenüber Alternativen.
- Das »Nein« muss grundlegend bleiben: Klienten müssen *immer* die Möglichkeit haben, Hypothesen abzulehnen.
- Hypothesen sind eher dazu da, dass man mit ihnen jongliert, als sie zu »bestätigen«.

Unterscheiden Sie drei Arten beraterisch relevanter Hypothesen:

- *Kausale Hypothesen* versuchen Symptome oder Verhalten als Wirkung möglicher Ursachen zu erklären. Sie dienen dazu zu verstehen, doch implizit oder explizit kann hierdurch auch Schuld und Verantwortung zugeschrieben werden.
- *Intentionale Hypothesen* versuchen das Geschehen durch die Absichten und Ziele von Personen zu erklären. Auch hier geht es darum, Verstehen und moralische Wertung auseinander zu halten. Hilfreich kann es hier sein, die Moral umzudrehen: Wenn schlechte Absichten angenommen werden, lassen sich stattdessen hypothetische gute Gründe vermuten; fokussieren die Klienten auf intentionale Hypothesen, lassen sich die faktischen Wirkungen der Handlungen hervorheben et vice versa.
- *Funktionale Hypothesen* erklären Symptome und ihre Aufrechterhaltung über ihren möglichen Nutzen für das Funktionieren eines übergeordneten Systems. Sie können im sokratischen Gespräch entwickelt werden, etwa indem man erfragt, wer wie auf was reagiert, wer was wie deutet oder was wäre, wenn das Symptom verschwände. Damit wird die Verbundenheit aller im System involvierten Personen betont, und kein Einzelner zum Schuldigen erklärt.

15. Wie kann ein Gespräch zu einem Spaziergang werden?

Menschen bewegen sich im Gebrauch der Sprache in verschiedenen »Räumen«, zumindest in unserem Kulturkreis. Karin Nöcker und Haja Molter sprechen in einem früheren Beitrag von »Wirklichkeits-, Möglichkeits- und Zielraum«. Tom Rüsen und Arist von Schlippe haben in der Arbeit mit Unternehmensfamilien eine ähnliche räumliche Landkarte entwickelt. Beiden Modellen liegt die Idee des Spaziergangs durch unterschiedliche Räume ebenso zugrunde wie der Ansatz, konsequent zu Selbstorganisation anzuregen. Durch den Spaziergang entstehen Fragen, die wiederum Suchprozesse einleiten.

Gegenwart, Zukunft und Vergangenheit nutzen wir scheinbar selbstverständlich, um uns in der Zeit sozusagen räumlich zu orientieren: Das, was geschah, liegt »hinter« uns, das, was geschehen wird, noch »vor« uns und das, was »dazwischen« liegt, die Gegenwart, passiert »hier und jetzt«. Seltener denken wir über das nach, was passieren *könnte*, aber auch hier bietet sich mit dem »Möglichkeitsraum« ein Bild dafür an, dass das, was geschehen könnte, ob es nun umsetzbar ist oder nicht, sich in einem besonderen hypothetischen »Raum« befindet.

Spätestens seit der Erfindung der hypothetischen Fragen ist es zu einem therapeutisch interessanten Werkzeug geworden, den Möglichkeitssinn zu nutzen. Man kann ohne Weiteres darüber nachdenken, wie die Beziehung zu wichtigen Personen aus der nahen Umgebung aussähe, wenn man in einem anderen Jahrhundert lebte oder mit einem anderen Geschlecht geboren worden wäre, auch wenn klar ist, dass dies nie der Fall sein kann.

So bietet uns die Sprache ein Instrumentarium, uns zu orientieren und uns unseres »Ortes« in der Zeit zu vergewissern. Dass Sprache hier oft stark vereinfacht, wurde vielfach diskutiert, etwa bei Wittgenstein, der von den primitiven Formen der Sprache spricht, die auf das einfache Bild verweisen, auf dessen Form sie alles zu bringen versuche. Doch soll dies hier nicht vertiefend diskutiert werden. An dieser Stelle wollen wir vielmehr auf einen besonderen Aspekt dieser raumzeitlichen Orientierung eingehen: Wenn man im Beratungsraum mit Menschen spricht, die sich in belastenden Beziehungen befinden, unter Druck stehen und Berge ungelöster Probleme vor sich sehen, dann zeigt sich, dass die »Ordnung« der Räume irgendwie abhanden gekommen ist. Gegenwärtiges wird durch Vergangenes getrübt, Zukünftiges kann vielleicht nur noch als eine trostlose Fortsetzung des Vergangenen gedacht werden, sodass die Gegenwart unerträglich ist – und der Möglichkeitssinn vielleicht ganz abhanden gekommen ist. Im Beratungsraum finden wir also manchmal die verschiedenen Räume völlig ineinander verschlungen vor, auf eine Weise, die es schwer macht, sich in den Beschreibungen der Ratsuchenden überhaupt noch zurechtzufinden.

Systemische Praxis sucht in diesen Situationen danach, die gewohnten und gebahnten Wege der Wirklichkeitskonstruktion so zu »verstören«, dass konstruktive und hilfreiche Selbstorganisationsprozesse angeregt werden, die eine neue Orientierung möglich werden lassen und mit deren Hilfe leichter Zugänge zu neuen Möglichkeiten und Lösungen für scheinbar Unlösbares gefunden (erfunden) werden können. Ein möglicher Weg liegt darin, die »Räume« auch im Beratungsraum sichtbar zu machen und so dafür zu sorgen, dass das, was untrennbar ineinander verknäult zu sein scheint, sich wieder differenzieren kann. Wenn etwa ein »Vergangenheitsraum« klar vom »Gegenwarts-« und »Zukunftsraum« differenziert wird, kann es möglich werden, das, was geschah, geschieht und geschehen wird, klarer auseinander zu halten. Jeder »Raum« hat seine eigenen Fragen. Der Gegenwartsraum ist der, in dem über das gesprochen wird, was »los« ist, was derzeit genau von den Betroffenen beklagt wird. Schon bei der Frage danach, wie sich die Gesprächspartner das beklagte Problem erklären, kann es passieren, dass man in den Vergangenheitsraum hineingerät – den sollte man dann bewusst aufsuchen. In diesem wird danach gefragt, was geschah bzw. genauer, wie es von den Betroffenen erfahren wurde und welche Geschichte daraus für sie entstanden ist. Schon mit dieser Differenzierung kann begonnen werden, in den Räumen gedanklich spazieren zu gehen. Mit zunehmender Orientierung wird auch die Aufmerksamkeit intensiver auf die verschiedenen Bereiche fokussiert. Die Frage danach, was erreicht werden soll, worin die Anliegen der Gesprächspartner bestehen, eröffnet den Ziel- bzw. den Zukunftsraum. Indem der Möglichkeitsraum eingeführt wird, können Fragen nach dem bisher nicht Gedachten, nicht Denkbaren formuliert werden:

- Wie könnte es sein?
- Was wäre, wenn ein Wunder geschähe?
- Wie könnte man dazu beitragen, dass alles noch schlimmer wird?
- Was wäre, wenn die Partnerin sich einen Freund suchen würde oder wenn man einen Menschen aus einem anderen Kulturkreis fragen würde, wie er/sie das Problem angehen würde?

Der Beratungsraum wird auf diese Weise zu einer Art »Arena der Grammatik«, in der man sich fließend zwischen Präsens, Präteritum, Futur und den Modi Indikativ und Konjunktiv bewegen kann (s. Abb. 6), unabhängig davon, ob es sich um die Arbeit mit einer Einzelperson, mit einem Paar, einer Familie oder einem Unternehmen handelt.

Dieses Differenzieren und Sortieren kann für Berater und Ratsuchende gleichermaßen hilfreich sei, um sich im Gespräch zu orientieren. Doch für den Beratungsprozess bieten sich noch weitere Räume an.

Da ist zum einen der die Räume umgebende, reale Beratungsraum selbst. In diesem ist es möglich, die verschiedenen, im Alltag ineinander fließenden Räume zu separieren. Ratsuchende können gefragt werden, in welchem Raum sie sich aktuell vorwiegend bewegen und in welchem Raum das Gespräch beginnen sollte: Wäre es vielleicht sinnvoll, eine Zeitlang im Vergangenheitsraum nachzudenken, ehe man in den Zukunftsraum geht? Oder sollte man zunächst vor allem im Gegenwartsraum arbeiten, um zu verstehen, was gerade »los« ist? Wie oft wurde bislang der Möglichkeitsraum besucht? Wäre es vielleicht eine gute Idee, diesen einmal zu betreten?

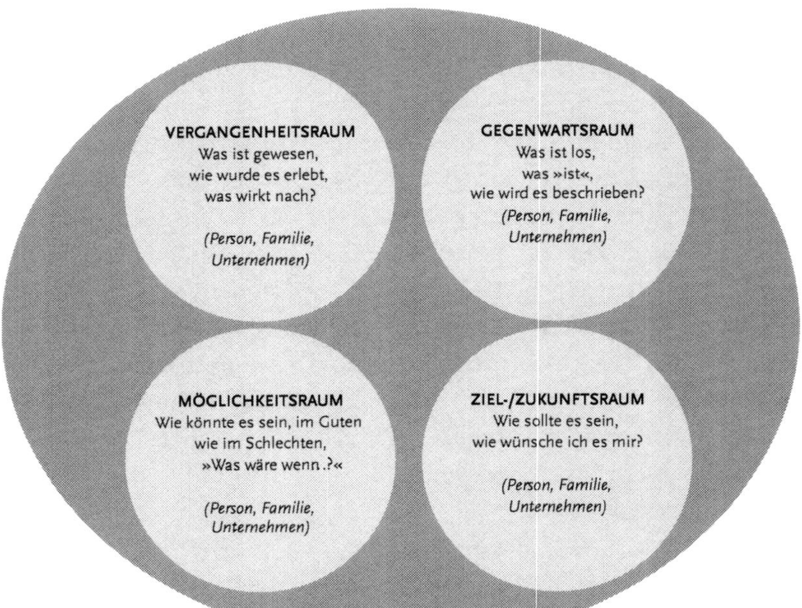

Abb. 6: Ein Raummodell als Ausgangspunkt: Der Beratungsraum mit vier »Zeit- und Möglichkeitsräumen«

An dieser Stelle wollen wir anregen, die Raummetapher auch aktiv, räumlich umzusetzen. Denn die Landkarte, die das »Raummodell« anbietet, kann auch im Beratungsraum selbst inszeniert werden, sogar im Kleinen. Das physische Spazierengehen durch die verschiedenen Räume erleichtert es, dass neue, eigene Wege gefunden werden. Die Peripatetiker, Angehörige einer Schule der altgriechischen Philosophie, waren sich dessen bewusst, sie lehrten ihre Schüler, während sie in Wandelgängen miteinander umherspazierten. Denn der Blick auf die Landschaft verändert sich, wenn man sich in ihr bewegt. Ratsuchende können dazu eingeladen werden, durch Spazierengehen ihr Anliegen bzw. ihre verschiedenen Anliegen im Raum zu verorten. Es können durchaus sehr unterschiedliche Wünsche mit den verschiedenen Räumen verbunden sein. Der Berater geht mit in die Räume hinein und beginnt, diese durch Fragen weiter aufzuschließen. Hier bietet sich das ganze Spektrum systemischen Fragens an, das an dieser Stelle nicht erneut aufgefächert werden soll. Im systemischen Interview in den Räumen werden die Ratsuchenden eingeladen, eigene Fragen zu formulieren, Themen zu benennen, die in den Raum gehören, und ihn so zu »möblieren« und sinnlich erfahrbar zu machen.

Die Spaziergänge können zwar auch in der Phantasie als Übung durchgeführt werden, doch bekommt das Modell eine besondere Intensität, wenn der Raum tatsächlich durch Seile, Flipchartpapier oder, falls möglich, durch Stühle in die verschiedenen Räume aufgeteilt wird. Manchmal ist es sogar möglich, unterschiedliche vorhandene Räume zu nutzen. Wenn die Gesprächspartner dann beginnen aktiv durch die Räume zu gehen (sie zu »durchschreiten«), verändert sich manchmal erkennbar die Körperhaltung: Sie wirken offener, neugieriger, konzentriert und weniger problembehaftet. Eine Standardfrage zur Eröffnung kann sein: »Nehmen wir an, in einem der Räume könnte für Sie eine Lösung liegen, für welchen Raum würden Sie sich im Moment entscheiden?«

Neben dem Beratungsraum können zwei weitere Räume bedeutsam werden, die im Prozess berücksichtigt werden können. Der eine ist ein »Beobachtungsraum«, der zumindest symbolisch außerhalb des Beratungsraums liegt. Aus einer reflektierenden Beobachtungshaltung heraus kann das Geschehen in den anderen Räumen jeweils kommentiert werden: Was fällt auf, was ist neu, welche Lösungen entstehen in welchen Räumen, wie könnte eine gute Idee aus dem einen Raum in den anderen überführt werden? Usw. Auch dieser Raum sollte, wenn er genutzt wird, gut markiert werden, am besten durch am Rand stehende Stühle, die anderweitig nicht genutzt werden. Von Zeit zu Zeit können sich Berater und Ratsuchende dann gemeinsam in den Beobachtungsraum setzen und sich einen Moment Zeit geben, um zu reflektieren.

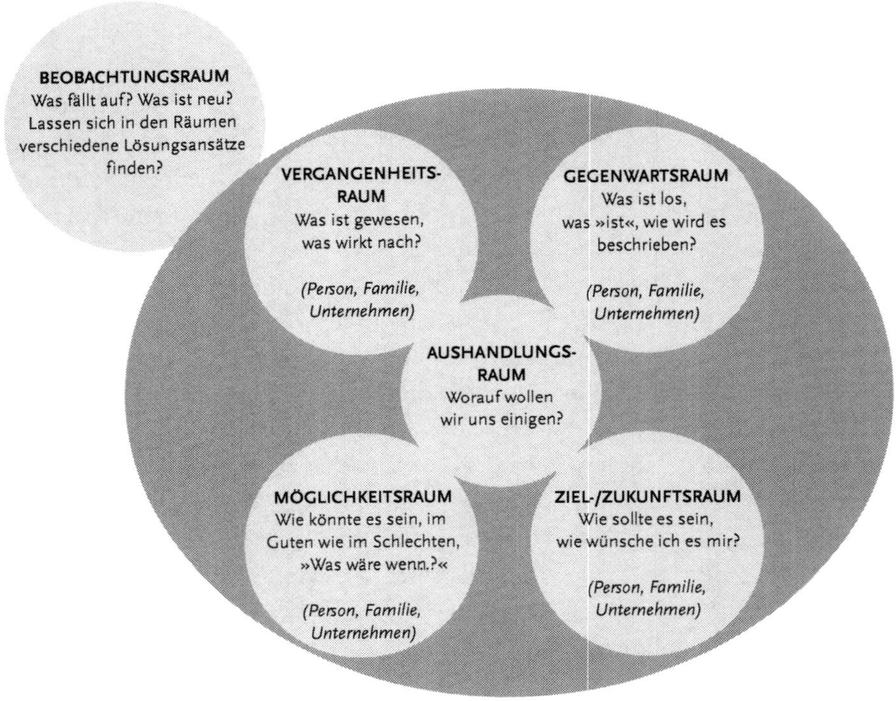

Abb. 7: Zusätzliche Räume im Beratungsprozess

Der letzte Raum, den wir beschreiben möchten, ist der Aushandlungsraum (s. Abb. 7). Er ist dem Gegenwartsraum verwandt, unterscheidet sich von diesem jedoch dadurch, dass es nicht nur um Beschreibungen geht, sondern dass die Ratsuchenden sich hier im Wissen um die Präsenz der anderen Räume über ihre Positionen und die dahinter liegenden Interessen austauschen können. Hier geht es um Fragen, wie die Erkenntnisse aus den anderen Räumen umgesetzt werden können, wie sie sich nutzen lassen, um das alltägliche Leben zu verbessern – denn nichts anderes ist das Ziel von Therapie und Beratung. Und auch wenn immer wieder gesagt wird, dass eine Therapie »kein Spaziergang« sei, so kann es doch sinnvoll sein, zumindest gelegentlich im Prozess mit den Ratsuchenden gemeinsam spazieren zu gehen, um den Blick für neue Zusammenhänge zu öffnen.

Karin Nöcker, Haja Molter, Tom A. Rüsen, Arist von Schlippe

WERKZEUGKASTEN | Raum-Metaphern

Impulse und Strategien für die Praxis

- Neue Perspektiven und Zusammenhänge lassen sich durch einen gemeinsamen »Spaziergang« durch innere Räume eröffnen.
- Die Beschreibung des Erlebens über die Metapher verschiedener Räume (Vergangenheit, Gegenwart, Zukunft, Möglichkeit) kann Orientierung erleichtern, weil eine Strukturierung für die Schilderungen Ratsuchender angeboten wird.
- Bei Bedarf lassen sich weitere Räume einführen: Im *Beobachtungsraum* wird Reflexion ermöglicht, im *Aushandlungsraum* können Klienten ihre Positionen und Interessen verhandeln, indem sie die Erkenntnisse der verschiedenen Räume einbeziehen.
- Die Räume können zum einen gedanklich und sprachlich »durchwandert« werden. Dann kann die Aufmerksamkeit auf die verschiedenen Bereiche gerichtet werden, ein fließendes Hin- und Hergehen wird möglich, in der Gesprächsführung geht es darum, bewusst zu halten, in welchem »Raum« man sich gerade befindet.
- Die Raummetapher kann aber auch inszeniert werden, indem Seile, Flipchartpapier, Stühle usw. genutzt werden. Dann durchwandert man die Räume aktiv, geht in die Räume hinein. In jedem Raum entstehen neue Fragen, können Ratsuchende auch eigene Fragen formulieren, und Themen benennen, die in den Raum gehören.

16. Was ist affektive Rahmung, und wie funktioniert sie? »Jaaa, Schatz …«

Auch was im Innern vorgeht, hat nur im Fluß des Lebens Bedeutung.
Ludwig Wittgenstein

Ohne Kontext haben Worte und Handlungen überhaupt keine Bedeutung. Das gilt nicht nur für die menschliche Kommunikation mit Worten, sondern auch für alle Kommunikation schlechthin, für alle geistigen Prozesse …
Gregory Bateson

Der Satz oder sagen wir lieber die Worte erhalten Festigkeit erst im Verlauf einer Geschichte, wenn wir ihn mit der Pinzette aus der Geschichte herausheben, gibt er sein eigentliches Sein auf, im selben Augenblick stirbt er.
Wilhelm Schapp

Was wäre, wenn eine Paartherapeutin nur auf die Inhalte achten würde, um die Partner zu verstehen und intervenieren zu können? Sie würde nicht wenige Chancen verpassen, auf der Ebene der Affekte zu beobachten, um zu verstehen, wie die Inhalte gemeint sind. Sie könnte die Wut hinter dem »Jaaa, Schatz …« nicht hören, die geradezu allergischen Reaktionen der Partner aufeinander nicht nachvollziehen, Eskalationen nicht dämpfen und Beziehungsmuster nicht metakommunikativ bewusst machen, um, darauf aufbauend, zu intervenieren und so neue Muster herauszufordern. Eine nur auf den Wortwechsel gerichtete therapeutische Aufmerksamkeit würde zu einer Unaufmerksamkeitsblindheit gegenüber dem affektiven Geschehen führen, sodass die Ereignisse und die Personen nicht verständlich wären. Wie aber ist ein Verstehen der Personen *und* des interaktiven Prozesses zwischen ihnen möglich, und worauf kommt es dabei an? Neben der (kognitiven) therapeutischen Rahmung muss das Geschehen auch affektiv gerahmt werden, um dem Prozess innerhalb des therapeutischen Settings eine lösungsförderliche Richtung zu geben. Was ist eine affektive Rahmung, was leistet sie und wie funktioniert sie?

Abb. 8: Rubinscher Becher, ein Beispiel für die Figur-Grund-Relation. Was als Hintergrund wahrgenommen (gesetzt) wird, verändert die gesehene Figur. Die Relation selbst ist nicht im Bild abgebildet, sie ist auf anderer logischer Ebene, sie ist meta zu Figur oder Grund. Betrachte ich nur den Wortwechsel, sehe ich nur die beiden Gesichter, ich sehe nicht den großen Becher, der sie im Hintergrund trennt.

Mit dem psychologischen Begriff des Rahmens, von Bateson (1955) in die Kommunikationstheorie eingeführt, wurde plausibel, dass alles Verstehen von Ereignissen *innerhalb* solcher »Rahmen« (oder Kontexte, Wittgenstein sagte »Sprachspiele«) stattfindet. Zwei entscheidende Aspekte dieses Begriffs sollen erwähnt werden. In Analogie zur Rahmung eines Bildes grenzen Rahmen ein »Innerhalb« von einem »Außerhalb« ab und organisieren so die Wahrnehmung des Betrachters. Auf den Bilderrahmen bezogen: Was ist *im* Bild, was gehört zu ihm (inklusiv), und was gehört *nicht* zum Bild (exklusiv), sondern zum Hintergrund. Das Verhältnis zwischen Rahmen und Bild ist ähnlich dem der Figur zum Hintergrund. Der Rahmen bzw. der »Hintergrund« verändert die wahrgenommene Figur. Insofern ist der Rahmen entscheidend für Bedeutungsgebung bzw. Verstehen. Rahmen sind *meta*kommunikativer Natur, sie sind eine Verstehensanleitung, *wie* das, was innerhalb des Rahmens (das Bild, das Gesagte) liegt, verstanden werden soll (kann). So gesehen, bestimmt der Rahmen die Bedeutung der Sätze, die in ihm geäußert werden. So kann ein Augenblinzeln vor der Äußerung »Du Grobian« den Ausdruck so rahmen, dass er für den Hörer die gegenteilige Bedeutung erhält. Die Spielregeln eines Spiels (wie bspw. Schach) sind meta (hinter, über) zu den Spielzügen im Spiel.

Logisch ist der Rahmen oder das rahmende Zeichen (im Beispiel das Augenblinzeln) meta zum Inhalt. Die Aussage »Dies ist Psychotherapie« ist noch keine Psychotherapie. Was für wen was bedeutet, hängt also immer vom Kontext (i.e. Rahmen) der Äußerung und den Empfängern der Botschaft ab. Rahmen können durch Orte – wie eine Arztpraxis –, Zeiten, Situationen, Beziehungen – wie Hierarchie – objektiv gegeben sein und/oder von Beobachtern erzeugt werden (Bateson spricht hier von »Kontextmarkierung«).

Wir gehen hier nicht auf die Paradoxien ein, die sich fast zwangsläufig in allen Kommunikationssituationen durch ineinander verschachtelte Rahmen ergeben. Jedenfalls ist das interaktive Geschehen, das wir Psychotherapie nennen, selbst ein Rahmen(-angebot) für Klienten, die eigenen Rahmen der Kommunikation und Interaktion zu bedenken und zu verändern.

Abb. 9: Wie menschliche Kommunikation nicht funktioniert: »Austausch« von Ideen (Inhalten)

Bateson hat früh klar gemacht, dass menschliche Kommunikation nicht im Sender-Empfänger-Modell verstanden werden kann, bei dem zwischen Maschinen (Computern) Informationen (i. e. Unterschiede, die in Bits und Bytes zu messen sind) transportiert werden. Bei menschlicher Kommunikation geht es nicht so sehr um Information, sondern um den weiteren Begriff der Bedeutung (Semantik): Was wollen und was geben wir mit unserem Verhalten (wie sprachlichen Äußerungen) anderen zu verstehen, wie ist es gemeint, und wie kommt es beim Empfänger an? Bedeutung in diesem Sinne lässt sich nicht von der einen Person zur anderen übertragen, sondern sie muss von Beobachtern erzeugt werden, und dazu benötigen diese einen (oder mehrere) Deutungsrahmen. Bedeutungsgebung ist also immer Ergebnis einer Interaktion zwischen Zeichen und Bedeutungssystem (Deutungsrahmen). Im Bild (Rubinscher Becher, Abb. 8) ist das, was wir sehen, Ergebnis des Deutungsrahmens (was ist Figur, was ist Hintergrund?) des Betrachters und die »Bedeutung« entweder das Sehen der Gesichter oder des Bechers.

Wir müssen den Zeichen dieser Welt – dazu gehören auch die Sätze und das Verhalten unserer Gegenüber – selbst Bedeutung geben, um sie dann verstehen zu können. »Kuss« bedeutet nicht immer Kuss. Unabhängig davon, dass wir in und durch unsere Sprache einen kulturellen Rahmen haben, der Bedeutungszuschreibungen regelt, wimmelt die Alltagskommunikation von Missdeutungen, die denselben Zeichen (Worten, Verhaltensmustern) mittels verschiedener Interpretationsrahmen unterschiedliche Bedeutungen zuschreiben. In sozialen Systemen wird daher oft unter heftiger affektiver Beteiligung um Bedeutungs*gebung* – wer hat Recht, wer hat Schuld etc. – gekämpft. Bedeutung ist Ergebnis sozialer Aushandlungsprozesse, und die sind alles andere als rein rationale Vorgänge. Entsprechend bedeutsam ist es, in Beratung und Therapie die affektive Seite dieses Aushandlungsprozesses mit zu bedenken und vor allem: einen Rahmen zu erarbeiten, innerhalb dessen sie sich möglichst konstruktiv entfalten kann. Weil der jeweilige affektive Rahmen entscheidend an der »Produktion von Bedeutung« beteiligt ist, kann ein Schimpfwort durch ein Augenzwinkern umgedeutet werden, eine scheinbar freundliche Aussage durch die affektive »Begleitmusik« einer angespannten Stimme und zusammengezogener Augenbrauen zu einer Kritik werden.

Interaktionsprozesse werden, wie Erving Goffman in seinen *Rahmenanalysen* (1974) im Anschluss an Bateson (*Eine Theorie des Spiels und der der Phantasie*, 1955) darlegte, durch ihren Rahmen definiert. Zunächst definiert das Setting, welcher Art die Interaktion ist. Das Paar sitzt mit einer dritten Person im Gesprächsraum der psychotherapeutischen Praxis, und jeder weiß: »Das hier ist eine Paarberatung«. Doch eine solche örtliche »Kontextmarkierung« stellt nur den äußeren, sichtbaren Rahmen sicher, der affektive Rahmen, der den unsichtbaren inneren Raum der Bedeutungsgebung bestimmt, wird wesentlich durch das Verhalten der Beraterin beeinflusst. Ist sie sehr aktiv und gibt viele Ratschläge, ist es vielleicht eher ein »Paarkurs«; ist sie dauerhaft passiv und still, ist es eine Fortsetzung des Paarkonflikts in anderer Konstellation, nämlich mit einem Zeugen. In beiden Fällen könnte eine derartige affektive Rahmung der Situation den Eindruck erwecken, dass der Berater der Situation nicht gewachsen ist und durch überstarke Steuerung auf der Inhaltsebene oder durch Passivität den Prozess nicht angemessen begleitet. Die Frage, die sich Ratsuchende vor allem zu Beginn einer Beratung stellen, ist die, ob das Gegenüber der Wucht der eigenen Gefühle gewachsen sein wird und ob man vor der Wucht der Gefühle des anderen geschützt sein wird. Es sind dabei oft gar keine großen Aktivitäten, die rahmend wirken, zumindest anfangs nicht, viel spielt sich zwischen den Zeilen, eher auf einer Mikroebene ab.

Ein kleines Beispiel: Stellen Sie sich vor, Sie kommen im Hotel an die Rezeption. Der eine Portier schreibt gerade etwas auf, der andere telefoniert. Beide haben Sie gesehen, nehmen aber keinen Blickkontakt auf, ja, der telefonierende Portier dreht sich sogar noch etwas von Ihnen weg. Sie stehen da, verloren, »wie Falschgeld« – wie anders und wie einfach lässt sich die Situation konstruktiv rahmen: Der Schreibende sagt kurz »Guten Tag, ich bin sofort für Sie da!«, der Telefonierende lächelt Ihnen zu und deutet auf den Hörer, um zu signalisieren, dass er eben noch zu Ende spricht.

Ein Kontext, in dem ein großes Maß an Rahmung erforderlich ist, diese aber zugleich oft völlig fehlt, ist die Situation der Vermittlung einer bedrohlichen medizinischen Diagnose an Patienten. Im Rahmen einer kleinen Studie an der Universität Osnabrück zum Diagnoseeröffnungsgespräch bei einer Brustkrebserkrankung berichtete ein hoher Prozentsatz der befragten Frauen von keinerlei »Rahmung« der Situation. Erschütternd waren Antworten auf die Aussagen: »Was hätten Sie von dem Arzt/der Ärztin gebraucht?«, die etwa so lauteten: »Dass er mir einen Stuhl anbietet!« »Dass ich etwas Zeit gehabt hätte, mit ihm allein zu reden.« »Dass ich Fragen hätte stellen können, aber er/sie war dann schon wieder weg!« Ein solches Gespräch mit einem guten Rahmen zu versehen wäre eine Sache von ein paar Sekunden – wenn man die Patientin begrüßt und ins Zimmer gebeten hat und sie sich gesetzt hat, spannt man den Rahmen etwa so: »Ich würde heute mit Ihnen gern die Befunde besprechen, die soeben vom Labor gekommen sind. Ich werde Ihnen zuerst erzählen, was herausgekommen ist. Dann werden Sie sicher viele Fragen haben, die wir vielleicht zum Teil auch gleich beantworten können. Anschließend überlegen wir dann gemeinsam, wie die nächsten Schritte aussehen!« Damit wird ein Bogen der Überschaubarkeit gespannt, der beruhigend wirkt und vermutlich viel Irritation und damit nachträglichen Zeitaufwand vermeiden kann.

In Settings mit mehreren Klienten braucht es in der Beratung eine Form der affektiven Rahmung, die eine gewisse *Sicherheit* bietet, dass hier keine neuen Wunden geschlagen werden. *Neugier* und *Interesse* und eine deutlich markierte *neutrale bzw. allparteiliche Position* des Beraters beruhigen beide Partner, sie wissen, dass sie hier beide gehört werden und zu ihrem Recht kommen. Diese Form der Steuerung bezieht sich zunächst auf den Prozess, nicht auf den Inhalt. Sie spielt sich zum einen auf der Mikroebene des Prozesses ab: Blicke, Lächeln, Bestätigen oder Infragestellen.

Zum anderen erfolgt eine Balancierung der Affekte auch auf einer übergeordneten Ebene. Kontinuierlich geht es darum, die Situation affektiv zu rahmen: Wie wird dem wütenden Streit ein Rahmen gegeben, der zeigt, dass die Spannung ausgehalten werden kann, sodass nach einer Phase von Heftigkeit auch nachdenkliche Mono- oder Dialoge wieder Platz haben? Affektive Rahmung beschränkt sich dabei nicht auf das Vermitteln eines freundlichen und beruhigenden Rahmens, es kann auch auf vielfältige Instrumentarien der Systemischen Therapie zurückgegriffen werden. Die Attacken der unzufriedenen Ehefrau lassen sich vielleicht als Engagement für die Paarbeziehung umdeuten (reframed), die Phasen gelangweilten Nebeneinanders können mit Erinnerungen an spannende und glückliche Zeiten kontrastiert werden.

Beispiel: Ein oft und heftig streitendes Paar lässt sich zwar mithilfe straffer Gesprächsmoderation halbwegs im Zaume halten, sobald aber die Aufmerksamkeit der Therapeutin nachlässt, eskaliert die Situation jeweils schnell. Erst als die Therapeutin eine Übung vorschlägt, in der beide Partner sich auf Verbindendes zurückbesinnen, wird es friedlich im Raum. Unter Tränen erzählt der Mann, wie seine Frau seine beiden Eltern kurz hintereinander während deren letzten Lebensjahren begleitet und gepflegt hat, und er dankt ihr dafür im Rahmen des Gesprächs auf eine neue und sie bewegende Weise. Danach werden die aktuellen Probleme, die sich um die Erziehung der drei halbwüchsigen Kinder ranken, in ruhigem und kooperativem Stil besprechbar.

In grober Vereinfachung wiedergegeben, ist eine der Kernaussagen von Luc Ciompis Affektlogik: »Wer wütend ist, kann nur wütende Gedanken denken«. Affektlogische Rahmung bzw. weitergehend eine therapeutische Prozesssteuerung würden demnach helfen, das Repertoire (auch) der Gedanken und, darüber vermittelt, das Verhaltensrepertoire zu erweitern bzw. zu verändern. Wohin der »Zug« des Gesprächs fährt, bleibt den Ratsuchenden überlassen, sie bestimmen Thema und Richtung. Doch dafür, dass der Zug sich nicht festfährt oder gar entgleist, dass er in guten Geleisen fährt, übernehmen die Therapeuten die Verantwortung. Schon diese Verantwortungsübernahme rahmt und definiert die Art des Interaktionsprozesses (»Dies ist Therapie«). Die affektive Feinabstimmung zwischen den Partnern und der Therapeutin aber geht noch darüber hinaus: Sie stellt – mit Beteiligung aller – Weichen. Mit etwas Glück und Geschick wird aus der Wutlogik, die nur wütende Gedanken zu denken erlaubt, etwas anderes – vielleicht nicht gerade Liebeslogik, aber eine, in der etwas Neues, bisher Unbekanntes gedacht und gefühlt werden kann.

So widersinnig es ist, Affekte zu verschreiben, so diskussionsanregend ist die folgende »Anleitung« gemeint. Einschalten des Sensoriums und Zuwiderhandlung kann jederzeit höchst angezeigt sein!

- Eine konstruktive Beratungsbeziehung herzustellen und aufrechtzuerhalten ist zunächst eine Aufgabe der Prozesssteuerung. Nehmen Sie wahr, dass darin Ihre vordringliche Aufgabe liegt, ehe Sie sich auf die inhaltliche Ebene begeben!
- Lassen Sie sich Zeit zur anfänglichen freundlichen Gestaltung der Beziehung.
- Nehmen Sie wahr, welche (negativen) Hauptaffekte die Gedanken und Verhaltensweisen Ihrer Klienten dominieren.
- Rahmen Sie den Prozess affektlogisch so, dass neue Möglichkeiten im Erleben und in den Affektäußerungen wahrscheinlicher werden: Vermitteln Sie also einen sicheren, stabilen Rahmen und sorgen Sie innerhalb des Rahmens freundlich für Unterschiede!
- Vermitteln Sie den Ratsuchenden die Sicherheit, während der Sitzung neue und andere Gefühle und Gedanken gefahrlos äußern zu können.
- Regen Sie sie an, die Erfahrungen auch außerhalb und jenseits der Therapie zu erweitern.

Hans Rudi Fischer, Ulrike Borst, Arist von Schlippe

WERKZEUGKASTEN Rahmen

Impulse und Strategien für die Praxis

- Nichts »hat« seinen Sinn einfach so. Erst durch die Zuschreibung von Sinn gewinnen Ereignisse und Verhaltensweisen ihre Bedeutung. Verstehen bezieht sich damit immer auch auf den Rahmen, in dem etwas gesehen bzw. verstanden wird.
- Konflikte in sozialen Systemen können verstehbarer werden, wenn man sich bewusst macht, dass verschiedene Personen *denselben Inhalten* aufgrund *verschiedener Interpretationsrahmen* ganz *unterschiedliche Bedeutungen* zuschreiben.
- Bedeutungsgebung – wer hat Recht, wer hat Schuld etc. – ist immer ein *sozialer Aushandlungsprozess.*

Im Beratungskontext sollte ein Rahmen geschaffen werden, der den Betroffenen hilft, die relevanten Themen in einer von Sicherheit und freundlicher »Neugier« getragenen Atmosphäre zu bearbeiten. Wir sprechen von affektiver Rahmung:

- Sorgen Sie für eine freundliche, wertschätzende Gesprächsatmosphäre, in der alle Beteiligten sicher sind, nicht angeklagt, entwertet oder bedroht zu werden.
- Geben Sie den Ratsuchenden die Sicherheit, dass Sie die aufkommenden Gefühle aushalten und angemessen begleiten werden.
- Vermitteln Sie eine freundlich-neugierige und zugleich wertschätzend-allparteiliche therapeutische Haltung.
- Übernehmen Sie Verantwortung dafür, dass der Prozess im Fluss bleibt und Neues, bisher Unbekanntes gedacht und gefühlt werden kann.

17. Wie provozieren?

Lesen Sie nicht weiter! Es bringt Ihnen nichts, wo Sie doch schon alles über Provokation wissen. Seit Frank Farelly (»Wow, haben Sie große Titten!«) ist da nichts wirklich Neues erschienen. Nein, ehrlich, legen Sie das Buch weg! Was soll's denn jetzt, weiterzulesen? Wozu lesen Sie weiter? Zweifel? Oder sind Sie nur nett zu uns und tun so *als ob*? Nein, Sie haben das Spiel natürlich längst durchschaut, so einfach lassen Sie sich nicht provozieren. Sie überlegen aber, ob Sie einen Text weiterlesen wollen, der mit einer solch plumpen Anmache beginnt. Dann legen Sie ihn doch einfach jetzt weg! Nein? Nur weil wir das jetzt sagen, tun Sie es nicht? Aus Trotz? Oh, und nun legen Sie ihn doch weg? Aha, Sie tun also immer das, was man Ihnen sagt? Gratulation, Sie haben offenbar bis hierhin durchgehalten. Haben Sie sich nun provozieren lassen oder gerade nicht? Provokation heißt, etwas »hervorzurufen«; etwas, was schon da ist, zum Vorschein zu bringen durch Rufen, Sprechen, Nichtsagen, Anderssagen, Handeln, Unterlassen. Die Konnotation ist in diplomatischen und politischen Kontexten: Ärger verursachen; in künstlerischem Kontext: Neues und Ungewohntes hervorbringen. Was aber bedeutet Provokation im therapeutischen und beraterischen Kontext? Jedenfalls: raus aus dem »Weiter so« nach bekanntem Muster, raus aus dem Erwartbaren, weg von der Bestätigung des Immergleichen, Überraschung. Erwartungsenttäuschung. Tabubruch. Erregung verursachen. Ein Weckruf sozusagen. Information also in jenem Sinne, wie Bateson sie definierte. Die Begriffe Provokation und Störung sind verwandt. Wenn man Störung als Gattungsbegriff versteht, wäre Provokation eine »Art« der Gattung Störung. Was unterscheidet nun die *Provokation* von der allgemeineren *Störung*? Hier könnten wir die allgemeinere Störung von den Arten unterscheiden. Beispielsweise unterscheidet sich Provokation als Störung von Bestätigung, die Störung sein kann, genau dann, wenn Nichtbestätigung erwartet wird. Dann hätten wir zwar eine Störung, aber wir würden das nicht als provokant oder Provokation bezeichnen. Wenn zum Beispiel jemand *Ja* erwartet und es kommt *Nein*, dann ist das eine Störung, erwartet er *Nein* und das Feedback ist *Ja*, dann ist das ebenfalls eine die Erwartung ent*täuschende* Störung. Beide Male haben wir hier negatives Feedback. Es kommt immer darauf an, was erwartet bzw. gewusst wird, denn Wissen haben heißt eine *Erwartung* haben. Das macht Batesons Informationsbegriff so plausibel: Ein Unterschied ist Information, wenn sie einen Unterschied beim Hörer (Rezipienten) bewirkt. Unterschied ist also eine Relation, konkret zwischen dem, was erwartet wird, und dem, was tatsächlich kommt. *Ver*störung wird als Mechanismus gesehen, wie angesichts der angenommenen Nichtinstruierbarkeit von Systemen äußere Ereignisse, also auch therapeutische Aktionen, eine *Wirkung* im System hervorrufen können – wenn diese auch nicht vorhersagbar ist (denn vielleicht haben Sie diesen Text ja schon lange weggelegt … ach nein, dann wären Sie ja nicht mehr dabei!). Ganz allgemein gesehen, ist »Verstörung« überhaupt nicht vermeidbar, wenn zwei Personen aufeinander treffen. Verstörung ist ein schwieriger Begriff, denn es geht ja gerade nicht darum, unser Gegenüber »verstört« zurückzulassen, sondern viel eher darum, ihn/sie zu irritieren, konstruktiv zu verunsichern, um ihn anzuregen und zu ermutigen, die gewohnten Dinge mit anderen Augen zu sehen und zu beschreiben. Was macht also eine Verstörung durch die Therapeutin oder den Berater zu einer guten Provokation, einer, die Potentiale weckt und nicht nur einfach Unruhe stiftet, *nur* »verstört« oder gar kränkt und beleidigt oder die Beziehung *zer*stört?

Eine Provokation ist im Prinzip gut, wenn sie zweckrational ist, wenn sie also der Veränderung dient, die die Klienten wollen. Wir wollen hier keine Wesensdefinitionen von »Provokation« abliefern, sondern die Frage beantworten, *wie* sich gut provozieren lässt.

Was macht also eine gute Provokation aus? Sie

- spielt mit Grenzen, indem sie diese geschickt ein wenig überschreitet, herausfordert und damit umso deutlicher markiert.
- macht deutlich, dass man als Gesprächspartner unerwartet reagiert und reagieren kann; und hilft damit den Klienten, auf eine Welt, die allzu vorhersagbar zu sein scheint, wieder neugierig zu werden und neu zu reagieren.
- lockt die eigenen Kräfte des Klienten hervor, etwa indem sie sie verneint und damit Widerspruch und den Beweis des Gegenteils provoziert. Beispiel: Ein junger Mann mit der Diagnose einer Schizophrenie, der noch bei den Eltern wohnt und die mütterlichen Dienstleistungen durchaus gern in Anspruch zu nehmen scheint, wird im Familiengespräch von der Therapeutin gefragt: »Wer muss Ihnen die Erlaubnis geben, eine eigene Wohnung zu suchen: Mutter oder Vater?«, woraufhin der junge Mann empört kontert: »Das werde ich ja wohl noch allein entscheiden können«, und sich in den nächsten Tagen ernsthaft auf Wohnungssuche begibt.
- nimmt scheinbar unverrückbares »Nicht-anders-Können« aufs Korn und suggeriert damit die Fähigkeit, sich zu verändern. Beispiel: Eine 50-jährige Frau verbringt den größten Teil des Tages im Klinikbett und begründet dies damit, sie sei zu depressiv, um aufzustehen. Der Therapeut kündigt physio- und verhaltenstherapeutische Maßnahmen zur Aktivitätssteigerung an, da es gegen die Regeln ärztlicher Kunst verstoße, jemanden einfach im Bett liegen zu lassen. Es drohe schließlich eine Thrombose und Schlimmeres. Die Patientin steht am nächsten Tag auf.
- überträgt ein vorgebliches »Nicht-anders-Können« in einem Kontext probehalber auf einen anderen und verwandelt damit den Widerstand, Einschränkungen im zweiten Bereich zu akzeptieren, in Bereitschaft, sich im ersten wieder fähig zu zeigen. Beispiel: Ein 45-jähriger Mann berichtet, er könne nicht mehr arbeiten, da er so sehr unter Konzentrationsstörungen leide. Die Therapeutin beobachtet, dass er zu den Therapiestunden mit seinem schnellen Sportwagen kommt. Sie spricht ihn darauf an, dass er mit derart starken Konzentrationsstörungen unmöglich Auto fahren könne. In der nächsten

Woche berichtet er, es sei schon viel besser geworden, er fühle sich durchaus fähig, Auto zu fahren, und werde nun auch wieder mit der Arbeit anfangen.

- kann darin bestehen, dass etwas *nicht* getan oder gesagt wird, was eigentlich höchst erwartbar wäre, und so Eigenaktivität und -verantwortung provoziert werden. Beispiel: Eine 35-jährige Frau mit Borderline-Diagnose stellt detailliert dar, wie sie sich zu suizidieren gedenkt. Statt in größte Sorge zu geraten, diskutiert die Therapeutin völlig nüchtern mit ihr, welche Suizid-Methode welche Risiken des Doch-nicht-Sterbens und bleibender Behinderung hat, welche Sauerei durch den Suizid entsteht und wer darauf wie reagieren könnte. Die Patientin entscheidet, doch lieber weiterzuleben.
- bleibt nachhaltig in Erinnerung, weil sie einen prägnanten Unterschied zu den gewohnten Beschreibungen des Klienten erzeugt. Beispiel: Die Teilnehmerin eines Führungsseminars erhält im anfänglichen Assessment die Rückmeldung, sie wirke zwar fachlich sehr kompetent, solle aber ruhig durch ihr Auftreten noch mehr »Duftmarken« setzen. Die Teilnehmerin ist empört: Sie sei doch kein Hund, und schon gar kein männlicher, der das nötig habe. Jahre später, nach weiteren Karriereschritten, berichtet sie ihrem Coach von diesem Ereignis. Sie ist immer noch empört, gesteht aber auch ein, dass ihr seither in Konferenzen und Verhandlungen das Bild des Duftmarken setzenden großen Hundes auftauche und sie ermutige, selbstsicher aufzutreten.
- geschieht letzten Endes im Bewusstsein, dass keine Wirkung voll kalkulierbar ist und das provozierende Unerwartete nur ein Angebot sein kann. Erst im Nachhinein wird deutlich, ob eine Provokation gut war.

Grundlage aller Provokationen in diesem Sinne ist die gute alte Haltung der Respektlosigkeit gegenüber Ideen, Konstruktionen und Weltbildern unserer Klienten, mit dem Ziel, etwas Neues anzuregen. Hinzu kommt aber die bewusste Hervorrufung anderer, vielleicht sogar ganz entgegengesetzter Ideen oder eher Handlungen, die die eingeschliffenen Gedankenbahnen der Klienten ad absurdum führen. Es geht um das Hervor-Rufen der kreativen und schöpferischen Ressourcen unserer Klienten. Sie haben die Lösung ihrer Probleme, wissen aber nicht, dass sie das wissen. Die Provokation soll dieses Wissen um die Lösung hervorrufen. Ist also eine gute Provokation das Gegenteil von Empathie? So scheint es. Wir differenzieren jedoch: Es wird nur im Rahmen des Zumutbaren Empathie verweigert, weil Empathie allein nicht zu Denkänderungen führt. An die Grenze der Zumutbarkeit tastet man sich im

Gespräch heran. Wird nämlich zu früh, das heißt ohne tragfähige Beziehung, und zu heftig provoziert, bleibt der Klient weg (wenn er kann), aus der Verstörung wird eine Zerstörung der Therapeut-Klient-Beziehung; wirken kann die Provokation trotzdem. Wird dagegen gar nicht provoziert, sondern nur bestätigt und akzeptierend wiederholt (was spöttische Kollegen »Zu-Rogern« nennen), verharrt die Interaktion im Ewig-Verständnisvollen und in der dauernden Klage. Nun haben Sie bis zum Ende durchgehalten. Wenn Sie diesem Text die eine oder andere Anregung entnommen haben – dann war er eine gute Provokation!

Ulrike Borst, Hans Rudi Fischer und Arist von Schlippe

WERKZEUGKASTEN | Provokation

Impulse und Strategien für die Praxis

- *Provokation* als Sonderform therapeutisch eingesetzter Irritation enttäuscht die Erwartungen des Klienten durch Überraschung, Tabubruch o. Ä.
- Sie soll konstruktiv irritieren. Grundlage hierfür ist eine Haltung der Respektlosigkeit gegenüber allen Ideen, Konstruktionen und Weltbildern, seien es die der Klienten oder auch die eigenen.

Wege für das Gelingen einer guten Provokation:

- Reagieren Sie als Gesprächspartner unerwartet und beleben Sie damit die Neugier des Klienten auf eine scheinbar allzu vorhersagbare Welt wieder.
- Spielen Sie mit Grenzen, indem Sie diese ein wenig überschreiten und damit deutlicher markieren.
- Locken Sie durch Verneinung Widerspruch hervor oder sagen Sie etwas höchst Erwartbares absichtlich nicht.
- Nehmen Sie scheinbar unverrückbares »Nicht-anders-Können« aufs Korn, beschreiben Sie gerade dies als besondere Fähigkeit.
- Damit eine Provokation anregende Effekte entfalten kann, sollten die Grenzen des Zumutbaren im Gespräch ausgelotet und eine tragfähige Beziehung entstanden sein.
- Die Provokation ist ein riskanter Wirkmechanismus, der nie ganz vorhersehbar ist: Ob sie gut war, zeigt sich immer erst rückblickend.

18. Was sollen wir merken? Dokumentation als Medium

Form der Beobachtung

Wenn die Dokumentation von Therapie eine *Form von Beobachtung* ist und unterschiedliche Formen der Beobachtung einen Unterschied machen, stellt sich die Frage nach dem Unterschied für den Therapeuten, für den Klienten und für den therapeutischen Prozess selbst. Welche Berichte sollen wir über Psychotherapien anfertigen? Soll überhaupt berichtet werden, oder lässt man es besser nur bei mündlichen Überlieferungen? Wer berichtet dabei wem? Hat die Dokumentation von Therapie etwas mit der Therapie zu tun, kann sie gar Bestandteil der Therapie selbst sein und dann auch entsprechende Vor- und Nachteile für den therapeutischen Prozess, den Therapeuten, aber auch den Klienten haben? Auf diese Fragen wollen wir in diesem Beitrag eingehen. Die Geschichte der systemischen Familientherapie lässt sich auch als Geschichte der Verwendung moderner technischer (Hilfs-)Mittel beschreiben. Die Einwegscheibe ist das paradigmatische Instrument, das aufs Engste mit der Entwicklung der systemischen Familientherapie verbunden ist. Durch die Einwegscheibe konnte nun das tatsächlich stattfindende interaktionelle Geschehen zwischen den Klienten und zwischen Klienten und Therapeuten beobachtet werden. Das bot die Möglichkeit, das interaktionelle Verhalten sowohl zum Gegenstand theoretisch-methodischer Überlegungen als auch zur Zielgröße therapeutischen Handelns zu machen. Der Blick durch die Einwegscheibe wurde bald durch eine Dokumentationsform dieses Blickes, die Videoaufzeichnung, ergänzt. Pioniere der systemischen Familientherapie erkannte man auf Kongressen, in Seminaren und Workshops meist schon daran, dass sie ihre Vorgehensweisen mit Hilfe von Videoaufzeichnungen demonstrierten. Generationen von Familientherapeuten konnten von diesen Videodemonstrationen lernen. Die Frage ist, ob diese Videoaufzeichnungen nur ein Hilfsmittel für die Ausbildung von Therapeuten sein können – was nicht das Geringste wäre –, sondern auch einen direkteren Bezug zur Therapie selbst haben. Für den klinischen Praktiker stellen sich daher Fragen: Soll er Audio-Videoaufzeichnungen machen? Wie kann das geschehen? Wie erklärt man Videoaufnahmen und macht sie seinen Klienten plausibel? Welche Vorteile, welche Nachteile ergeben sich für wen? Lohnt sich der (nicht nur technische) Aufwand? Auf diese Fragen wollen wir etwas systematischer eingehen.

Wie erklärt man den Sinn und Zweck solcher Aufnahmen?

Hier stellt sich zunächst die Frage, ob der Therapeut selbst seine Aufnahmen für nützlich hält. Tut er das, ist es meist ein Leichtes, seine Vorgehensweise auch seinen Klienten plausibel zu machen. Er sollte dann seinen Klienten schon vor dem Gespräch – etwa in schriftlicher Form – erläutern, dass ein solches Vorgehen zu seinen Routinen gehört. Am Beginn des Gespräches sollte der Therapeut dann auf diese inzwischen bekannte Routine verweisen und auch darauf, dass die Klienten am Ende des Gespräches noch einmal die Möglichkeit haben, zu entscheiden, ob der Therapeut unter Einhaltung von Schweigepflicht und Datenschutz das Video bis auf Widerruf archivieren darf.

Welche Vorteile kann eine Videodokumentation für den Therapeuten haben?
Er kann sich auf das konzentrieren, was sich vor und mit ihm abspielt, weil er weiß, dass zumindest vom gesprochenen Wort nichts verloren geht und aus der Perspektive der Kameraeinstellung auch ein Bild konserviert wird. Es erhöht seinen Freiheitsgrad, wenn er seine Aufmerksamkeit auf das aktuelle Geschehen richten kann, weil später eine Rekonstruktion des Geschehens mit Hilfe des Speichermediums Video erleichtert ist. Dadurch eröffnet sich der Therapeut eine kaum zu überschätzende Möglichkeit, einen Blick auf sich selbst zu werfen. Das Videoband einer therapeutischen Sitzung eröffnet eine Perspektive, die schon aus physikalischen Gründen nicht aus der Erinnerung auf diesen Prozess möglich ist. Es erlaubt ihm eine Außenperspektive auf sich und den von ihm mitgestalteten therapeutischen Prozess. Dadurch ist eine Art Selbstsupervision denkbar, die einen Lernprozess möglich macht. Die Videoaufnahme ermöglicht dem Therapeuten einen doppelten Blick auf sich und den therapeutischen Prozess: den erinnernden Blick aus der Innenperspektive des assoziierten Teilnehmers und zusätzlich den Blick aus der Außenperspektive des dissoziierten Beobachters. Diese Vorteile zeigen sich insbesondere dann, wenn man allein arbeitet und nicht den Luxus eines therapeutischen Teams hat.

Welchen Vorteil kann die Videodokumentation für ein therapeutisches Team haben?
Durch eine Videodokumentation entsteht Beobachtungsmaterial, das dem Teamprozess einen äußeren Bezugsrahmen geben kann. Das »Beobachtungsmaterial« muss dann nicht erst durch erinnernden Blick und Erzählung individuell und kollektiv rekonstruiert werden und in einem Kommunikationspro-

zess im Team zu einem Konsens geführt werden (was gelegentlich sinnvoll und nützlich sein kann). Das vorhandene Beobachtungsmaterial stellt einen äußeren Bezugsrahmen bereit, der für die Beobachtung und Reflexion zur Verfügung steht und der so die Eigendynamik des Teams in den *Grenzen des Bezugs* auf den therapeutischen Prozess hält. Damit wird die Videodokumentation zum Mittel der Unterstützung für die Therapie und nicht zum gruppendynamischen Selbstzweck. Die oftmals vom therapeutischen Prozess abgekoppelten Eigendynamiken eines Teams, die nicht der Optimierung der Therapie dienen, lassen sich dadurch zwar nicht vollständig verhindern, aber deutlich unwahrscheinlicher machen. Der Lernprozess innerhalb eines Teams und die Professionalisierung des Teams können durch Videoaufnahmen sehr erleichtert werden.

Welchen Vorteil bieten Videoaufnahmen für die therapeutische Beziehung?
Die videodokumentierte Therapie wird von den Therapieteilnehmern »öffentlicher« erlebt als eine lediglich schriftlich dokumentierte. Das hat möglicherweise die Konsequenz, dass es weniger intim zugeht, aber auch, dass Therapeuten weniger Gefahr laufen, in Geheimnisse eingeweiht und zu Geheimnisträgern gemacht zu werden, was ihren Bewegungsspielraum einschränken würde. So kann etwa bei Abwesenheit eines Familien- oder Paarmitgliedes in einer Sitzung diesem die Videoaufnahme zugänglich gemacht werden, wodurch die anwesenden Familienmitglieder weniger eingeladen werden, den Therapeuten in die prekäre Situation eines Geheimnisträgers zu bringen. Dabei sollte am Beginn der Sitzung die Mitteilung erfolgen, dass die Videoaufzeichnung dieser Sitzung dem/den abwesenden Familienmitgliedern zugänglich gemacht werden wird.

Welche Vorteile haben Videodokumentationen für Klienten?
Der Klient hat – wie der Therapeut – die Möglichkeit, die Videoaufnahme anzusehen und dadurch eine Außenperspektive einzunehmen, die oft einen Unterschied machen und zu neuen Informationen, Einsichten und Optionen führen kann. Auch hier entsteht – wie beim Therapeuten – die Möglichkeit des Lernens und der Veränderung durch Selbstbeobachtung. Dieser Effekt scheint umso größer zu sein, je mehr Personen anwesend sind, da der Beobachter die Gelegenheit erhält, sich in den unterschiedlichen Beziehungen (von außen) zu sehen. Gleichzeitig sollte sichergestellt sein, dass Klienten auch eine videofreie Kommunikationsmöglichkeit haben. Wenn der Therapeut eine

Pause macht, um sich mit seinem Team zu beraten oder unbeobachtet von seinen Klienten den therapeutischen Prozess zu reflektieren, sollte diese Gelegenheit, sich unbeobachtet zu beraten, auch für die Klienten bestehen.

Vor- und Nachteile anderer Dokumentationsformen

Die Videoaufnahme ist jedoch nicht die einzige Dokumentationsmöglichkeit von Therapie. Wenn wir idealtypisch unterscheiden, lassen sich drei Formen von »Speichermedien« bestimmen: die Videoaufzeichnung, schriftliche Protokolle (genauer: Gedächtnisprotokolle) und die Erinnerung des Therapeuten. Der Vorteil der Videoaufzeichnung gegenüber den beiden anderen Formen ist die umfassende Speicherung des äußeren Geschehens, vor allem des gesprochenen Wortes eines therapeutischen Prozesses. Die schriftliche Dokumentation kann nicht das Vollständigkeitsniveau der Videodokumentation erreichen, da sie zwangsläufig eine Reduktion bzw. eine Verdichtung der Sitzung durch den Therapeuten und sein Modell ist. Der Vollständigkeit halber sei hier darauf hingewiesen, dass Vollständigkeit natürlich ein Mythos ist, es geht eher um Vollständigkeits- bzw. Komplexitätsgrade, die durch unterschiedliche Dokumentationsformen erreicht werden können. Was sind die Vorzüge und die Nachteile einer »Vollständigkeit« auf Video? Der Vorteil einer Video- und Audioaufzeichnung der Sitzung ist, dass die Flüchtigkeit des gesprochenen Wortes aufgehoben ist. Das Gespräch ist konserviert, es lässt sich jederzeit wiederholen, was gesprochen wurde. Die Therapie in einem solchen Medium zu speichern, ermöglicht sowohl Klienten als auch Therapeuten eine nachträgliche Reflexion und Analyse des in der Therapie Geschehenen. Das Aufzeichnungsmedium (Video-Audio) kann so zum therapeutisch nutzbaren Medium werden. Da eine Video- bzw. Audioaufzeichnung des Gespräches analog zur Schrift als Speichermedium funktioniert, wird das gesprochene, im lebendigen Interaktionskontext geborene Wort fixiert, es wird gleichsam in Formalin eingelegt und so vor einer Verwesung geschützt. Bei Bedarf kann der (akustische und/oder visuelle) Text wieder gelesen werden und scheint so ein unveränderliches Faktum zu sein. Doch das Video- bzw. Audioband unterliegt denselben Gesetzen wie jeder Text. Es muss interpretiert werden, um ihm Sinn oder Bedeutung zu geben. Insofern gilt für jede Video- oder Audioaufzeichnung: Der gesprochene Text ist zwar vollständig konserviert, aber jede Rezeption ist zwangsläufig eine Vergegenwärtigung, d.h. eine Interpretation in der Gegenwart, mit den dabei wirkenden Randbedingungen. Auch hier gibt es die Rekonstruktion der Vergangenheit nur als Interpretationen in der

Gegenwart. So kann jede mitgeschnittene Sitzung als Metadialog des Therapeuten mit dem Klienten genutzt werden, bei dem beide in einer Außenperspektive sind. Der Vorteil der vollständigen Dokumentation und Fixierung des Gesprächsinhaltes und analoger Signale ist gegenüber dem Gedächtnisprotokoll der Sitzung durch den Therapeuten selbst gleichzeitig ein Nachteil. Findet kein Mitschnitt des Gespräches statt, kann der Therapeut neben Notizen während des Gespräches nur hinterher ein Protokoll anfertigen. Dieses Protokoll kann nur ein Gedächtnisprotokoll sein, bei dem der Therapeut erinnert, was in der Sitzung (für ihn) Relevantes passiert ist. Das zurückliegende Gespräch zwingt ihn zur Erinnerung, und Erinnern ist immer eine Rekonstruktion der Vergangenheit aus dem Blickwinkel und den Interessen der Gegenwart. Die Flüchtigkeit des Gesprochenen zwingt den Therapeuten, in der Dokumentation die Komplexität des tatsächlichen Gespräches zu reduzieren. Maßstab für die Reduktion, die ebenso Verdichtung wie Auslassung und Vergessen ist, sind die Interessen bzw. der Zweck der Dokumentation, die sich aus dem Modell des Therapeuten ergeben. Der Vorteil der Video- bzw. Audiodokumentation ist noch aus einem anderen Grund zugleich der Nachteil gegenüber dem Gedächtnisprotokoll des Therapeuten. Da diese Dokumentationen immer im Nachhinein, d. h. zeitlich nach den dokumentierten Ereignissen benutzt werden, besteht die Gefahr, dass die auf dem Video angehaltene Zeit hinter weiteren Entwicklungen zurückbleibt, weil man ja scheinbar die zeitlose Wahrheit festgehalten hat. Diese »objektive« Information über das, was in der Therapiesitzung gesagt und getan wurde, produziert eine Unveränderlichkeit (was gesagt wurde, kann immer wiederholt werden, es kann nicht mehr ungesagt gemacht werden, es sei denn, man löscht es) und kann dadurch Denkänderungen sowohl beim Therapeuten als auch bei den Klienten erschweren, weil ein Abstandnehmen von Gesagtem schwieriger ist, weil es ja »schwarz auf weiß« auf dem Band ist und der Gesichtswahrungszwang an gemachte Aussagen stärker bindet. Daher erweist sich die schriftliche Dokumentation als eine Form, die zwar unvollständig auf das Ereignis referiert, aber den Nutzer der Dokumentation nicht über die vermeintliche Objektivität des gespeicherten Gesamtgeschehens an der Vergangenheit festhält. Durch die zwangsläufigen Lücken schriftlicher Dokumentation können Unterschiede leichter sichtbar werden und Entwicklung beobachtbar, ja, es kann sogar Zukunft »eindringen«. Eine Sonderform der schriftlichen Dokumentation ist die zeitnahe Dokumentation, also das Protokollieren und die Notizen, die während der Sitzung angefertigt werden, Notizen zum Gespräch während des Gesprächs. Möglicher Vorteil könnte für den Therapeuten eine kurze Unterbrechung des therapeutischen Diskurses sein, eine kurze metakommunikative »Absence«. Bedenkenswert dabei ist jedoch, dass man sich dadurch eine vielleicht nur schwer steuerbare Komplexität einhandelt. Da man nicht ständig Notizen machen kann (und natürlich auch nicht will), kann dem Anfertigen von Notizen von den Klienten eine Bedeutung zugeschrieben werden, die der Therapeut nicht in der Hand hat und die er möglicherweise überhaupt nicht beabsichtigt hat. So berichteten etwa Klienten, dass das, was sie gerade gesagt haben, eine ungeheure Bedeutung haben müsse, weil es vom Therapeuten festgehalten wurde, weil dieser sich dazu zeitnah Notizen machte. Das Charakteristische und Bedeutsame an der Anfertigung schriftlicher Dokumente scheint daher zu sein, dass diese nicht nach Vollständigkeit streben sollten – was sie ohnehin nicht erreichen können –, sondern Unvollständigkeit als Vorteil nutzen, also knapp und übersichtlich sein sollten. Was wiederum die Wahrscheinlichkeit ihrer Nutzung und Brauchbarkeit steigert. Die Dokumentation bleibt ein Abbild eines Geschehens, das nach seinem Verwendungszweck bewertet werden sollte, nicht nach seinem Verhältnis zum Abgebildeten. Denn auch die textuelle Vollständigkeit der Videodokumentation kann das therapeutische Vergessen und Übersehen erleichtern. Da ein Gedächtnisspeicher angelegt ist, der eines erheblichen Aufwandes bedarf, um aktiviert und genutzt zu werden, ist das Gedächtnis des Therapeuten entlastet und er kann mit dem Vorteil des Vergessens, des Übersehens und des Hinzufügens arbeiten und dennoch bei Bedarf die Vollständigkeit des Bandes nutzen. Das alleinige Erinnern des Therapeuten ohne irgendeinen äußeren Gedächtnisspeicher (also weder Videodokumentation noch schriftliche Dokumentation) erleichtert es noch mehr, entstandene Bilder wieder zu revidieren und zu verflüssigen. Insofern hat der, der weniger von der Vergangenheit weiß, mehr Optionen, in Zukunft etwas anders, etwas Neues zu machen. Der Versuch, ein Anderer zu sein oder zu werden, ist ohne Vergangenheit wesentlich leichter. Vergangenheit ist nicht mehr aus der Welt zu kriegen, weil sie durch ein solches festhaltendes Medium erst richtig *in der Welt* ist. So gesehen kann das Flüchtige des gesprochenen Wortes ein Segen und die aufgezeichnete Audio-Sitzung bzw. das »vollständige Protokoll« möglicherweise ein Fluch sein, der sich durch reduzierte, verdichtete Protokolle mindern lässt. Die Kunst der Dokumentation könnte also darin bestehen, eine Balance zwischen Erinnern und Vergessen zu erreichen. Wenn wir nun versuchen, die Möglichkeiten, die Vor- und die Nachteile der verschiedenen Dokumentationsformen in Form von Empfehlungen zusammenzufassen, so befinden wir uns dabei auf einer bipolaren Skala mit den beiden extremen, gleichwohl imaginären Polen: maximale Vollständigkeit und maximale Unvollständigkeit oder, anders ausgedrückt, zwischen vollständiger Erinnerung und vollständigem Vergessen. Pragmatisch sind beide Extreme weder zu erreichen, noch wäre ihr Erreichen sinnvoll, daher ist vor allem der Unterschied zwischen Videodokumentation und schriftlichem Gedächtnisprotokoll relevant:

Wenn Sie Videoaufnahmen von Ihren Therapiesitzungen machen:

- Überzeugen Sie sich zunächst selbst, dass Sie es wirklich wollen und die Vorteile für Sie überwiegen!
- Erst wenn Sie selbst überzeugt sind, überzeugen Sie Ihre Klienten!
- Informieren Sie Ihre Klienten rechtzeitig (vor der Therapie) davon, dass Sie Videoaufnahmen machen werden!
- Geben Sie Ihren Klienten die Möglichkeit, Videoaufnahmen abzulehnen!
- Entscheiden Sie, in welchen Situationen und für welche Zwecke Sie die Selbstsupervision durch den Blick von außen (auf die Videoaufzeichnung) nutzen wollen!
- Entscheiden Sie, ob Sie als Teammitglied Ihr Team durch die von Ihnen angefertigten Videoaufnahmen von gruppendynamischen Selbstzwecken und Zumutungen entlasten wollen!
- Überprüfen Sie, ob das Öffentlichermachen Ihrer Therapie durch Videoaufnahmen für Sie und Ihre Klienten eher Vor- oder eher Nachteile bringt!
- Überprüfen Sie, ob Sie die Videoaufnahme eher als Befreiung genießen können, sich nichts merken zu müssen, oder eher die Unfreiheit fürchten, gefilmt zu werden und auch noch die Verpflichtung zu haben, sich diese Aufnahmen anschauen zu müssen!

Wenn Sie schriftliche Gedächtnisprotokolle von Ihren Therapiesitzungen anfertigen:

- Geben Sie sich zunächst Rechenschaft darüber, wozu Sie solche Gedächtnisprotokolle anfertigen!
- Für Therapien können Gedächtnisprotokolle nur Mittel zum Zweck sein. Beurteilen Sie daraufhin Ihre Ansprüche an Gedächtnisprotokolle und insbesondere Ihre Ansprüche an die Vollständigkeit von Gedächtnisprotokollen! Tipp: In der Kürze liegt die Würze!
- Beurteilen Sie Ihren Anspruch auf Vollständigkeit daraufhin, wie viel Arbeit Sie sich beim Anfertigen und Lesen der Protokolle selbst einhandeln!

- Beurteilen Sie Ihren Anspruch auch daraufhin, welche Vorteile sich ergeben könnten, wenn Sie nur über das Notwendigste informiert sind und sich von Ihren Klienten erinnern lassen!
- Optimieren Sie Ihre Gedächtnisprotokolle, indem Sie für sich Kriterien des Notwendigen entwickeln: Was muss gespeichert werden und worauf kann ich verzichten?
- Wenn Sie erwägen, sich während der therapeutischen Sitzung Notizen zu machen, fragen Sie sich, wozu Sie das machen wollen, und betrachten Sie Ihre Schreibtätigkeit in Anwesenheit des Klienten als Teil der therapeutischen Kommunikation, deren Rückwirkung auf den Klienten Sie berücksichtigen und beobachten sollten!
- Gönnen Sie sich von Zeit zu Zeit einen Blick auf Ihre Gedächtnisprotokolle, besonders die von abgeschlossenen Therapien – und fragen Sie sich, was in den Protokollen therapierelevant gewesen ist und was man unprotokolliert hätte lassen können!

Arnold Retzer, Hans Rudi Fischer, Ulrich Clement

WERKZEUGKASTEN Dokumentation

Impulse und Strategien für die Praxis

- Alle Formen der Dokumentation einer Therapie/eines Coachings wirken auf den beraterischen Prozess zurück. Sie sind bereits Teil einer Intervention und sollten den Ratsuchenden transparent gemacht werden.
- Plausibilisieren Sie Ihre Vorgehensweise jeweils als Routine, weisen Sie auf Schweigepflicht, Datenschutz und Archivierung hin und räumen Sie ein, die Video-/Tonaufnahmen abzulehnen oder sie nachträglich löschen zu können.
- Vermitteln Sie, dass es Vorteile für die Ratsuchenden bringen kann, Aufzeichnungen anzusehen bzw. nachträglich zu hören. Eine Außenperspektive ermöglicht ggf. neue Lernchancen, das Geschehen kann zudem gemeinsam reflektiert werden.
- Seien Sie sich bewusst, dass schriftliche Notizen während einer Sitzung die Aufmerksamkeit der Ratsuchenden auf unkontrollierbare Weise beeinflussen können: Sie könnten den Momenten, die jeweils protokolliert werden, besondere Bedeutung zuschreiben.

V. Von Zuneigung und Abneigung

Gehört es zur Neutralität und zur Allparteilichkeit, dass wir jede und jeden gleichermaßen mögen? Das kann ja gar nicht sein; aber den Anspruch stellen wir an uns. Zumindest den Anspruch, uns so zu verhalten, dass unsere Klientinnen und Klienten sich angenommen fühlen. Wahrscheinlich sogar besser angenommen, als sie es in ihren sonstigen Interaktionen, »draußen im Leben«, erleben. Das kann eine große Herausforderung sein – dann, wenn der erste Eindruck »unsympathisch« ist. Weil die Regeln der Kunst verbieten, dies als Begründung zu verwenden, um eine Beratung oder Therapie *nicht* anzubieten, brauchen wir einige Reflexion, um dennoch handlungsfähig zu bleiben (Frage 19).

Auch wenn Klienten Dinge tun oder nicht tun, die unseren Werten völlig zuwiderlaufen (Frage 20), können wir nicht neutral bleiben. Den Menschen zugeneigt bleiben, die Taten aber verurteilen: das ist nicht immer einfach, aber machbar und sogar notwendig. Wenn es nicht gelingt, sind Beratung, Coaching oder Therapie obsolet. Der schmale Grat liegt hier zwischen Hilfe und Kontrolle. Ob er von ein und derselben Fachperson mehrfach hin und zurück überschritten werden kann, bleibt zweifelhaft.

Mit heftigen Gefühlen von Klienten können wir schon eher umgehen als mit eigenen heftigen Gefühlen, zum Beispiel mit Verliebtheit. Die berufsethischen Grundsätze sind klar und eindeutig. Gefühle können nicht verboten werden, die entsprechenden Handlungen schon. Weil aber ganz besonders zur Verliebtheit zwei gehören, ist die Lage leider meist nicht ganz so eindeutig wie die Normen und Richtlinien, die Grenzziehungen nicht so leicht, wie es aussieht. Zwischen hilfreichen und netten beiderseitigen Sympathiebekundungen und Rahmen sprengenden Liebeshandlungen liegt ein schmaler Grat, den wir hier zu ziehen versuchen (Frage 21).

19. Wie mit unsympathischen Klienten umgehen? Sympathy for the Devil

Wer kennt das nicht, dass ihm jemand auf den ersten Blick schon unsympathisch »ist«? Schnell und spontan entstehende Abneigung prägt soziales Verhalten im Alltag stark und nachhaltig – man wendet sich normalerweise flott ab im Bedürfnis, mit dem Betreffenden möglichst nichts weiter zu tun zu haben. In vielen beruflichen Tätigkeitsfeldern ist das Thema bedeutsam, so zeigt etwa eine Hotel- und Gastronomiestudie, dass jeder dritte Gast nicht wiederkommt, wenn der erste Eindruck danebengeht. Ob dies auch für Klienten gilt, die sich von ihrem jeweiligen Therapeuten schon auf den ersten Blick nicht angesprochen fühlen, wurde u. W. noch nicht untersucht. Wie geht es umgekehrt den therapeutischen Kollegen mit »unsympathischen« Klienten? Im therapeutischen Kontext ist das eine Herausforderung, denn da ist es ja nicht so einfach, selbst das Feld zu verlassen oder gar einen ratsuchenden Menschen mit der lapidaren Begründung vor die Tür zu setzen, er sei einem »unsympathisch«. Das wäre alles andere als professionell. Das psychotherapeutische Berufsethos gebietet es, sich *nicht* von seinen Empfindungen leiten zu lassen, d. h. »unangenehme« oder »unsympathische« Klienten gleich gut und engagiert zu behandeln wie alle anderen.

Mit der Frage, wie das Phänomen »Sympathie« bzw. »Antipathie« zu verstehen ist und wie wir mit »unsympathischen Klienten« umgehen können, wollen wir uns hier beschäftigen. Um darauf hinzuweisen, dass die bloße Beschreibung des Phänomens Vorannahmen *auf die Wirklichkeit projiziert*, die in der Grammatik unserer Sprache eingelassen sind, also »grammatische Vorurteile« sind, haben wir die infrage stehenden Begriffe in Anführungszeichen gesetzt. Zunächst eine kleine Begriffsbestimmung.

Was überhaupt sind Sympathie und ihr Gegenteil? Lange bevor es den modernen Begriff der Empathie gab, drückte der Begriff der *sympatheia (*griech. *sym* und *pathos, mitleiden, mitfühlen)* in der aristotelischen Dramentheorie – von dort stammen auch andere wichtige psychologische Begriffe (wie beispielsweise Katharsis) – ein *unwillkürliches* Mitfühlen oder Nachahmen von Gefühlen anderer aus. Später wurde daraus die Fähigkeit, sich in den anderen einzufühlen, und das wurde zur Voraussetzung aller Moralphilosophie. Entscheidend ist bei den Griechen, dass *sympatheia* nicht der Willkür unterworfen ist (allenfalls im theatralischen Nachahmen, eine Katharsis bewirkend), sondern *unwillkürlich* ist, man erleidet das Mitgefühl. Man ist also für sein Mitleiden nicht kausal verantwortlich. Wie nimmt sich angesichts dieser 2400 Jahre alten Erkenntnis die Entdeckung der neuronalen Basis der »Sympathie« in den Spiegelneuronen aus (etwas mehr dazu unten)? Auch das Präfix *sym-* deutet an, dass die Griechen das Phänomen schon als ein interaktives begriffen haben. Ich fühle *mit* einem anderen, und wenn es in Gottes Namen der Teufel ist – wie in dem Song der Rolling Stones, der diesem Text den Namen gab. *Only two can play this game* ist also der begriffliche Kontext aller »Sympathie«.

Der modernere Sprachgebrauch, der aus dem Nomen ein Adjektiv (zeitlos!) macht: Klient *ist* »sympathisch/unsympathisch«, meint im Allgemeinen eine Zu- oder Abneigung, bei der die Gründe bzw. die Motive unklar sind. In diesem Sinne wollen wir das Wort verwenden. Die Grammatik unserer Sprache spielt uns häufig einen Streich, weil sie Eigenschaftszuschreibungen wie bspw. in dem Satz: »Peters Augen sind blau« mit der Aussage: »Peter ist unsympathisch« analogisiert.

Denn kein Mensch ist *an sich* »unsympathisch« oder »sympathisch« – wie er blaue oder braune Augen hat; er ist das immer *für mich*, nur in Beziehungen also, und das Urteil, er ist mir »sympathisch« oder »unsympathisch«, steht notwendig unter dem Neigungswinkel meiner Subjektivität. Wir sind Teil eines zirkulären Prozesses, Element eines sozialen Systems, in dem »Sympathie« oder »Antipathie« entsteht oder nicht. Aber fangen wir vorne an, beim berühmten ersten Blick. Die »Psychologie des ersten Eindrucks« hat die Forschung schon lange interessiert, spätestens seit Ludwig Ecksteins gleichnamigem Buch von 1937 oder, früher noch, bei dem »Praecox-Gefühl«, mit dem der Psychiater Eugen Bleuler die Fähigkeit des erfahrenen Klinikers umschrieb, innerhalb der ersten Minuten – indem er die Qualität der Interaktion einschätzte – eine Ahnung zu entwickeln, ob eine Schizophrenie vorliegt. Ähnliches gilt für Depressionssymptome, die beim Diagnostiker einen typischen »ersten Eindruck« hervorrufen. Strittig bleibt wohl die Frage, inwieweit der erste Eindruck eine (mehr oder weniger) valide diagnostische Aussage *über* das Gegenüber ist oder eher als Konstruktion einer Beziehungswirklichkeit *durch einen Beobachter* zu erklären ist. Im Folgenden wollen wir verschiedene Aspekte des Themas »Antipathie« (bzw. »Sympathie«) beleuchten, um ein paar Denkanstöße für die therapeutische Praxis zu liefern.

»Drei-Zehntel-Sekunden-Diagnostik« und Gegenübertragung

Die erste Perspektive würde davon ausgehen, dass schnell entstehende »Sympathie« und »Antipathie« Zeichen einer Form von »intuitiver Diagnostik« (zu unserer Skepsis gegenüber dieser Form von Diagnostik vgl. Fragen 12 und 13) sind. In einer tiefenpsychologischen Sicht besteht die Aufgabe für den Therapeuten darin, die Eigenübertragung, also eigene Erinnerungen, Vorlieben oder Antipathien, die sich mit dem Klienten verbinden, von der Gegenübertragung zu trennen. Der Glaube an die Idee, man reagiere als ganze Person auf den anderen und, wenn man sich selbst innerlich gut kläre, könne man in den eigenen Gefühlen die nicht ausgedrückten emotionalen Anteile des Gegenübers erkennen, ist wesentlicher Bestandteil dieser Arbeit. Unterstützt wird diese Überlegung heute auch in einem gewissen Maße durch Befunde der Neurowissenschaften, dass die Spiegelneuronen eines Beobachters im Einklang mit den Handlungen und Gefühlsausdrücken des beobachteten Gegenübers aktiviert sind. Und auch eine »Antipathie«, die sich im Kontext einer längeren Interaktion einstellte, könnte im Blick auf das darin liegende diagnostische Potential untersucht werden: Welche Qualität von Beziehung entsteht da, was kann man daraus über die Art und Weise lernen, wie der Klient sich unattraktiv für einen Gesprächspartner macht?

Konsequenzen dieser Perspektive für die Praxis

- Die eigenen Empfindungen können genutzt werden, um das Verständnis für den anderen – und für sich selbst! – zu erhöhen. Mit welchen Mechanismen holt er oder sie sich immer wieder eine »Abfuhr« bei anderen? Was darin sind »altbewährte Muster«?
- Klienten können danach gefragt werden, wie sie sich selbst in sozialen Interaktionen erleben, und ob es ihnen bewusst ist, abgelehnt oder abgewiesen zu werden.
- In einem gemeinsamen Reflexionsprozess könnte das Thema »aus dem Adlerhorst« angeschaut werden: Welche Art von Beziehung haben Therapeut und Klient miteinander entwickelt, welche persönlichen Themen des Klienten spiegeln sich darin?

Die gute alte Projektion

Eng verbunden mit dem soeben genannten Aspekt ist es, die eigenen Gefühle zu klären, in der Sprache einer anderen Theorie »Eigenübertragung« genannt. Eine Faustregel besagt, dass man dazu tendiert, am anderen Dinge abzulehnen, die man an sich selbst nicht mag. Dass der andere uns sozusagen »den Spiegel« vorhält, kann eine mögliche Heuristik sein, um die *eigene* innere Landschaft abzusuchen. Ähnliches gilt für die Erinnerung an eigene Erfahrungen, die man selbst im Umgang mit anderen Menschen gemacht hat und die durch Verhalten, Gesichtsausdruck, Blick, Sprachmelodie, Gerüche usw. des Gesprächspartners ausgelöst werden.

Auch wenn das Verhalten unseres Gegenübers als arrogant oder als abwertend gegenüber der eigenen Person empfunden wird, ist es zunächst die Aufgabe der Therapeutin zu klären, wie sie damit umgeht. Es ist ja nicht die Aufgabe der Ratsuchenden, den Therapeuten Bewunderung und Bestätigung entgegenzubringen, sondern umgekehrt Aufgabe des Therapeuten, den Hintergrund für diese Form des Beziehungsangebotes von Klientenseite zu verstehen.

Konsequenzen dieser Perspektive für die Praxis

- Die »Arbeit« besteht hier in einer inneren Klärung, inwieweit die erlebte Antipathie etwas mit eigenen Erfahrungen zu tun hat. Die Frage danach, was es eigentlich ist, was einen am anderen stört, und wie man selbst zu dieser Qualität steht, kann erste Orientierung geben.
- Wohin in der eigenen Geschichte gehört das Gefühl von Antipathie, an wen erinnert mich das Gegenüber, welche Empfindungen ruft er/sie wach, und woher sind diese bekannt?
- Wie ist die Antipathie zu spezifizieren? Ist es Misstrauen, ist es Angst, Unsicherheit?
- Woran bemerke ich das »Unsympathische« am anderen? Was ist mein Maßstab, mit dem ich messe? Lässt sich das in Verhaltensdimensionen übersetzen? Was würde ich auf einer Videoaufnahme sehen, wenn der andere sich »unsympathisch« zeigte?

Wenn man auf diese Selbstreflexionsfragen Antworten findet, ist der erste Schritt getan, eine Verblendung des therapeutischen Prozesses zu verhindern. Reicht das nicht aus, Denk- und Handlungsfreiheit und damit Neutralität gegenüber unseren Klienten zurückzugewinnen, empfiehlt es sich, nach Formen zu suchen, wie man dafür sorgen kann, dass diese Themen den therapeutischen Prozess nicht beeinträchtigen (z. B. Supervision).

Erste Eindrücke, Bilder und Vorurteile

Eine andere Perspektive könnte davon ausgehen, dass »Sympathie« oder »Antipathie« jeweils Pole sind, die sich in einem mehr oder weniger schnell ablaufenden Prozess bilden, wobei wir nicht wirklich wissen, was die Ursache dafür ist. Es ist einfach so, wie bei der alten *sympatheia*, ein unwillkürliches Empfinden, das ich dem anderen zuschreibe. Nehmen wir an, das Erlebnis der »Sympathie/Antipathie« gegenüber einem andern Menschen sei so wie die Liebe, die uns trifft wie Amors Pfeil. Die Fähigkeit des menschlichen Gehirns, schnell zu konstruieren und diesen Konstruktionen blitzschnell »Material« zu unterlegen, ist inzwischen so gut bekannt, dass es nicht wirklich weiterbringt, nach Ursachen für die Antipathie zu suchen. Interessanter ist es möglicherweise, darüber nachzudenken, unter welchen Kontextbedingungen das eigene Gefühl zustande kam. Von dort her lassen sich dann vielleicht unverstandene Gründe, unklare Motive und Absichten klären und erkennen, dann wird das Gefühl verständlich und bekommt einen Sinn bzw. eine Funktion.

Nehmen wir als ein Beispiel – wir verdanken es Jürgen Kriz – die Beschreibung eines kleinen Jungen, nennen wir ihn Kevin, von dem Folgendes berichtet wird:

Kevin ärgert seine Schwester.
Kevin will Mutters Aufmerksamkeit.
Kevin hat keine Lust auf Hausaufgaben.
Kevin haut zurück, weil Bruder ihn zwickte.
Kevin genießt die Beachtung.
Kevin benimmt sich unverschämt.
Kevin tröstet seine Schwester.
Kevin hilft seinem Bruder beim Basteln.

Welcher Eindruck entsteht von dem Kind? Wenn Sie nicht wüssten, dass es sich hier um eine Aufgabe zum ersten Eindruck handelt, könnten Sie möglicherweise zu der Einschätzung kommen, dass Kevin ein schwieriges Kind sei oder gar eine »Verhaltensstörung« habe usw. Die ersten Aspekte einer Beschreibung sorgen im Regelfall dafür, dass sich ein Eindruck entwickelt, der, hat er sich einmal ausgeprägt, alle späteren Informationen beeinflussen kann. Ein Bild ist entstanden, und Bilder reduzieren Komplexität, aber es sind eben Bilder und nicht das Abgebildete. Gerade beim flüchtigen Lesen des Beispiels wird vielleicht dem einen oder anderen Leser entgangen sein, dass die letzten beiden Aspekte durchaus positiv sind. Vermutlich wäre der Eindruck von Kevin, der sich bildet, wenn die Liste der Beschreibungen in umgekehrter Reihenfolge anfinge, sehr anders. Diese Phänomene wurden in der Psychologie schon vor langer Zeit untersucht: Es sind nicht nur die Informationen, sondern auch die Reihenfolge, in der sie angeboten werden, die den Eindruck bestimmen, den man von einem Menschen gewinnt (der sog. *primacy effect*). Solomon Asch untersuchte in einem klassischen Experiment, wie Beobachter das Verhalten eines Mannes einschätzten, der sich im Kaufhaus beschwerte. Je nachdem, ob sie vorher einen Filmclip gesehen hatten, in dem er ein kleines Mädchen brutal umgeschubst bzw. ihm geholfen hatte, wurde dasselbe Verhalten – die Forderung, den Geschäftsführer zu sprechen – als »unüberlegt und stur« oder als »kühn und entschlossen« gewertet, wurde seine Beschwerde selbst als »Nörgelei« oder »Durchsetzungsfähigkeit« wahrgenommen.

Nicht zuletzt aus diesen Gründen hatte Michael White vorgeschlagen, Akten über Patienten, die einem von anderen Dienststellen zugewiesen worden sind, nicht zu lesen, sondern nur zu »wiegen«, um sich nicht zu sehr in seiner eigenen Einschätzung irritieren zu lassen. Denn wenn ein Vorurteil – d. h. ein rational unbegründetes, vielleicht dennoch motiviertes Urteil – einmal entstanden ist, ist es meist stabil. Der Effekt der »Meinungsträgheit«, ebenfalls schon in den 1940er Jahren beschrieben, besagt, dass alle Informationen, die wir erhalten, nachdem ein Bild vom anderen entstanden ist, und alle Informationen, die diesem Bild widersprechen, viel schwerer aufgenommen und behalten werden als die, die das Bild bestätigen – ein Teufelskreis sich selbst erfüllender Prophezeiungen. Interessanterweise lassen sich die beschriebenen Effekte deutlich abmildern, indem man sich darauf konzentriert, ihnen nicht in die Falle zu gehen. Das liefert einen Hinweis, wie mit der Einschätzung von Klienten als »unsympathisch« umgegangen werden kann, um eine unangemessene Verfestigung des einmal entstandenen Bildes zu vermeiden.

Konsequenzen für die Praxis

- Die Gefühle von »Sympathie/Antipathie« als Bilder zu sehen, die »von selbst« entstanden sind, kann erleichternd sein. Die therapeutische Arbeit besteht auch in diesem Fall eher in »Selbstarbeit«, nämlich sich zu fragen, wie man zu der Einschätzung gekommen sein könnte.
- Doch hier schaut man weniger in die Geschichte der eigenen Erfahrungen, als dass man den gegenwärtigen Zustand als eine Form von Wirklichkeitskonstruktion sieht, die entstand, weil sie entstand.
- Das eröffnet neue Fragen, die man sich selbst stellen kann: Wie ist der Kontext, in dem sich meine Gefühle entwickelt haben, welche Vorinformation, welcher erste Eindruck war hier prägend? Konjunktivitis entfachen: Wie würde mir mein Gegenüber anders erscheinen, wenn ich mir erlaubte, sie/ihn ganz anders kennen zu lernen oder mich ganz auf seine positiven Qua-

litäten/Seiten zu konzentrieren? Wie würde ich ihn beschreiben, wenn ich z. B. erlebt hätte, wie er einem anderen Menschen in einer schwierigen Situation beigestanden hätte? Wir verstehen andere, wenn wir ihre Gründe, ihre Motive, das, was sie treibt und trägt, kennen. Daher: Was habe ich von ihm noch nicht verstanden? Was könnten seine positiven Gründe sein, sich so zu verhalten?

Spielregeln

Die bislang behandelten Perspektiven sehen eher in der psychischen Aktivität der Therapeuten den Ort der Aufgabe und der Lösung. Wenn man sich davon löst, dass »Sympathie/Antipathie« im Kopf entsteht und die Phänomene weniger als Konstruktionen des psychischen, eher als solche des sozialen Systems sieht, beginnt man auf die Spielregeln zu achten. In der Interaktion entwickeln sich schrittweise Regeln, die entsprechend die Spielräume des Wahrnehmens, Erlebens und Verhaltens begrenzen. Während zu Beginn einer Interaktion die Beteiligten noch über eine Vielzahl von Möglichkeiten verfügen, werden diese im Laufe der Interaktion zunehmend eingeschränkt. Ein Beispiel: Zu Beginn einer professionellen therapeutischen Beziehung hat man durchaus die Freiheit, sich zur Begrüßung die Hand zu geben oder auch nicht. Wenn man aber einmal damit begonnen hat, die Hand zu geben (oder nicht), kann man dies nicht mehr ändern, ohne mehr oder weniger große Irritationen auszulösen (sofern man keine passende »Erklärung« parat hat – »Ich gebe Ihnen mal nicht die Hand, ich bin so erkältet“). »Sympathie« und »Antipathie« sind dann Bestandteile eines sozialen Spieles, das gemeinsam entstanden ist.

Konsequenzen für die Praxis

- Statt zu versuchen, die eigenen Empfindungen zu erklären, kann man sich fragen, welche anderen möglichen Spiele denkbar wären, in denen »Sympathie/Antipathie« weniger bedeutsam wären. Die lösungsorientierte Anregung: »Mach etwas anderes!« kann dazu führen, neugierig auf neue eigene Verhaltensweisen zu werden, die als »Rösselsprung« eine ungewohnte und ungewöhnliche Perspektive einführen.
- Fragen Sie sich dann: In welches Muster haben wir beide uns hineinentwickelt, das für mich mit diesen Gefühlen einhergeht? Mit welcher Art von Verhalten würde ich ihn/sie am meisten überraschen? Was wäre genau das

Gegenteil von dem, was ich bisher tue? Wie fühlt es sich an, das zu realisieren – und sei es zumindest in der Phantasie?

Vielleicht auch einfach nur »unsympathisch«

Nach all diesen psychologischen Überlegungen ist es vielleicht auch gut, wieder »zurück auf LOS« zu gehen, also die Reflexion auszuschalten. Es könnte auch gut sein, sich einmal *keine* Gedanken darüber zu machen, was da »Diagnostik«, »Gegen-/Eigenübertragung«, »Bild/Vorurteil« oder »Spielregel« ist. Wie wäre es, wenn es »erlaubt« wäre, einen Klienten »unsympathisch« zu finden? Wie wäre es, wenn es schlicht bestimmte Verhaltensweisen oder Qualitäten des anderen sind, die stören? Wenn wir ihn einfach so lassen, wie er ist? Ein stets angetrunkener Klient, der entsprechend riecht und sich schlecht benimmt, braucht möglicherweise ein klares und prägnantes Feedback, das der Therapeutin einiges an Offenheit abverlangen kann.

Konsequenzen für die Praxis

- Eine Möglichkeit, in Übereinstimmung mit dieser Perspektive zu handeln, besteht in der bewährten Intervention der Konfrontation. Sie ist nicht leicht zu handhaben: Eine klare Rückmeldung zugleich mit dem Signal zu verbinden, dass die Wahrung der therapeutischen Beziehung Ihnen so wichtig ist, dass Sie bereit sind, sie zu riskieren, kann ein wesentlicher Schritt im therapeutischen Prozess sein.
- Schließlich kann es noch sein, dass Sie zu dem Schluss kommen, dass Sie nicht bereit sind, mit diesem Klienten zu arbeiten. Dann wird es darum gehen, eine gute Form zu finden, die Beziehung aufzulösen – und dabei die volle Verantwortung dafür zu übernehmen.

Kleine Geschichte zum Schluss

Ein Therapeut in der Supervisionsgruppe beklagte sich über seine Klientin. Sie sei ihm furchtbar unsympathisch, die Art, wie sie rede, gehe ihm auf den Geist, und wie sehr er sich auch bemühe, es sei ihm einfach nicht möglich, sie zu mögen. Die lapidare Antwort der Supervisorin lautete: »Machen Sie doch einfach Ihre Arbeit!«

Arist von Schlippe, Hans Rudi Fischer, Ulrike Borst

Impulse und Strategien für die Praxis

- Antipathie/Sympathie entstehen schnell und spontan und prägen soziales Verhalten nachhaltig. Das psychotherapeutische Berufsethos gebietet jedoch, unsympathische Klienten nicht schlechter oder weniger engagiert zu behandeln als andere.

Strategien für eine bewusste Auseinandersetzung mit Antipathien gegenüber Klienten

- Versuchen Sie den Hintergrund für die Form des Beziehungsangebotes durch den Klienten zu verstehen. Fragen Sie z. B., wie der Klient sich selbst in sozialen Interaktionen erlebt und ob ihm die (ablehnenden) Reaktionen anderer bewusst sind. Reflektieren Sie gemeinsam, welche persönlichen *Themen des Klienten* sich in der therapeutischen Beziehung spiegeln.
- Klären Sie Ihre *eigenen Gefühle*: inwiefern verbinden Sie *eigene* Erfahrungen, Vorlieben oder Antipathien mit dem Klienten oder lehnen insbesondere die Dinge an ihm ab, die Sie an sich nicht mögen?
- Fragen Sie sich, unter welchen *Kontextbedingungen* Ihre Gefühle und die gegenwärtige Wirklichkeitskonstruktion zustande kamen. Machen Sie sich gedanklich flexibel, indem Sie hypothetisch durchspielen, *wie* Ihre Einschätzung *anders* ausfiele, wäre die erste Begegnung anders abgelaufen, würden dem Verhalten des Klienten andere Gründe unterstellt oder auf andere Aspekte fokussiert.
- Auch die Konfrontation mit einer klaren Rückmeldung kann eine sinnvolle Intervention sein. Verbinden Sie dieses Feedback mit dem Signal, dass die Wahrung der therapeutischen Beziehung Ihnen so wichtig ist, dass Sie genau deshalb bereit sind, sie zu riskieren.
- Nicht gelingender Umgang mit Antipathien gegenüber Klienten und in Folge die Gestaltung der therapeutischen Beziehung können gezielt zum Gegenstand einer *Supervision* gemacht werden.
- Sind Sie schlussendlich *nicht bereit, mit dem Klienten zu arbeiten*, bedarf es einer guten Form für die Auflösung der Beziehung und der vollständigen Verantwortungsübernahme hierfür.

20. Was tun bei Wertekonflikten?

Differenzen zwischen den eigenen Werten und denen der Klienten tauchen in therapeutischen Gesprächen oft auf, sie sind schon fast die Regel. Wann aber kollidieren die Werte des Klienten auf eine Weise mit denjenigen der Therapeutin, dass es therapeutisch relevant ist? Wie kann man mit solchen Konflikten, die es zwangsläufig gibt, produktiv und wertschätzend umgehen? Wo sind der therapeutischen Utilisation von Wertekonflikten Grenzen gesetzt? Diesen Fragen wollen hier nachgehen.

Einige kurze Beispiele zu Beginn:

In einer Paarsitzung sagt der Mann, seine Frau müsse nicht arbeiten und solle lieber weiterhin so gut für ihn kochen, wenn er abends von der Arbeit komme. Die Frau verhält sich eingeschüchtert-zustimmend. Das bringt nun wiederum die »innere Feministin« der Therapeutin »zum Kochen«.

Ein Therapeut kann das Wertesystem einer Frau, die auf Biegen und Brechen ein Kind möchte und potentielle Väter nur als Samenspender sieht, partout nicht nachvollziehen, und nein, er will dies auch gar nicht.

Ein Team aus Therapeutin und Therapeut erfährt in einer familientherapeutischen Sitzung von harten Erziehungspraktiken der Eltern, die ihrer eigenen eher liberalen Geisteshaltung zuwiderlaufen. Keine Schläge, aber massive Entwertungen, Arreste, drastischer Computerentzug u. Ä., die Kinder tun ihnen Leid. In der Nachbesprechung finden sich beide unvermittelt in einer heftigen Auseinandersetzung darüber wieder, ob und wie sie die Unterschiede in den Werthaltungen ansprechen und das Thema auch dann forcieren dürfen, wenn es nicht zum vereinbarten Auftragsspektrum der gemeinsamen Kooperation passt.

Schlimmer geht immer: nämlich dann, wenn gegen *Normen* (Gesetze) verstoßen wird, die aus Grundwerten der Verfassung abgeleitet und in das Strafrecht eingeflossen sind. Hier geht es um die Kategorien »richtig« und »falsch«. Doch Straftaten, Gewalt und Missbrauch sollen an dieser Stelle nur am Rande thematisiert werden; sie sind therapeutisch nicht verhandelbar, die Handlungsanweisungen für die Therapie sind klar: Es muss als vordringliches Ziel sichergestellt werden, dass sie aufhören. Damit wird dann allerdings ein neuer

Kontext eröffnet, es geht nicht mehr um Therapie, sondern um soziale Kontrolle. Den Wertekonflikt haben die Klienten (mit der gesellschaftlichen Norm), der Therapeut arbeitet in Richtung Durchsetzung der Norm: Die Gewalt muss aufhören. Selbst durchsetzen kann er die Norm in der Therapie nicht. »Einsicht«, »Reue« und »Umkehr« dagegen könnten Therapieziele sein, stehen aber nicht im Regelkanon.

Ein Spezialfall sind die Werte von Klienten, die *potentiell* zu Brüchen der Rechtsnormen führen könnten, sowie das Schwanken der Therapeutin zwischen den Kontexten Therapie und sozialer Kontrolle. Äußerungen über Neigung zu Gewalt, die eine Straftat befürchten lassen, müssen eigentlich (nach Entbindung von Schweigepflicht) als Gefährdungsmeldung bei den entsprechenden Stellen angezeigt werden. Die Abwägung der Güter, nämlich die vertrauensvolle therapeutische Beziehung zu erhalten oder die potentiellen Opfer zu schützen, ist schwierig, solange es »nur« um Wahrscheinlichkeiten geht. Ein Ausweg aus dem Dilemma könnte sein, den Konflikt sehr frühzeitig zu deklarieren und so dem Klienten seinerseits die Abwägung aufzuerlegen: »Wie viel kann ich meiner Therapeutin gerade noch zumuten, sodass *sie* nicht in Konflikte gerät?« Der (innere) Konflikt der Therapeutin entsteht aus einer Situation, in der sie handeln muss, wenn sie zu viel erfährt; er besteht zwischen Wissen-Wollen einerseits und Nicht-wissen-dürfen-wenn-man-nicht-handeln-will versus Handeln-müssen-wenn-man-weiß andererseits. Die Grenzen zwischen therapeutischen und Kontroll-Kontexten sind nicht immer klar markiert.

Beispiel: Ein Mann, der sich von einem ehemaligen Mitpatienten bedroht fühlt, erscheint zu den ambulanten Gesprächen mit einem Messer bewaffnet. Er will sich wehren können, sollte er auf dem Weg zur Therapie angegriffen werden. Der Therapeutin wird mulmig, da ihr Patient reizbar und impulsiv wirkt und in seinen Werten Gewalttaten eher zu- als abgeneigt erscheint. Sie untersagt dem Mann, bewaffnet zur Therapie zu erscheinen, mit dem Argument, sie habe einen Ruf zu verlieren, wenn es zu Tätlichkeiten vor ihrem Therapieraum komme. Sie kündigt an, die Einhaltung des Verbots zu kontrollieren, indem sie sich Hosenaufschläge und Hosenbund zeigen lässt. – Die Kontrollmaßnahmen sind grenzwertig. Leibesvisitationen müssten delegiert werden, aber Sichtkontrolle geht gerade noch (fand die Therapeutin).

Doch nun zu den *Wertedifferenzen* zwischen Therapeutin und Klient im gesellschaftlich »erlaubten« Bereich: Wie kann man sie therapeutisch nutzen und handhaben? Wann werden sie zu *Wertekonflikten*, die man, um »aus seinem Herzen keine Mördergrube zu machen«, offen austragen kann?

Eigentlich ist die Sache doch klar: Werte, die mit unseren eigenen im Widerstreit liegen, so haben wir in jahrelangen Weiterbildungen gelernt, sollen neutral und allparteilich (auch die Therapeutin ist hier Partei) angegangen werden. Wo die therapeutische Position der freundlichen, nichtinvasiven Neugier verlassen wird, so lehrte etwa Cecchin in seinem nach wie vor höchst lesenswerten Beitrag (G. Cecchin (1988), Zum gegenwärtigen Stand von Hypothetisieren, Zirkularität und Neutralität – eine Einladung zur Neugier. *Familiendynamik* 13 (3), 190–203), endet auch Therapie, weil man in die nicht mehr therapeutische Haltung der Wertung gerät und damit zwangsläufig einen neuen Kontext erzeugt, einen von »gut« und »schlecht« – und ein solcher Kontext ist nicht mehr therapeutisch zu nennen. Fragen nach biographischen und familiengeschichtlichen Hintergründen der anderen Werte helfen der Therapeutin, die nötige Distanz zu schaffen, um leise für sich oder auch laut in die Runde fragen zu können, wie der andere zu solchen Werten, zu einer solchen Einstellung gekommen sei, statt: »Damit will ich nichts zu tun haben«. Die anderen, fremden und den eigenen Werten widerstrebenden Werte führen höchstens zu leisem Unwohlsein beim Therapeuten; wie er damit umgehen kann, dafür gibt es wenig Handwerkszeug.

Wenn man mit Verhaltensweisen konfrontiert ist, die dem eigenen Wertesystem völlig zuwiderlaufen, kann es eine Möglichkeit sein, so lange zu fragen, bis man den dahinter liegenden tieferen Wert des Gesprächspartners verstanden hat, ihm oder ihr den Wert als letztlich etwas Gutes zu unterstellen, das man bislang nur noch nicht verstanden hat: »Verstehe ich Sie richtig, dass Sie Ihre Kinder optimal aufs Leben vorbereiten möchten und glauben, Sie müssten sie schon vorweg ›abhärten‹, damit Sie dieses Ziel am besten erreichen?« – »Verstehe ich Sie richtig, dass der Wunsch, Ihrem Leben durch ein Kind einen neuen und besonderen Sinn zu geben, für Sie so wichtig ist, dass Sie dafür bereit sind, jeden Weg zu gehen?«

Doch nicht immer ist diese Vorgehensweise möglich. Komplexer nämlich ist der Fall, wenn *drei* Menschen in Wertekonflikte geraten, die sich *auch* um die Dimension Offenheit/Transparenz und Vertraulichkeit/Geheimhaltung drehen und die Beziehungen untereinander massiv beeinträchtigen können.

Beispiel: Eine Frau erzählt in einem Einzelgespräch von einer (noch andauernden) Affäre, die sie ihrem Mann verheimlicht. Der Therapeut sieht normalerweise das Paar, dieses Einzelgespräch ist die Ausnahme. Er wird unwillentlich zum Geheimnisträger. Dabei ist er der Meinung, Offenheit bezüglich der wichtigen Dinge im Leben täte in jeder – so auch in dieser – Paarbeziehung gut. Gleichzeitig weiß er, dass die Beziehung bei Offenlegung dieser Affäre in große Gefahr geriete. Zu schweigen, bei womöglich noch länger fortdauernder Außenbeziehung der Frau, käme ihm wiederum als Verrat an seiner vertrauensvollen Beziehung zum Mann vor. – Die Lösung könnte in die Richtung gehen, dass der Therapeut nicht lange Geheimnisträger bleibt. Er könnte der Frau sagen, dass er es mit seinen Werten und seiner therapeutischen Grundhaltung nicht vereinbaren könne, dem Mann etwas vorzutäuschen; und dass sie entweder die Außenbeziehung beenden könne oder ihm nichts mehr davon erzählen solle oder ihren Mann ebenfalls informieren könne.

Manchmal ist es ja gerade das, was Klienten suchen: eine authentische Haltung, eine ehrliche Antwort. Die eigenen Werte preiszugeben kann besonders heikel, aber auch besonders hilfreich sein. So kann es auf unsere anfänglich gestellte Frage, wie mit Wertedifferenzen im therapeutischen Kontext umgegangen werden kann, keine eindeutige Antwort geben. Statt einer »letzten« und »richtigen« Antwort möchten wir mit einer Geschichte enden, die in ähnlicher Form bereits beim Thema »Echt sein« (Frage 11) erzählt wurde.

In einer Paartherapie geht es um viele als unlösbar beschriebene Konflikte, in denen sich beide Partner verfangen. Es geht immer wieder um die Erledigung von Hausarbeiten, Kinderfürsorge u. v. a. m., indirekt wird dabei immer wieder das Thema wechselseitigen Respekts angesprochen, das sich u. a. in der Wertschätzung für die Aktivitäten des jeweils anderen ausdrückt. Die beiden haben zwei Kinder, 6 und 8 Jahre alt, die Frau, Britta, arbeitet halbtags, der Mann, Bernd, sitzt seit über drei Jahren an seiner Dissertation, ein Stipendium lief vor einem Jahr aus, das Geld wird langsam knapp. Während eines Dialoges, der ungefähr so wiedergegeben werden kann, gerät der Therapeut in einen heftigen Wertekonflikt:

Frau: »Neulich, ich kam von der Arbeit, du hattest gesagt, du wolltest die Waschmaschine ausräumen …«
Mann: »Moment, ich hatte gesagt: ›Vielleicht!‹.«

F: »Jedenfalls, ich war ziemlich fertig, hatte noch die Kinder abgeholt und das Essen musste noch gemacht werden. – Wenigstens die Waschmaschine, das ist doch nicht zu viel verlangt!«
M: »Hey, Britta, ich promoviere! Hast du das vergessen? Da ist es dann doch ok, dass du das alles machst. Ich hab ja schließlich auch Wichtiges zu tun!!«
F: (weint) »Ja, du hast ja Recht, das ist ja auch wichtig, aber kannst du mich nicht ein bisschen mehr unterstützen?«
M: »Ich unterstütze dich ja schon sehr. Außerdem ist es ja absehbar, das mit meiner Doktorarbeit. Ich weiß zwar noch nicht genau, wann, aber wenn ich fertig bin, können wir uns sicher eine Putzfrau leisten!«

In Gedanken vergleicht der Therapeut diesen Dialog mit einer analogen Situation in seiner eigenen Paarbeziehung und kommt zu dem Ergebnis, dass a) seine Frau ihm bei einem solchen Verhalten erheblich »den Kopf waschen« würde und b) er das Verhalten des Mannes von seinen eigenen Werten her unerträglich findet. Diese Wertedifferenz wird immer stärker als Empörung und schließlich als Wut erlebt. Zunächst versucht er, diese zu unterdrücken. Schließlich verliert er seine »gute therapeutische Kinderstube«, und recht abrupt platzt es dann aus ihm heraus:

Th: »Also, ich halte es nicht mehr aus, wie Sie miteinander reden! Ich möchte Sie am liebsten rausschmeißen! Ich finde es dermaßen unverschämt, was Sie (zum Mann) da von Ihrer Frau verlangen. ›Ich promoviere!‹ – seit Jahren schon – ist das ein Grund, sich so bedienen zu lassen? Wenn ich mir vorstelle, ich würde so mit meiner Frau reden, wird mir ganz schlecht! Und Sie (zur Frau), Sie lassen sich das auch noch alles gefallen!! Haben Sie denn keinen Mumm in den Knochen? Was muss denn eigentlich noch passieren, dass Sie mal auf den Tisch hauen?«
Und dann, einen Moment später: »So, das musste raus. Vermutlich habe ich es jetzt mit Ihnen beiden verdorben, das täte mir leid, aber ich wollte die Spannung einfach nicht mehr aushalten.«

Interessanterweise reagiert das Paar alles andere als negativ:

M: »Alle Achtung, das war jetzt 'ne ziemlich starke Sache. So klar habe ich das noch nie gehört!«
F: »Irgendwie sollte ich mich jetzt wohl doof fühlen, aber nein, es hat mir gut getan, was Sie gesagt haben!«

M: »Vielleicht ist es das, was uns fehlt, dass wir mal sozusagen ›ohne Visier‹ Klartext miteinander reden?«
F: »Ja, das holt mich jedenfalls aus diesem depressiven Loch heraus!«
Th: »Ich fühle mich jetzt erleichtert, auch weil Sie nicht aus dem Kontakt gehen. Sie haben meine Wut ausgehalten, danke dafür. Könnte es sein, dass ich auch ein wenig von den heftigen Gefühlen ausgedrückt habe, die Sie beide manchmal gegeneinander haben?«

Das Gespräch gewinnt nun eine völlig andere »Fahrt«, beide Partner konfrontieren einander heftiger, lauter, aber auch lebendiger. In einem Nachgespräch am Ende der Beratung benennen beide diese Szene als Schlüsselerfahrung und bedanken sich beim Therapeuten für seinen Wutausbruch. Manchmal kann es eben hilfreich sein, einen Wertekonflikt auszutragen, statt neutral zu bleiben.

Ulrike Borst, Arist von Schlippe, Hans Rudi Fischer

WERKZEUGKASTEN | Wertekonflikte

Impulse und Strategien für die Praxis

- Die systemische Grundhaltung ist klassischerweise wie folgt charakterisiert: Gehen Sie Werte, die mit Ihren im Widerstreit liegen, neutral und allparteilich an. Erhalten Sie eine freundliche, nichtinvasiv neugierige und nicht wertende Haltung aufrecht.
- Wenn Sie den Wert der Neutralität uneingeschränkt vertreten, dann
  - fragen Sie nach biographischen und familiengeschichtlichen Hintergründen der anderen Werte, um die nötige Distanz zu schaffen.
  - unterstellen Sie dem Klienten, der Ihnen zuwiderlaufende Werte vertritt, etwas Gutes, das Sie bislang nur noch nicht verstanden haben, fragen Sie so lange, bis sich Ihnen der dahinter liegende tiefere Wert des Gesprächspartners erschließt.
- Es kann aber auch therapeutische Situationen geben, in denen gerade die authentische Haltung, die ehrliche Antwort, das deutliches Markieren eigener Wertvorstellung und die Empörung über die Werthaltung des Gegenübers den relevanten Unterschied machen und eine hochgradig hilfreiche und belebende Intervention darstellen.

21. Was tun, wenn wer sich verliebt?

Wo sich Menschen begegnen, seien sie gleichen oder unterschiedlichen Geschlechts, kann es vorkommen, dass man/frau sich verliebt. Also ist natürlich auch in der Psychotherapie das Thema »sich verlieben« zu erwarten. Zugleich kommt damit allerdings in den therapeutischen, also professionellen Kontext etwas Besonderes, etwas »Privates« hinein, das den Therapeuten oder die Therapeutin vor eine besondere Herausforderung stellt.

Therapeutische Kontexte sind vielfach durch eine besondere Nähe und Intimität gekennzeichnet: Die »Sache«, um die es in dieser beruflichen Beziehung geht, ist ja gerade das Intime und Private – eine potentiell paradoxale Situation, die sich im Moment des Verliebtseins besonders prägnant zeigt: Statt »drüber« zu reden, »passiert« es in der Situation selbst. Zum therapeutischen Setting gehört, dass das mit Liebe oder Verliebtheit bezeichnete Dazwischen, sofern es außerhalb des therapeutischen Settings passiert (also: die Liebesprobleme des Klienten mit seinem Partner), zum zu reflektierenden Bereich gehört. Ist das Dazwischen der Liebe plötzlich innerhalb des therapeutischen Settings, haben wir eine doppelbödige und ambivalente Problematik vor uns. Dann wird die Ambivalenz auch logisch sichtbar: Was außen liegt (Klient liebt X), wird, wenn es innen ist (X = Therapeut), plötzlich paradox bzw. zum Double Bind.

Nicht zuletzt deshalb wird gerade die therapeutische Beziehung durch eine Vielzahl von Kontextmarkierungen als »professionell« gekennzeichnet und abgesichert, auch durch entsprechende berufsstandesrechtliche Regelungen. Während Verliebtheit auf Klientenseite dabei durchaus in der therapeutischen Beziehung thematisierbar und professionell bearbeitbar sein kann (dazu später mehr), ohne dass der professionelle Kontext verlassen wird, eröffnet Verliebtheit und die entsprechende Bedürftigkeit und Empfänglichkeit auf Therapeutenseite einen neuen Kontext, und die Kontextmarkierungen für die berufliche Beziehung werden aufgeweicht. Es ist eine zentrale therapeutische Aufgabe, dafür zu sorgen, dass professioneller und privater Kontext nicht vermischt werden. An der Aufgabe, die entsprechenden Grenzen zu wahren, scheitern durchaus nicht wenige Therapeuten.

Wenn sich ein/e TherapeutIn in den/die KlientIn verliebt, liegt hier zum einen so etwas wie ein »größter anzunehmender Beziehungsunfall«, eine Art Therapie-GAU, vor, zum anderen ist es wichtig, sich als Therapeut darüber klar zu werden, dass Therapie ein Kontext ist, in dem das Prinzip der *teilweisen* Wechselseitigkeit gilt. Unser Verstand sagt uns: Die eigenen Gefühle sind natürlich nicht wegzuleugnen, doch gehören sie grundsätzlich nicht in die Therapie hinein. Es ist ausschließlich Aufgabe des Therapeuten, mit den eigenen Empfindungen angemessen umzugehen und die therapeutische Beziehung nicht zu gefährden.

Leichter gesagt als getan. Eine gewisse Anziehung, eine durchaus auch erotisch gefärbte Sympathie zwischen Therapeut und Klient, kommt wahrscheinlich gar nicht so selten vor. Die Differenzierungen, ob sich jeweils ein Therapeut in eine Klientin oder einen Klienten, eine Therapeutin in einen Klienten oder eine Klientin verliebt, können wir dabei an dieser Stelle nicht im Detail diskutieren, die Dynamiken dürften sich teils erheblich unterscheiden. Die ein- oder wechselseitige Anziehung kann die therapeutische Beziehung beleben, kann dafür sorgen, dass man gerne zusammenkommt, und kann die Motivation auf beiden Seiten verbessern. Das könnte sogar ein Grund für schnelle anfängliche Erfolge sein, deren langfristige »Nachhaltigkeit« natürlich nicht nur darauf beruhen wird.

Was heißt aber eigentlich »verliebt« im Kontext einer Beziehung, die von Anfang an nicht auf volle Wechselseitigkeit hin angelegt ist? Chloe Madanes drückt die Gemengelage möglicher Motive in Abhängigkeitsbeziehungen schon in einem ihrer Buchtitel aus: *Sex, Liebe und Gewalt*. Wenn wir von ungleich verteilter Macht sprechen, hört sich das etwas harmloser an. In Abhängigkeitsbeziehungen können Liebe und Sex nicht ohne eine Reflexion der Macht und der möglichen subtilen Formen der Gewaltausübung betrachtet werden, auch wenn man es selbst für die reine Liebe hält.

Die Reflexion dieser emotionalen Gemengelage und noch mehr die Kontrolle der eigenen Impulse ist Aufgabe des Therapeuten. Dies in Supervision und Selbsterfahrung zu thematisieren und zu reflektieren, gehört zu den berufsethischen Grundsätzen. Man kann die auf den Patienten gerichteten Emotionen, Phantasien und Impulse wie in den psychodynamischen Verfahren unter dem Begriff der Gegenübertragung bzw. mehr noch der Eigenübertragung verhandeln. In anderen Verfahren, auch in der systemischen Therapie, steht zunächst kein entsprechendes theoretisches Modell zur Verfügung. Neben der klaren Verpflichtung auf ethische Standards wird es hier um den konkreten Umgang mit der jeweiligen Situation gehen: Emotionen und Impulse aus der therapeutischen *Interaktion* heraushalten, gut und schön, aber wie kann das gehen? Zweideutige und verfängliche Situationen meiden?

Die Therapie beenden, Klient an einen anderen Therapeuten vermitteln – und wie begründen? Kann dann nach Therapieende eine Beziehung aufgenommen werden, und wie lange sollte das Tabu gelten? Vor allem gilt es aber, jenseits dieser pragmatischen Ebene zu fragen:

Wie kommt es zu meiner Verliebtheit? Wie verstehe ich mich diesbezüglich? Wie verführe ich, wie bin ich verführbar – emotional, narzisstisch, sexuell? Wie gehe ich mit Grenzen um? Welche eigenen emotionalen und sexuellen Bedürfnisse trage ich in die Beziehung zum Klienten hinein? Wo habe ich selbst eigentlich sonst einen Ort dafür – was sagt mir das evtl. über meine eigene Partnerschaft?

Der richtige Super-GAU, für beide Seiten persönlich und für den Berufsstand, entsteht, wenn Grenzen überschritten wurden, wenn auf therapeutischer Seite keine supervisorische Reflexion erfolgte und wenn es dann zu einer Asymmetrie kommt – einer will mehr oder will gar nicht mehr und der andere das Gegenteil. Dass dann Dritte ins Spiel kommen, ist gut und richtig, bringt aber häufig eine Lawine ins Rollen. Die »Sache« wird publik, zunächst steht vielleicht Aussage gegen Aussage, die Fach- oder weitere Öffentlichkeit werden zu Zeugen und Kommentatoren. Wenige Themen sind so geeignet zu polarisieren wie derartige Grenzüberschreitungen. Weiche, verhandelbare Wirklichkeitskonstruktionen sollen zu harten Fakten, Beweisen und Urteilen (»richtig« oder »falsch«) gemacht werden. Solche Prozesse können dramatisch verlaufen, berufliche Existenzen vernichten und Familien zerrütten.

Ein junger Assistenzarzt beginnt eine Therapie mit einer jungen Frau, die bei ihm auf einer psychiatrischen Station hospitalisiert ist. Auf ihren dringenden Wunsch hin setzt er nach ihrem Klinikaustritt die Therapie im ambulanten Setting fort. Weil es der Patientin zeitweise so schlecht geht, dass sie das Haus nicht verlassen kann, macht er Hausbesuche. Er ist stolz darauf, dass es ihr anschließend jeweils viel besser geht. Ihm scheint, dass ihr Berührungen und Im-Arm-Halten sehr gut tun. Er bemerkt aber auch, dass ihn das sexuell erregt. Er kontrolliert sich, kommt sozusagen nur bis zur Bettkante … Doch in einer Auseinandersetzung um die Häufigkeit der Hausbesuche gerät die Patientin so in Rage, dass sie ihrer Mutter die Geschichte der Hausbesuche und der sexuellen Erregtheit erzählt und so eine Lawine ins Rollen bringt. – Ein Gerichtsverfahren wird wegen Mangel an Beweisen eingestellt. Der besonnenen Reaktion des ärztlichen Vorgesetzten ist es zu verdanken, dass der (heute nicht mehr so junge) Arzt seinen Beruf weiter ausüben kann. Sein Verhalten wurde zwar als schwerer Fehler gewertet, aber da die eigenen (sexu-

ellen) Interessen nicht in Handlungen umgesetzt wurden, wurde ihm die Chance zugestanden, aus dem Fehler zu lernen. In Einzelsupervision wurde besprochen, welche Befriedigungen die Hausbesuche und die Berührungen ihm gebracht hatten und wie er früher hätte erkennen können, dass er sich zur Wirkung seiner »Interventionen« Illusionen gemacht hatte.

In der Geschichte klingt bereits auch die zweite Frage des Titels an: Was tun, wenn sich der Klient verliebt? Die Dynamiken dürften sich in diesem Fall von dem zuerst diskutierten Fall deutlich unterscheiden. In einer therapeutischen Situation kann und darf der Klient – wie im richtigen Leben – natürlich alles fühlen, was er fühlt, solange von therapeutischer Seite damit entsprechend umgegangen wird. Die Frage ist, ob die Erwartungen und Wünsche explizit werden oder implizit bleiben, also unausgesprochen das interaktive Geschehen beeinflussen. Werden sie explizit, sind sie unter Wahrung der professionellen Grenzen (und der Neutralität) therapeutisch reflektierbar. Bleiben sie implizit und werden vom Therapeuten vielleicht gar nicht bemerkt, wird das interaktive Geschehen wahrscheinlich partiell unverständlich. Unabhängig davon bleibt auch dies eine Herausforderung, weil der Verliebte, vor allem wenn die Liebe klar einseitig ist, besonders verletzlich ist.

Beispiel: Eine Klientin wandte sich an einen der Autoren dieses Textes, nachdem sie aus einer anderen Therapie »herausgeflogen« war. Sie berichtete, dass ihr früherer Therapeut die therapeutische Beziehung abrupt mit den Worten: »Dann kann ich nicht mehr mit Ihnen zusammenarbeiten!« beendet hatte, unmittelbar nachdem sie ihm erzählt hatte, dass sie sich in ihn verliebt habe.

Die Handhabung des Themas erfordert die therapeutische Bestätigung, alle Gefühle haben zu dürfen und damit auch das Verliebtsein und die gleichzeitige Sicherheit, dass freundlich, aber auch prägnant mit Grenzen umgegangen wird. Diese Balance gut zu wahren, erfordert eine besondere Sensibilität – die i.d.R. in Ausbildungen nicht vermittelt wird. Kein Wunder, dass ein Therapeut wie im obigen, traurigen Beispiel »kalte Füße« bekommt, wenn eine junge Frau ihm ihre Liebe gesteht.

Dabei ist das Thema Liebe in der therapeutischen Situation gerade keine Katastrophe, sondern eine Chance für den Klienten, einen differenzierten und differenzierenden Umgang mit emotionalen Themen im »Labor« der therapeutischen Beziehung zu erleben und sich damit selbst besser kennen zu lernen.

Ein weiterer Punkt kann hier noch reflektiert werden. Neben der beglückenden Erfahrung, jemanden getroffen zu haben, der einen ernst nimmt und zuhört, könnten es auch die Macht*unterschiede* sein, die das mächtigere Gegenüber als Liebespartner attraktiv machen. Und hier gibt es vielleicht eine Häufung der »Verliebtheits-Ereignisse« bei der Relation männlicher Therapeut – weibliche Klientin. Das ist erst einmal nicht verwerflich; aber die Reaktionen des Therapeuten sind auch hier entscheidend dafür, ob es gutgeht – das liegt ausschließlich in seiner Verantwortung.

Ein weiteres Beispiel illustriert eine der vermutlich selteneren Kombinationen (Therapeutin und Patient) und die Besonderheiten eines zuerst fürsorglich gefärbten, dann gekränkten »Verliebtseins«:

Ein 35-jähriger Mann hat anlässlich der dritten Hospitalisation regelmäßige Therapiesitzungen bei der Psychologin. Am Tage des Austritts bittet er die Psychologin um ihre private Telefonnummer. Sie lehnt die Bitte ab und hat das deutliche Gefühl, ihr Patient habe sich in sie verliebt. Ihre Adresse und Telefonnummer findet der Patient schnell selbst heraus. In den nächsten Wochen und Monaten wird die Psychologin von Liebesbriefen und Anrufen bombardiert. Er äußert sich besorgt darüber, dass die Arbeit in der Psychiatrie zu hart für sie sei. Nach etwa vier Monaten wird der Ton der Briefe (das Telefon hat die Therapeutin sperren lassen) bedrohlich. Er verlangt, dass sie aufhört, in der Klinik zu arbeiten, denn dort seien nur Verbrecher angestellt. Natürlich hat er mit dieser Forderung keinen Erfolg, und nun beginnt ein etwa zwei Jahre dauerndes Stalking mit immer bedrohlicheren Aktionen. Ganze Nächte verbringt der ehemalige Patient hinter dem Haus der Therapeutin, er lauert ihr auf dem Weg zur Arbeit auf, usw. Erst nach mehrmaliger Wegweisung durch die Polizei lässt er schließlich von ihr ab.

Das mag ein besonders drastisches Beispiel für die Risiken und Nebenwirkungen des Verliebens sein. Aber eine Lehre ist es dabei doch: Verhalten Sie sich als Therapeut so sonnenklar wie nur möglich und transportieren Sie die Botschaft: »Ich stehe als Liebespartner nicht zur Verfügung, auch wenn wir uns in der Beratung oder Therapie emotional nahe kommen.«

Die berufsethischen Richtlinien sind klar. Sie verbieten nicht die Gefühle (die sich genauso wenig verbieten lassen wie das Wetter), sie beziehen sich auf Handlungen. So wird eine sexuelle Beziehung im Kontext eines Abhängigkeitsverhältnisses stets als Straftat gewertet (STGB § 174c, vgl. hier Fliegel Heft 1/2014 der *Familiendynamik*). Doch auch ohne dass es zu sexuellen Handlungen kommt, ist das Thema für die Beteiligten heikel, seien die Gefühle einseitig oder auch beiderseits erwidert mit dem ebenfalls beiderseitigen Wunsch, sie auch zu verwirklichen. In diesem letzten Fall gebietet es die Berufsethik, die therapeutische Beziehung zu beenden. Die Kontextmarkierungen für eine berufliche, professionelle Beziehung sind nicht umsonst so klar formuliert worden.

Ulrike Borst, Arist von Schlippe, Hans Rudi Fischer

WERKZEUGKASTEN | Therapie oder Liebe?

Impulse und Strategien für die Praxis

Strategien, wenn Sie sich als Therapeut in Ihren Klienten verlieben

- Im Kontext der Therapie (Analoges gilt für Coaching bzw. Beratung) gilt das Prinzip der teilweisen Wechselseitigkeit: Ihre Liebesgefühle gehören nicht in die Therapie! Es ist ausschließlich *Ihre* Aufgabe, angemessen mit ihnen umzugehen, professionellen und privaten Kontext nicht zu vermischen und die therapeutische Beziehung nicht zu gefährden. Seien Sie sich bewusst, dass die Macht zwischen Ihnen ungleich verteilt ist. Die berufsethischen Richtlinien verbieten sexuelle Beziehung im Kontext eines Abhängigkeitsverhältnisses (Straftat).
- Reflektieren und kontrollieren Sie Ihre Emotionen und Impulse und thematisieren Sie das Geschehen in Supervision und Selbsterfahrung.
- Fragen Sie sich, wie es zu Ihrer Verliebtheit kommt, wie verführbar Sie auf verschiedenen Ebenen sind, wie Sie mit Grenzen umgehen, welche emotionalen und sexuellen Bedürfnisse Sie in die therapeutische Beziehung hineintragen und welchen sonstigen Ort Sie dafür haben.

Strategien, wenn sich Ihr Klient in Sie verliebt

- Werden Gefühle, Erwartungen und Wünsche explizit, lassen sie sich unter Wahrung der therapeutischen Professionalität reflektieren und bearbeiten.
- Die Handhabung des Themas erfordert sensibles Balancieren: Bestätigen Sie einerseits, dass der Klient *alle* Gefühle haben darf, und vermitteln Sie andererseits freundlich und sonnenklar Grenzen: Sie stehen als Liebespartner nicht zur Verfügung, auch wenn Sie sich in der Therapie emotional nahe gekommen sind.

VI. Langeweile, Stagnation und schweigsame Klienten

Es ist zu offensichtlich, dass z. B. im Organismus eine Menge widerstreitender Tendenzen in einem unstabilen Gleichgewicht koexistieren (...) Es gibt kein Gefühl, das nicht eine Zweipoligkeit in sich birgt, eine Ambivalenz (wie Bleuler gesagt hat), die vom Standpunkt des Bewusstseins aus ein Widerspruch ist.
Jean Piaget

Mit den in unserem Denken beheimateten gegensätzlichen Strukturen befassten sich schon antike Philosophen. Allen voran formulierte der Archepoet der Systemtheorie, der »dunkle« Heraklit, seine Aphorismen dementsprechend auch regelmäßig paradox oder widersprüchlich. Jenes innere, dynamische Hin und Her zwischen zwei widerstreitenden Polen (Ideen, Werten, Affekten) im Bewusstsein einer Person hat der Psychiater Eugen Bleuler (1910) auf den Namen »Ambivalenz« getauft. Dass Individuen als ambivalent begriffen werden (siehe Piaget oben), ist heutzutage alltäglich. Aber auch »überindividuelle Ganzheiten« wie Gruppen, Teams, Paare, Familien oder Organisationen können als Systeme betrachtet werden, die eine genuine Ambivalenz zu bewältigen haben. Sie müssen – um als soziale Systeme zu überleben – eine dialektische Dynamik der *Einheit des Auseinanderstrebenden* organisieren, sonst zerfallen sie. Dieser Antagonismus, der im Mittelpunkt dieses Kapitels steht, ist das Streben sozialer Systeme nach Stabilität (oder Gleichgewicht), um der Zeit, die Veränderung und Übergang bringt, Dauer entgegenzusetzen. Andererseits streben soziale Systeme auch zum Gegenpol, Veränderungen und Neuem, und das erfordert einen ständigen Balanceakt, um die Einheit zu bewahren. Betrachtet auf der Musterebene, lässt sich das als dialektischer Prozess (Zeit ist dabei maßgeblich) verstehen: Die Suche nach Stabilität erzeugt Veränderung (Instabilität); umgekehrt bewirkt das Bestreben nach Wandel Stabilität. Gleichwohl halten beide widerstreitende Tendenzen soziale Systeme am Leben.

Um diesen Antagonismus zu bewältigen, bilden soziale Systeme eigene Kommunikations- und Interaktionsmuster aus. Die Kultur, die in einem sozialen System regiert, lässt sich an jenen Mustern gut erkennen. Für Therapeuten oder Coaches/Berater gehören gelingende, d. h. anschlussfähige Kommunikation und der geschulte Blick auf die kommunikativen Muster zum Kerngeschäft. Wie steht es um den Umgang mit antagonistischen Tendenzen in sozialen Systemen, die selbst beratend tätig sind? Trägt der Schuster die schlechtesten Schuhe?

Zunächst fragen wir in diesem Kapitel nach den kulturellen Risiken von Teams, die selbst in der Beratung tätig sind: Welche »Probleme«, welche Muster in psychosozialen Teams entstehen, wenn deren Kultur allzu sehr auf Harmonie und Egalität ausgerichtet ist, davon handelt unsere 23. Frage. Wenn Disharmonie und Widerstreit auf der kommunikativen Tabuliste solcher Teams stehen, dann heißt das, dass über bestimmte Themen nicht gesprochen, sondern nur geschwiegen werden kann. Schweigen ist in vielen Beratungssettings ein alltägliches Phänomen. Was bedeutet es (vgl. dazu unser Gedankenexperiment Kannibalenfalle in Frage 12), welche Formen des Schweigens lassen sich unterscheiden? Wie lässt sich Schweigen für den Beratungsprozess nutzen? Unsere 24. Frage beschäftigt sich mit dem kommunikativen Akt des Schweigens. Ein anderes Phänomen, das sich in alle Beziehungen einnisten kann, ist das der Langeweile. Es wird in vielen Beziehungen – vor allem in Paarbeziehungen – verschwiegen. Langeweile ist diagnostisch ein Phänomen der Selbstwahrnehmung und wird – außerhalb philosophischer oder mystischer Kreise – meist negativ konnotiert. Man kann sich mit sich selbst oder mit anderen langweilen. In der beraterischen Dyade heißt das, man langweilt sich mit den Klienten oder diese sich mit uns. Es bläst kein Wind mehr in die Segel des beraterischen Prozesses, er dümpelt vor sich hin. Was ist Langeweile, wie ist sie zu bestimmen und vor allem zu bemerken? Welche Wirkungen haben verschiedene Formen der Langeweile und wie lässt sie sich für die beraterische Prozesssteuerung nutzen? Davon handeln die beiden nächsten Fragen, sie unterscheiden sich im Blickwinkel: Wie geht man mit Langeweile bei sich selbst um (Frage 23), wie mit der, die Klienten (Frage 24) unterwegs überkommt? Neben der langen Weile (!) kann es unterwegs zu Flauten, steifen Brisen, oder Klippen im beraterischen Prozess kommen, bei denen der Steuermann die Orientierung verlieren, seinen Kompass nicht mehr lesen kann oder gar zu rudern beginnt. Welche Möglichkeiten gibt es für den Beratenden aus solchen Klemmen wieder herauszukommen und seine Handlungsfähigkeit (= steuern, Kurs halten) wiederzugewinnen? Mit einem kleinen Erste-Hilfe-Kurs für solche Situationen beschäftigt sich unsere Frage 27. Eine besondere Form von »Klemme« nennen wir »Problem-Trance«. Sie besteht darin, dass ein Therapeut oder Coach seine Souveränität (und seine Neutralität) verliert, sich im Nebel befindet und die Wirklichkeit ganz durch die »Problembrille« seiner Klienten sieht. Die Folge einer solchen problematischen Empathie ist eine »affektive Infektion«, die den Beratenden sich ebenso hilflos oder ohnmächtig wie seine Klienten fühlen lässt. Die Frage, wie aus dem Nebel herauszukommen und die beraterische Handlungsfähigkeit wieder herzustellen sind, beantwortet unsere erste Frage dieses Kapitels.

22. Wie komme ich aus einer Problem-Trance heraus?

Unter Problem-Trance versteht man einen Souveränitäts- und Übersichtsverlust, der sich beim Klienten wie beim Therapeuten zeigen kann. Mit dem Gefühl, benebelt und unklar zu werden, ohne zu wissen warum, oder in unkoordinierte Aktivität zu verfallen, gerät der Therapeut in den Problemsog des Klienten und empfindet sich ebenso ratlos, verzweifelt, bedrückt wie dieser. Er gerät in seinen Beschreibungen, Erklärungen und Bewertungen in eine Abhängigkeit vom Klienten und kann die Distanz zu ihm nicht aufrechterhalten. Es scheint, als hätte sich der Unterschied zwischen Therapeut und Klient aufgelöst. Dies kann zu zwei unterschiedlichen Reaktionen führen:

a) Der Therapeut wird im Denken und Empfinden seinen Klienten ähnlich. Er gleicht sich in Stimmlage, Sprechtempo und Körperhaltung an, denkt und fühlt wie seine Klienten – ohne dies aber zu bemerken. Die Außenperspektive auf den therapeutischen Prozess geht verloren, es findet eine Art affektiver Infektion statt.
b) Im Bemühen, die affektive Infektion zu vermeiden, ist der Therapeut ganz damit beschäftigt, gerade nicht so zu denken und zu fühlen wie seine Klienten. Es findet eine defensive Gegenabhängigkeit statt, die mindestens so problematisch (für alle Beteiligten) ist wie die affektive Infektion. In beiden Fällen steuert der Therapeut nicht mehr den Therapieprozess, sondern wird vom Therapieprozess gesteuert.

Wie entsteht eine Problem-Trance?

Hintergrund dieser problematischen Situation ist ein Verlust der Neutralität. Damit gehen die Differenz und der Abstand zu den Lebensentwürfen, den Weltbildern oder, etwas allgemeiner formuliert, der Kultur der Klienten verloren. Insbesondere die Veränderungsneutralität ist betroffen, also die Neutralität gegenüber der Bewertung von Problem und Lösung. Bei der »affektiven Infektion« haben wir es mit einer nichtneutralen Problemorientierung zu tun: Der Therapeut übernimmt die Problemsicht des Klienten, als wäre sie eine unabweisbare Tatsachenbeschreibung, die jede alternative Sichtweise und Bewertung als deplatziert erscheinen lässt. Er kann das Problem nur so sehen wie der Klient. Bei der defensiven Gegenpositionierung hat sich der Therapeut auf eine nichtneutrale Lösungsorientierung eingelassen, ohne dies zu bemerken. Er fühlt sich aufgerufen, die Sichtweisen des Klienten zu korrigieren, zu bekämpfen und den Klienten zu seinem Wohle zu missionieren. Um zu verstehen, wie dieser Neutralitätsverlust zustande kommt, ist es nützlich, sich Folgendes zu vergegenwärtigen: In der therapeutischen Prozesssteuerung muss der Therapeut (unter anderem) zwei antagonistische Haltungen umsetzen können: Er muss sich einerseits einfühlsam und bestätigend genug zeigen, um sich in die Innenwelt der Klienten zu versetzen, ihre Gedanken und Gefühle nachvollziehen zu können und damit anschlussfähig zu bleiben. Andererseits muss er sich in eine beobachtende (neutrale) Position begeben können, um »von außen« die Interaktionen und Verhaltensweisen der Klienten beschreiben zu können und sie damit gegebenenfalls zu stören. Die bestätigende Position geht »hin zum« Klienten, die beobachtende (und möglicherweise störende) geht »weg vom« Klienten. Beide Positionen bleiben therapeutisch fruchtlos, wenn sie nicht durch die jeweilige Gegenposition balanciert werden. Die beobachtende Position allein führt zu einer therapeutischen Situation, die zwar Neutralität gewährleisten mag, die aber noch kein therapeutisches Bündnis ermöglicht. Man könnte auch sagen, dass Problem-Trance durch ein »Zuviel an Bestätigung« und ein »Zuwenig an Beobachtung und Störung« entsteht. Die Problem-Trance lässt sich noch aus einer anderen Perspektive betrachten. Wenn wir sie nicht in einer optischen Metaphorik (Problemsicht, beobachten) beschreiben, sondern in einer akustischen, so können wir von einer spezifischen Form der Resonanz sprechen. Resonanzen entstehen, wenn zwei unterschiedliche Systeme in die gleiche Schwingungsfrequenz geraten. Lebende Systeme (Familien, Paare, therapeutische Kulturen) können nun ebenso miteinander Resonanz erzeugen wie physikalische Körper, die auf einer bestimmten Frequenz mitschwingen. So verstanden, ist die Problem-Trance ein Resonanzphänomen, wobei der Therapeut die emotionale »Schwingung« des Klienten aufnimmt und fortsetzt. Eine Problem-Trance wäre so gesehen ein »Zuviel« an Konsonanz und ein »Zuwenig« an Dissonanz.

Problem-Trance als Problem: Welche Möglichkeiten habe ich, sie zu beenden?

- *Beenden der »verstehenden« Haltung.* In der Problem-Trance ist der Therapeut verführt, durch ein Mehr an Verstehen das Problem lösen zu wollen. Genau das Verstehenwollen ist Teil des Problems, nicht Teil der Lösung. »Ich verstehe nicht« ist ein erster Befreiungsschritt aus der Trance.

- *Beenden der bestätigenden Kommunikation.* Der Therapeut setzt sich von der Bestätigung der Beschreibungen, Erklärungen und Bewertungen des Klienten ab, jedoch ohne in Gegenpositionen zu verfallen, etwa indem er sich staunend oder überrascht zeigt.
- *Aktiv nachfragen.* Der Therapeut geht von einer rezeptiven in eine aktive Haltung über, indem er sich die Information vom Klienten holt, statt sie sich von ihm liefern zu lassen. Er stellt seinen primären Fokus auf seine Interessen ein, auf das, was er wissen möchte, und erst sekundär darauf, was der Klient sagen möchte. Vorsicht: Höflichkeit kann das Problem verstärken!
- *Inhaltlich unterbrechen.* Der Therapeut unterbricht den Bericht des Klienten inhaltlich und wählt einen neuen inhaltlichen Fokus. Das hilft beiden, ihre Aufmerksamkeit neu auszurichten.
- *Szenisch unterbrechen.* Der Therapeut unterbricht die Gesprächsatmosphäre aktiv, indem er sein Vorgehen auf der analogen Ebene verändert, etwa indem er lauter oder leiser, schneller oder langsamer spricht, indem er den Klienten unterbricht, eine Sitzungspause einlegt, aufsteht und das Fenster öffnet usw.
- *Metakommunizieren.* Der Therapeut thematisiert den Gesprächsprozess und geht so auf Distanz zu ihm und damit auch zur Problem-Trance. Damit nimmt er mit dem Klienten eine Außenperspektive zum aktuellen Geschehen ein.
- *Supervision oder kollegiale Besprechung.* Wenn die Problem-Trance in einer Therapie sich wiederholt, kann eine Supervision dem Therapeuten helfen, die Trance zu überwinden. Oft sind bereits kurze kollegiale Gespräche zwischen Tür und Angel als psychohygienische erste Hilfe sinnvoll, die Souveränität zum therapeutischen Handeln wiederzugewinnen.

Mit diesen Techniken kann es gelingen, aus der Trance herauszukommen und wieder arbeitsfähig zu werden. Alle diese Interventionen sind Musterunterbrechungen. Ob das zur Problem-Trance führende Interaktionsmuster fortgesetzt oder unterbrochen wird, liegt in der Verantwortung des Therapeuten, nicht des Klienten.

Problem-Trance als Befund: Wie kann ich sie nutzen?

Verstehen wir die Problem-Trance lediglich als Problem, stellt sich die Frage, wie das Problem zu beheben ist. Betrachten wir die Problem-Trance nicht nur als zu behebendes Problem, sondern als interaktionellen »Befund«, lautet die

Frage, wie dieser sich therapeutisch nutzen lässt. Dafür ist es hilfreich, die Problem-Trance zunächst als nichtreflektierte Beziehungsantwort des Therapeuten auf ein nichtreflektiertes Beziehungsangebot des Klienten zu verstehen. Ein Beispiel: Ein Klient beschreibt sich als ohnmächtig und bedürftig (Beziehungsangebot: »Hilf mir!«). Der Therapeut erlebt sich aufgerufen und kompetent, dem Hilfsappell nachzukommen, und gibt sich besondere Mühe, gerade diesem Patienten beizustehen (Beziehungsantwort: »Ich helfe.«). Nach einigen Sitzungen sieht er sich selbst angesichts der Probleme des Klienten zunehmend ratlos. In diesem Fall ist der Therapeut in die Komplementaritätsfalle gelaufen, das Beziehungsangebot direkt zu beantworten, statt es seinerseits zu thematisieren. Die zentrale Frage des Therapeuten, um das Problem in eine Information zu übersetzen, heißt dann: »Auf welche Beziehungseinladung des Klienten bin ich unbemerkt mit welcher Beziehungsantwort eingegangen?« Erfahrene Therapeuten kennen ihre persönlichen Indikatoren dafür, dass sie ihre Arbeitsfähigkeit und Aufmerksamkeit zu verlieren drohen oder bereits verloren haben. Bereits die Aufmerksamkeit oder Achtsamkeit auf die persönlichen Indikatoren stellt eine Prophylaxe dar. Das kann bei Therapeutin A ihre Tendenz sein, sich zu langweilen und gedanklich aus der Therapiesituation abzuschweifen, bei Therapeut B die Tendenz, Opfern besonders intensiv beizustehen, bei Therapeut C die Tendenz zu theoretisieren, bei Therapeutin D die Tendenz an sich selbst zu zweifeln usw. Solche Selbstreflexion setzt die Fähigkeit voraus, zu sich selbst eine Beobachterposition einzunehmen (also vom nur unreflektiert empfundenen Gefühl der Ratlosigkeit zur bewussten Selbstbeobachtung: »Ich stelle fest, dass mich in dieser Sitzung ein Gefühl von Ratlosigkeit erfasst«). Mit etwas selbstkonfrontierender Übung und Selbsterfahrung kann jeder Therapeut seine spezifischen persönlichen Indikatoren ermitteln und als Seismograph für die Beziehungsangebote des Klienten nutzen. Erst dann ist er in der Lage zu entscheiden, ob er auf die Beziehungsangebote eingehen möchte oder nicht. Die folgende Selbstreflexionsübung kann dazu dienen, die persönlichen Indikatoren zu identifizieren und therapeutisch zu nutzen. Übung:

a) Bei welchen Klienten und welchen Themen gerate ich leicht in eine Problem-Trance? Was müsste ein Klient tun, um mich erfolgreich zu einer Problem-Trance einzuladen?
b) Was ist mein persönliches Trance-Muster? Zu welchen Gefühlen, Gedanken und körperlichen Zuständen neige ich in schwierigen Therapiesituationen?

c) Mit welchen persönlichen Themen hat mein Problem-Trance-Stil zu tun? Welches unerledigte, empfindliche, virulente Konfliktthema wird in einer Problem-Trance bei mir aktiviert?
d) Mit welchen Musterunterbrechungen bei einer Problem-Trance habe ich gute, mit welchen weniger gute Erfahrungen gemacht?

Ulrich Clement, Hans Rudi Fischer, Arnold Retzer

WERKZEUGKASTEN | Problemtrance

Impulse und Strategien für die Praxis

- Problem-Trance bedeutet den Verlust von Souveränität und Übersicht. Die Außenperspektive und eine nichtneutrale Problemorientierung gehen verloren.

Beraterische Strategien

- Vermeiden Sie eine Problem-Trance durch bewusste Prozesssteuerung: Balance zwischen einer empathisch-bestätigenden und zugleich neutral beobachtenden, Muster störenden Haltung.
- Trainieren Sie die frühzeitige Erkennung der individuellen Indikatoren einer Problem-Trance, erhöhen Sie die Aufmerksamkeit auf Beziehungsangebote und entscheiden Sie reflektiert, wie Sie sie erwidern.

Beenden der Problem-Trance durch Unterbrechen des aktuellen Interaktionsmusters

- Gehen Sie aus einer Haltung des Verstehens in eine des aktiven Nachfragens.
- Beenden Sie bestätigende Kommunikationen: Zeigen Sie Erstaunen oder Überraschung, ohne in Gegenpositionen zu verfallen.
- Unterbrechen Sie den Inhalt durch Wahl eines neuen Fokus.
- Unterbrechen Sie den Prozess durch Sitzungspausen, Veränderungen im Raum oder in der sprachlichen Modulation.
- Führen Sie Metakommunikation ein durch Thematisierung des Gesprächsprozesses: Wie läuft das Gespräch gerade?
- Suchen Sie Supervision oder kollegiale Besprechung zur Wiederherstellung beraterischer Souveränität.

23. Wie geraten psychosoziale Teams in Stagnation?

Teams sind spezielle Sozialsysteme. Sie werden als Teil einer Organisation mit dem Ziel gebildet, spezifische Funktionen *innerhalb* der Organisation zu erfüllen. Damit sind sie Gruppen mit einer durch die Organisation definierten Aufgabe und Mitgliedschaft. In Luhmanns abstraktem Organisationsverständnis operieren Organisationen über Entscheidungskommunikationen. D.h. nur Kommunikationen, die unmittelbar oder mittelbar die Funktion erfüllen, Entscheidungen zu treffen, sind Teil der Organisation. Aussagen wie z.B. »Heute geht es mir gar nicht gut!«, »Haben Sie was gegen mich?« oder »Ich bin ärgerlich auf dich!« verhandeln Beziehungen und sind somit »privat«, also nicht expliziter Bestandteil der organisationalen Kommunikation. Ein Vorgesetzter könnte z.B. dazu sagen: »Ich erwarte von Ihnen, dass Sie Ihre Arbeit erledigen, alles andere gehört nicht hierher!« Organisationen wissen, dass sie ohne ein gewisses Maß an beziehungsorientierter Kommunikation nicht funktionieren, und richten daher dafür Freiräume ein (Teeküchen, Betriebsausflüge usw.), doch bleiben diese sozusagen »kommunikative Reservate«.

Teams sind zudem Gruppen, deren Mitgliedschaften sich oft über größere Zeiträume erstrecken, über Jahre, manchmal Jahrzehnte, sodass sich zunehmend Traditionen der Kommunikation einstellen können, die an Familienbeziehungen erinnern. In Familien steht, anders als in Organisationen, die Kommunikation über die Beziehung im Vordergrund, und kein Ehepartner könnte es sich – vermutlich – leisten, auf die Äußerung des anderen: »Ich bin ärgerlich!« zu sagen: »Hör mal, das gehört nicht hierher, mach deine Hausarbeit richtig, nur darauf kommt es an!« In langjährig eingeschliffenen Teambeziehungen kann sich die Schwierigkeit ergeben, organisationale und beziehungsorientierte Kommunikation klar zu differenzieren. Vor allem in psychosozialen Teams, zu deren Ausbildung und Aufgabe es gerade gehört, mit den Klienten (»empathisch«) an deren beziehungsorientierten Kommunikationen zu arbeiten (Erziehungsberatung, Familienhilfe, Psychotherapie usw.), kann es zu einer zunehmenden Fixierung auf teaminterne Beziehungen kommen, wobei das *Wozu* des Teams, der organisationale Sinn, manchmal völlig aus dem Blick zu geraten droht.

Aus der Außenperspektive wird dann sichtbar: Die teaminterne Harmonie steht über allem und ist zum Selbstzweck geworden. Solche Eigendynamiken können in eine Stagnation führen, die die Entwicklung der Kompetenzen und

Ressourcen sowohl der Personen, die das Team ausmachen, als auch des Teams als Ganzen hemmt und damit die Anpassungsfähigkeit des Teams an organisationale (Umwelt-)Veränderungen verhindert. Aus Sicht der Gesamtorganisation sind solche Subsysteme so weit entkoppelt, dass sie ihre organisationale Funktion, ihren Sinn und damit ihre Existenzberechtigung verloren haben. Wie geraten Teams in solche dysfunktionalen Muster, welche Teamkulturen können sowohl die Ressourcen der Individuen als auch der Teams selbst lähmen?

Als Teammitglied, als Teamleiter oder als Supervisor steht man immer wieder vor der Frage, wie mit gelähmten Teams und erstarrten Mustern umzugehen ist. Um diese Frage soll es im Folgenden gehen. Wir stellen unseren Ausführungen eine These voran:

> *»Psychosoziale Teams sind Gruppen eigener Art, die sich im Zuge ihrer Selbstorganisation besonders leicht von ihrer Kernaufgabe entfernen können.«*

An einigen Beispielen wollen wir zeigen, wie das Spiel nach familiären Regeln (Logiken) in Teams spezifische Muster generieren kann, die deren Entwicklung lähmen. Wir unterscheiden dabei zwei Grundmuster, aus denen sich eine Fülle unterschiedlicher Teamprozesse ergeben können, wie die Beispiele zeigen werden.

Muster 1: »Bei uns gibt es keine Unterschiede«

Beispiel 1: »Keiner darf Macht haben!«
Ein Stationsteam in einer psychiatrischen Klinik hat die Aufgabe, Patienten mit Schizophrenie-Diagnose wieder auf das Leben außerhalb der Klinik vorzubereiten. Die großen Entwicklungsstränge der Sozialpsychiatrie, der Entinstitutionalisierung und der Psychoedukation sind an diesem Team nicht spurlos vorübergegangen; im Gegenteil: Das Team hat einigen Erfolg (Anerkennung, Kongressbeiträge, sogar Veröffentlichungen) daraus gezogen, diese Entwicklungen an vorderster Front voranzutreiben. Innerhalb der Klinik wird zugleich über Jahre hinweg der Mythos gehegt, das Team sei besonders kreativ und innovativ und zudem auch noch besonders demokratisch. Immer mehr werden Einflüsse der Klinikleitung, der Kollegen von anderen Stationen abgewehrt. Eine paranoide Stimmung entsteht: »Man will uns beeinflussen.« In einer Supervision wird schließlich sogar ein »trojanisches Pferd« vermutet – möglicherweise setze die Klinikleitung Mitarbeiter in das Team, die dem Einfluss von außen Tür und Tor öffnen sollten.

Was tut hier die Teamleitung? Es gibt keine. Basisdemokratie war stets ein hoher teaminterner Wert, Leitung kommt da nicht bzw. nur »pro forma« vor (»Ja, wir haben einen, der die Urlaubsanträge abzeichnet, aber das könnte jeder von uns sein, wir haben gemeinsam entschieden, dass X das tun soll!«). Vier Supervisoren, die in Jahresabständen aufeinander folgten, bestätigten jeweils zu Anfang den Mythos der Einzigartigkeit und ihrer Bedrohung durch Neider. Am Schluss, wenn sie begannen unbequeme Fragen zu stellen, wurden sie davongejagt. Erst der fünfte Supervisor blieb länger; vielleicht auch nur, weil der heimliche Teamleiter inzwischen aus persönlichen Gründen gekündigt hatte und in eine andere, weit entfernt gelegene Stadt gezogen war. Die kommunikative Tabuisierung von Unterschieden ist ein beliebtes Muster gerade in psychosozialen Teams, die sich »geschwisterlich« verstehen. Familien funktionieren an der kommunikativen Oberfläche nach der Logik der Gleichheit: Die meisten Eltern werden auf eine entsprechende Frage antworten, »alle Kinder gleich« gern zu haben, Unterschiede dürfen offiziell nicht gemacht werden. In einem Team, das dieser an Egalität ausgerichteten Logik folgt, muss Führung (sie würde bereits Unterschied bedeuten und der eigenen Logik widersprechen) nach außen und auf eine andere organisationale Ebene delegiert werden. Der Geschäftsführer, der Kirchenkreis, der Verwaltungsleiter usw. wird dann jeweils eher als Außenfeind gesehen. Teamintern werden Hierarchien entweder geleugnet oder nur als »formal« bezeichnet. Wer teamintern beginnt, Machtansprüche zu stellen, wird schnell ausgebremst, weil das gegen die Teamkultur verstößt: Wir sind alle gleich. Der Kampf um Macht und Karriere, der in anderen Organisationen oft ganz offen ausgetragen und gefördert wird, kann in psychosozialen Teams eine andere Gestalt bekommen: Es wird ein Kampf um die »Nichtmacht«, d. h. die Teammitglieder beobachten einander sehr genau darauf, dass keiner einen Machtvorsprung gegenüber den anderen hat. Hier wirkt soziale Kontrolle als »Betriebsgeheimnis« egalitärer Systeme. Dies kann zu einer Form paradoxer Stagnation führen: Jeder Änderungsvorschlag, mit dem man sich profilieren (= unterscheiden) könnte, muss schon deshalb abgelehnt werden, weil er von einem einzelnen Teammitglied kommt. Die Interaktionen innerhalb des Teams lassen sich auf die Spielregel reduzieren: »Keiner unter uns darf Macht haben!« Alles, was nach Unterschied riecht, darf nicht an die kommunikative Oberfläche treten. In solchen Strukturen entwickelt sich dann die Auseinandersetzung um Einfluss – die in jedem Team vorkommt – oft im Verborgenen. »Heimliche Leiter«, »graue Eminenzen« entstehen, die zugleich jede Konfrontation mit ihrer Rolle heftig verneinen. Der logische Kern dieses Musters ist die aktive Negation von Unterschieden (hier Macht), es folgt einer Verhinderungslogik. Jeder ist verantwortlich dafür, zu verhindern, dass andere mehr Macht haben als man selbst.

Wie das folgende Beispiel zeigt, kann sich um die Vermeidung des Themas »Einfluss« bzw. »Leitung« herum auch ein Muster dauernder Fluktuation ergeben.

Beispiel 2: Ständiger Personalwechsel und eine machtlose Leitung
Ein Team von 18 Sozialpädagogen hat die Aufgabe, junge Frauen und Männer in einem Heim zu betreuen und auf Schul- oder Lehrabschlüsse vorzubereiten. In den zurückliegenden zwei Jahren hat es unter dem Personal eine starke Fluktuation gegeben. Der Heimleiter sieht den häufigen Personalwechsel mit Unbehagen und fühlt sich durch die Aufgabe, ständig neues Personal suchen zu müssen, sehr belastet. Die Konzepte, die er gerne mit seinem Team entwickeln und einführen würde, scheitern regelmäßig am Personalwechsel. Stattdessen hält sich ein kompliziertes, auf vielen Druckseiten dokumentiertes Regelwerk hartnäckig. Es wird von den wenigen Teammitgliedern, die länger als etwa ein Jahr geblieben sind, mit Zähnen und Klauen verteidigt, weil es angeblich für Stabilität in der Betreuung der Jugendlichen und für Wissenstransfer unter den Teammitgliedern sorge. Dem Heimleiter und seinen neuen Ideen dagegen wird nicht zugetraut, solchen Nutzen zu erzeugen. Seine Leitungsbemühungen werden erst misstrauisch beobachtet und dann in den Wind geschlagen.

Der Heimleiter organisiert, um den treueren Teil der Belegschaft zu motivieren und allen Mitarbeitenden die tägliche Arbeit zu erleichtern, aber auch, um seine Ideen endlich unter die Mitarbeitenden zu bringen, eine systemische Weiterbildung. Sie findet im Heim statt. Nach einigen Weiterbildungstagen, die jeweils Abstände von drei Monaten haben, wird klar, dass es auch so nicht funktioniert: Ständig sind neue Mitarbeiter dabei, und die Vermittlung von Wissen und Können müsste eigentlich jedes Mal von vorne beginnen. Die Weiterbildungstage werden nun zeitlich noch weiter auseinander gezogen und methodisch anders gestaltet. Die Dozentinnen erfinden Gruppenarbeitsmethoden, die den Austausch zwischen »alten« und »neuen« Mitarbeitenden auch außerhalb der Weiterbildung, im Berufsalltag, fördern. Im Zentrum der Teamarbeit steht nun, ein gemeinsames, systemisches Fallverständnis zu erarbeiten. Die auszufüllenden Formulare werden in ihrer Seitenzahl drastisch reduziert. – Zwei Jahre später hat die Personalfluktuation deutlich nachgelassen. Der Heimleiter bezieht seine Mitarbeitenden stärker in die Konzeptentwicklung ein, und das große Team äußert sich mehrheitlich positiv über die Möglichkeiten, Neuerungen mitzugestalten.

Offenbar ist es hier gelungen, durch die stärkere Einbeziehung der Teammitglieder die Differenz zwischen »Leitung « und »Team« zu entschärfen, sodass nach einiger Fluktuation ein Team entstehen konnte, das den Unterschied »erträgt«.

Muster 2: Das Team als Wichtigstes: »Ohne gute Teambeziehungen können wir nicht arbeiten!«

Beispiel 3: »Zeit für uns selbst!«
Teams beklagen immer wieder, sie hätten zu wenig Zeit, um sich mit sich selbst zu beschäftigen. So auch das Team einer Sucht-Tagesklinik. Die Teammitglieder finden in jeder Teamsitzung und in jeder Supervision erneut, dass »wir endlich mal ganz viel Zeit brauchen, um zu besprechen, wie wir ...«. Der Zeitbedarf wirkt bodenlos. Die Teamleiterin, eine Oberärztin, lässt sich von den Vergleichen mit ihrem Vorgänger stark beeindrucken. Auf Aussagen von Teammitgliedern, der Vorgänger habe sich viel mehr Zeit für alle Arten von Teamgesprächen genommen, reagiert sie defensiv und schuldbewusst.

In der (anfangs noch so genannten) »Teamsupervision« wird, zunächst als Nebenthema, eine dialogische Art der Therapieplanung als neue Prozedur diskutiert. Immer öfter geht es in der Supervision um die Patienten, im Arbeitsalltag wird jetzt eher mit als – hinter verschlossenen Türen – über Patienten geredet. Die Unterscheidung zwischen »Teamsupervision« und »Fallsupervision« wird beiläufig und ohne größere Diskussion aufgegeben. Als die Supervision, wie ursprünglich vereinbart, nach drei Jahren beendet und evaluiert wird, stellt die Psychologin der Tagesklinik stolz den Lernerfolg dar: »Wir haben erkannt, dass wir es viel einfacher haben, wenn wir unsere Planungen mit den Patienten absprechen.«

Was ist hier die Quintessenz? Offenbar ist es dem Team gelungen, sich nicht darauf zu fixieren, das Reden über das Team ins Zentrum zu stellen, sondern sich eher auf die eigentlichen Aufgaben des Teams (das organisationale Wozu) zu konzentrieren. Die Differenz zwischen beziehungsorientierter und organisationaler Kommunikation wurde hier offenbar dann so gehandhabt, dass die Aufgabenorientierung nicht mehr leiden musste. Es gibt auch andere Beispiele.

Beispiel 4: »Das Einzige, was hier stört, sind die Patienten!«
Ein therapeutisches Team in einer neu aufgebauten Einheit einer psychiatrischen Klinik war sehr stolz darauf, eine 14-tägige Teamsupervision (im Wechsel mit Fallsupervision) in der Konzeption verankert und durchgesetzt zu haben. Es sollte, wie eine Kollegin bewegt sagte, eine »klassenlose Station« werden, regelmäßig sollte es Zeit geben, sich mit dem Teamprozess zu befassen, sich als Gruppe weiterzuentwickeln und damit die eigene Tätigkeit zu professionalisieren. Paradoxerweise entstand ein gegenteiliger Effekt: Schwierigkeiten in der Kooperation wurden nicht unmittelbar ausgetragen, vielmehr wurden sie auf die Supervision verschoben, die zunehmend zum Ort wurde, lang aufgestaute Aggressionen gegeneinander zu thematisieren. Diese kamen auch in den Gesprächen nicht schnell an die Oberfläche, sondern in quälenden, oft durch lange Schweigepausen unterbrochenen »Outings«. Immer mehr verstärkte sich das Bild, dass Kooperation nur möglich sein würde, wenn man sich »richtig gut« verstehe – ein Mitarbeiter drückte es sarkastisch so aus: »Wir könnten uns wunderbar ständig mit uns selbst befassen, das Einzige, was uns dabei stört, sind unsere Patienten!«

Mehrere Supervisoren folgten dem Muster, dass es wichtig sei, sich gut zu verstehen, ehe man mit der Arbeit beginnen könne. Sie wechselten in schneller Folge, da das Ziel nicht erreichbar schien, z. T. kündigten sie die Zusammenarbeit auf, z. T. wurden sie vom Team verabschiedet. In der Folge verschärften sich die Beziehungsprobleme im Team so weit, dass sogar elementare Formen eines kultivierten Umgangs (Begrüßung, dem anderen die Tür aufhalten usw.) aufgegeben wurden. Ein neuer Supervisor, der im Erstgespräch mit diesem dramatischen »Kulturverfall« konfrontiert wurde, positionierte sich klar gegen das Muster, indem er sagte, er sei nicht bereit zu kooperieren, wenn nicht elementare Formen eines höflichen Umgangs wieder eingeführt würden. Erschrocken darüber, wie weit sie miteinander – trotz oder gerade wegen aller guten Vorsätze zu Beginn – gekommen waren, entschieden die Teammitglieder, künftig wieder einen »höflichen« Umgang miteinander einzuführen. Mit dem Supervisor wurde dann der Mythos der »guten Beziehungen« reflektiert. Die Entscheidung, auch dann miteinander arbeiten zu können bzw. zu müssen, wenn man sich nicht mag oder befreundet ist, entlastete alle davon, Stimmigkeit auf der Ebene beziehungsorientierter Kommunikation herzustellen, ehe es an die Bearbeitung der organisationsbedingten Aufgaben (»Entscheidungskommunikation«) gehen konnte.

Selbstorganisation, Wandel und Stabilität in Teams

Die Eingangsthese sollte die Beispiele in einen Zusammenhang stellen: Alle beschriebenen Teams zeigten die Tendenz, vor dem Hintergrund einer bestimmten kommunikativen Logik ihre Kernaufgaben als Team innerhalb einer Organisation zu vernachlässigen. Die unausgesprochene und natürlich nicht bewusste Orientierung an der Logik familiärer Kommunikation kann zu einer unzweckmäßigen Erstarrung führen, sogar dann, wenn das Änderungstempo von außen gesehen ganz rasant ist, wie im Beispiel 2. Die Lähmung des Teams, das wechselseitige Misstrauen und die Wut aufeinander können sehr weit gehen, bis zu einem völligen Kulturverfall, und verhindern, dass neue Aufgaben übernommen oder auch nur die gewohnten Aufgaben erfüllt werden. In solchen Situationen ist es Sinn, Zweck und Aufgabe von Supervision, die Erstarrung aufzulösen und die den Kommunikationsmustern unterliegenden Logiken zu spiegeln und zu reflektieren: Teams sind keine Familien, sie können und müssen auch funktionieren, wenn man sich nicht mag, sie funktionieren nur, wenn natürlicherweise vorhandene Unterschiede in die Kommunikation eingeführt werden können. Schließlich sind offene Auseinandersetzungen um Macht und Einfluss meist befriedigender als versteckte Machtkämpfe. Unter günstigen Umständen kann auch die Teamleitung für Aufweichung oder Auflösung sorgen – nämlich dann, wenn sie sich selbst als ausreichend legitimiert erlebt, unverbraucht und selbstbewusst daherkommt und genügend Schwung in das Team zu bringen vermag.

Wir schließen mit einem Katalog von Fragen, die ein Bewusstsein für die teaminterne Fixierung schaffen und eine Aufweichung und Neuorientierung bewirken können.

Supervisorische Fragen

- Wie ist die Geschichte des Teams in der Organisation? Welche Mythen erzählt man sich darüber?
- Was sind die zentralen Aufgaben des Teams – aus Sicht der Organisation, aus Sicht des Teams?
- Wenn man den Teamgeist befragte, was für ihn wichtiger sei, die Teambeziehungen oder die Aufgaben des Teams, was würde er antworten? (Methodische Varianten: Jedes Teammitglied trägt auf einem eigenen Blatt Papier die mögliche Antwort als Punkt auf einer Skala mit den Polen »Beziehungen«

und »Aufgaben« ein, die Ergebnisse werden dann an einer Metaplan-Wand »veröffentlicht«. Oder: Die Teammitglieder stellen sich, entsprechend ihrer Antwort, entlang einer Linie im Raum auf. – Die Unterschiede/Gemeinsamkeiten in den Einschätzungen werden mit dem Team reflektiert.)

- Woran könnte man das eine bzw. das andere erkennen? (Der »Teamgeist« wird in beobachtbares Verhalten übersetzt. Die Beispiele der Teammitglieder werden dann ebenfalls besprochen und diskutiert.)
- Wie werden auf verschiedenen organisationalen Ebenen Änderungsanforderungen (Konzeptanpassungen, berufliche Qualifizierungen, Prozessänderungen, Verhaltensänderungen im Team) an das Team herangebracht? Wie reagiert das Team darauf? (Auch hier könnte man wieder jeden Einzelnen nach den Antworten des Teamgeistes befragen.)
- Wie ist das Verhältnis zur Leitung, teamintern und auf der nächsten Stufe? Wie ist das Verhältnis zu Einfluss und Macht im Team?
- Gesetzt den Fall, es fühlte sich ein Teammitglied als »heimlicher Leiter«, wie würde er/sie reagieren, wenn er/sie darauf angesprochen wird? Wie wäre es für das Team?
- Welche Muster sind *im Team* im Umgang mit Veränderung/Innovation erkennbar? Welche Muster im Umgang des Teams mit Veränderung/Innovation sind für *relevante Außenstehende* (Führung, Leitung) erkennbar?
- Wie muss man in dem Team vorgehen, wenn man eine Neuerung einführen und damit scheitern möchte (Gebrauchsanleitung zum Scheitern)?
- Wie verteilen sich »Gaspedal und Bremse« in diesem Team? Wer ist eher Motor für Veränderung, wer sorgt eher dafür, dass die Veränderungsgeschwindigkeit nicht zu groß wird? Wie ist das Verhältnis dieser beiden Kräfte?
- Ist dies ein Team, das leichter Gas gibt, oder eines, das eher bremst? Wer ist damit zufrieden, wie es ist, wer wünscht sich eher Änderung?
- Wie wird kommunikativ auf besondere Einzelleistungen reagiert? Was wird wie bei welcher Gelegenheit erwähnt, was wird eher im Unausgesprochenen verwahrt?
- Was soll eher als Teamleistung, was als Einzelleistung kommuniziert werden?
- Wenn das Team in einem Bild (einer Metapher) beschrieben werden sollte, was wäre es für ein Wesen (Gemeinsamkeiten und Unterscheide in den Bildern reflektieren)?
- Welches Wesen müsste das Team sein, um die Aufgabe optimal zu erfüllen?

Ulrike Borst, Arist von Schlippe, Hans Rudi Fischer

WERKZEUGKASTEN Team

Impulse und Strategien für die Praxis

- Steht der Erhalt der Harmonie in einem psychosozialen Team über allem, kann dies zur Stagnation in der Bearbeitung der organisationsbedingten Aufgaben führen.
- *Muster 1:* Das Bemühen um die Aufrechterhaltung der *Egalität* aller Teamitglieder sowie die Vermeidung der Themen Macht und Leitung kann zu einem dysfunktionalen Muster werden.
- *Muster 2:* Die Idee, Voraussetzung für inhaltsbezogene Kooperation sei *Teamharmonie*, kann die inhaltliche Arbeit übermäßig hemmen.
- Auch wird ein Team gelähmt, wenn zwischenmenschliche Störungen nicht mehr ausagiert, sondern gezielt für die nächste Teamsupervision »aufgespart« werden, in der sich dann turnusmäßig angestaute Aggressivität entlädt.
- Für Aufweichung einer Stagnation kann die Teamleitung sorgen, wenn sie sich selbst als ausreichend legitimiert erlebt, unverbraucht, selbstbewusst und aktivierend daherkommt.
- Darüber hinaus ist es Aufgabe von Supervision, Erstarrung aufzulösen und die der Kommunikation unterliegenden Muster zu reflektieren: Für paralysierte Teams kann es eine hochgradig entlastende Erkenntnis sein, dass *Teams keine Familien sind* und die Logik familiärer Kommunikation (Muster 1 + 2) verlassen werden darf:
  - *Teams können und müssen auch funktionieren*, wenn man sich untereinander nicht mag.
  - *Teams funktionieren nur*, wenn natürlicherweise vorhandene Unterschiede in der Kommunikation explizit gemacht werden.

24. Was tun, wenn der Klient schweigt?

Wovon man nicht sprechen kann, darüber muß man schweigen.
Ludwig Wittgenstein

Hättest Du geschwiegen, wärst Du Philosoph geblieben.
Nach Boëthius

Diese beiden philosophischen Großzitate sind streng. Sie geben dem Schweigen einen hohen Stellenwert und relativieren das Sprechen. Vereinfacht könnte man sie so übersetzen: Man soll keinen Unfug reden. Damit hätten Psychotherapeuten Schwierigkeiten. In der Psychotherapie, deren Hauptgeschäft das Sprechen ist, lässt sich Unfug nicht ganz vermeiden. Im Gegenteil: Psychotherapie kreist zu einem großen Teil genau um die Unterscheidung zwischen Fug und Unfug, zwischen Sinn und Unsinn. Und deshalb bewegen sich die meisten Therapien weit vor der Frage, die Wittgenstein als beantwortet voraussetzt, nämlich dass man wisse, worüber man nicht reden könne und demzufolge besser schweige.

Was ist Schweigen?

Sprechen ist immer ein Auswahlprozess. Indem über etwas geredet wird, wird gleichzeitig über etwas anderes geschwiegen. Im therapeutischen Dialog wird vom Therapeuten oder vom Klienten über etwas geredet, und gleichzeitig wird alles andere vom Reden ausgeschlossen. Der Sprecher muss also immer über das schweigen, worüber er nicht redet. Anders kann gar nicht sinnvoll gesprochen werden. Um ein Verhalten als Schweigen zu bezeichnen, muss es einen Unterschied zum erwarteten Reden machen. Wenn jemand zuhört, während der andere spricht, würde man dies kaum als Schweigen bezeichnen, denn das Zuhören (= Schweigen) des Einen ist die Voraussetzung des Redens des anderen. Nichts zu sagen wird erst dann zum Schweigen, wenn der Gesprächspartner erwartet, dass das Gegenüber eigentlich reden sollte. Schweigen unterbricht erst als Antwort den erwarteten Redefluss. Schweigen ist in der Psychotherapie aber nicht in erster Linie als Abwesenheit von Reden (passive Negation) interessant. Vielmehr kann Schweigen seinerseits Teil der Kommunikation sein (aktive Negation von Sprechen) – beredtes Schweigen. Batesons Axiom, demzufolge man »nicht nicht kommunizieren kann«, lässt sich auch auf diesen kommunikativen Aspekt des Schweigens beziehen. Der Schweigende teilt mit seinem Schweigen mir, dem Hörer (!) des Schweigens, etwas mit. Aber woher weiß ich, was er mitteilt, wenn er nichts sagt? Schweigen kann – aus der Sicht des Schweigenden – verschiedene Mitteilungen beinhalten. Schweigen kann gemeint sein als

- *Zuhören:* wenn der schweigende Zuhörer durch sein komplementäres Verhalten mit dem Sprecher kooperiert.
- *Nichts-zu-sagen-Haben:* Dabei sagt der Gesprächspartner nicht einmal, dass er nichts zu sagen hat.
- *Verschweigen:* wenn es etwas zu sagen gibt, das bewusst zurückgehalten wird. Der Verschweigende ist dabei in der stärkeren Position gegenüber dem Fragenden, der etwas wissen will.

- *Machtmittel:* Dass Schweigen das Recht der Könige ist, drückt die in fast allen Kulturen geltende Regel aus, wonach eine ranghohe Person das Recht hat, auf die Frage einer rangniederen nicht zu antworten. Das gilt nicht umgekehrt. Diese Regel kann auch in ranggleichen Situationen (auch in einer Therapie) dazu führen, dass Schweigen aktiv als Machtmittel eingesetzt wird.
- *Nachdenken (noch nicht reden)*: Schweigen kann Sprechen vorbereiten oder nachbereiten. Wenn jemand über eine Bemerkung nachdenkt, schweigt er (noch).
- *Selbstinszenierung:* Interaktionspartner können sich durch Schweigen in eine bestimmte Position oder Pose bringen. »Der große Schweiger« umgibt sich mit einer Aura des Geheimnisses.
- *Anteilnahme:* Miteinander schweigen ist eine kulturell etablierte empathische Verhaltensweise, etwa bei der Trauer.

Schließendes oder öffnendes Schweigen

Im laufenden therapeutischen Prozess können diese (und andere) schweigenden Mitteilungen ganz unterschiedliche Funktionen haben. Je nach Intention des Schweigenden können sie zur Steuerung des Gesprächsverlaufs eingesetzt werden. Dafür ist es nützlich zu unterscheiden, ob Schweigen einen Gesprächsprozess schließt oder öffnet. Schließendes Schweigen ist dann zu verstehen als: »Ich möchte über dieses Thema mit dir nicht weiter sprechen.« Der Schweigende möchte das Gespräch oder zumindest dieses Thema beenden: Schweige auch du! Öffnendes Schweigen meint dagegen: »Ich gebe den Raum frei in der Erwartung, dass du sprichst.« Der Schweigende möchte das Gespräch fortführen, spielt dem Gegenüber aber die Verantwortung für das weitere Sprechen zu: Sprich du weiter!

Nicht reden können oder nicht reden wollen

Wittgenstein hat in seinem schließenden Diktum vorausgesetzt, es sei eindeutig, wovon man sprechen könne und wovon nicht. Das ist aber oft nicht klar. Der Schweigende kann nichts zu sagen haben und deshalb schweigen. Das ist für das Gegenüber schwierig zu identifizieren, wenn der Schweigende das Schweigen nicht metakommuniziert, indem er sagt: »Ich habe nichts dazu zu sagen« (und damit bereits nicht mehr schweigt), sondern – etwa aus Scham darüber, nichts zu wissen – unkommentiert schweigt. Er kann aber auch etwas zu sagen haben, das er nicht sagen will. Dieses Ver-Schweigen ist ebenfalls schwer zu erkennen, wenn es unkommentiert bleibt. »Ich möchte darüber nicht sprechen« ist bereits ein Ausstieg aus dem Schweigen. Die Botschaft des Schweigenden kann aber auch absichtlich uneindeutig sein (er legt »Ich weiß nicht« nahe, möchte aber in Wirklichkeit das verschweigen, was er weiß).

Absicht und Wirkung des Schweigens

Wie versteht ein Therapeut das Schweigen des Klienten? Auch beim Schweigen gilt: Der Empfänger bestimmt die Botschaft. Das Schweigen und seine Bedeutung entstehen im Ohr des Hörers (vgl. dazu auch Frage 13, Wie viel Macht der Intuition?). Der Gesprächsverlauf nach dem Schweigen hängt maßgeblich davon ab, welche Intention der Gesprächspartner beim Schweigenden vermutet. Im Fall von therapeutischen Gesprächen also: Auf welche vermutete Absicht des schweigenden Klienten geht der Therapeut wie ein? Wenn wir die beiden Unterscheidungen (öffnend/schließend und nicht reden können/wollen) zugrunde legen, ergeben sich aus ihrer Kombination vier mögliche Schweigesituationen, auf die ein Therapeut eingehen kann. Sie lassen sich schematisch so darstellen:

	Schließend	**Öffnend**
Nicht reden können	a) beendendes Schweigen *»Ich habe nichts (mehr) zu sagen und möchte deshalb das Gespräch beenden«*	b) ratloses Schweigen *»Ich will über etwas reden, weiß aber nicht, wie ich es ausdrücken soll«*
Nicht reden wollen	c) verweigerndes Schweigen *»Ich möchte etwas verschweigen und deshalb das Gespräch beenden«*	d) manipulatives Schweigen *»Ich schweige, um beim Gegenüber etwas zu erreichen«*

Je nachdem, wie der Therapeut den Charakter des Schweigens einschätzt, hat er verschiedene Möglichkeiten, das Gespräch zu gestalten. Es ist dabei wichtig, im Auge zu behalten, dass der Gesprächsverlauf nicht davon bestimmt wird, was der Klient »wirklich« meint, sondern davon, wie es der Therapeut versteht. Dabei muss Letzterer sich – da der Klient ja schweigt – nonverbaler

Informationen bedienen, also mimischer Kommentare oder atmosphärischer Resonanzen, Stimmungen, in denen das Schweigen ausgedrückt wird. Dafür einige Beispiele:

Beendendes Schweigen: »Ich habe nichts (mehr) zu sagen und möchte deshalb das Gespräch beenden.« Diese Mitteilung kann spannungsarm sein. Es »liegt nichts in der Luft«. Der Therapeut hat selbst keine drängenden Hypothesen. So lässt er das Schweigen unkommentiert gelten. Eine besondere Situation kann die des gemeinsamen Schweigens sein, wenn alles gesagt ist. Gerade dann, wenn beide Beteiligten wissen, worüber nicht gesprochen wird (etwa über die Trauer angesichts eines Verlusts), kann das anteilnehmende Schweigen eine angemessene Antwort des Therapeuten sein.

Ratloses Schweigen: »Ich will reden, weiß aber nicht, wie ich es ausdrücken soll.« Diese Mitteilung beinhaltet einen Appell des Klienten an den Therapeuten, ihn aus seiner Sprachlosigkeit zu befreien. Der Therapeut hat die Möglichkeit, darauf aktiv oder zurückhaltend zu reagieren. Eine aktive Antwort besteht im Ermutigen des Klienten, auch unfertige oder scheinbar unsinnige Überlegungen auszusprechen. Der Therapeut kann auch seine eigenen Vermutungen und Hypothesen fragend ins Spiel bringen. Eine andere Möglichkeit ist die, nicht auf den Inhalt zu fokussieren, sondern auf die Schwierigkeit: »Was fällt Ihnen im Moment schwer?« Der Therapeut kann die Beziehungsebene thematisieren und das Schweigen auf sich beziehen: »Was kann ich tun, um Ihnen das Sprechen zu erleichtern?«

Verweigerndes Schweigen: »Ich möchte etwas verschweigen und deshalb das Gespräch beenden.« Diese Mitteilung drückt einen Widerstand des Klienten aus. Der Therapeut hat den Eindruck, er solle von einem relevanten Thema des Klienten ferngehalten werden. Der Widerstand wird stärker, wenn der Therapeut versucht, dagegen zu arbeiten. Deshalb empfiehlt sich als erster Schritt hier das Bejahen und Akzeptieren des Widerstands: *»Ich verstehe Sie so, dass Sie das Thema X li*eber für sich behalten möchten.« Eine elegante Möglichkeit, dem Widerstand des Klienten »weich« zu begegnen, also so, dass der Klient später die Möglichkeit hat umzuschwenken, besteht darin, das »noch nicht« anzubieten: *»Im Moment möchten Sie über das Thema noch nicht sprechen. Dann legen wir das erstmal beiseite, um eventuell später darauf zurückzukommen.«* Die Betonung der Selbstbestimmung des Klienten (»Sie allein entscheiden, worüber Sie sprechen wollen und worüber nicht«) hat in aller Regel eine erleichternde und schwellenerniedrigende Funktion. Diese Intervention setzt freilich voraus, dass der Therapeut den Eindruck hat, auch ohne den verschwiegenen Inhalt sinnvoll weiterarbeiten zu können. Hat er diesen Eindruck nicht, kann er diese Schwierigkeit thematisieren und damit den Klienten wieder in die Mitverantwortung für den Fortgang der Therapie nehmen.

Manipulatives Schweigen: »Ich schweige, um beim Gegenüber etwas zu erreichen.« In dieser Mitteilung kann die Einladung des Klienten zur Eskalation liegen. Der Klient will den Therapeuten aus der Reserve locken und schweigt ihn an *(»Zeig, was du kannst«)*. Das Eskalationsangebot nutzt die Tatsache, dass Schweigen ein Machtmittel sein kann: Wer sich das Recht des Verschweigens nimmt, versucht, das Gegenüber in die Defensive zu bringen. Der Therapeut muss sich überlegen, ob er dieser Einladung folgen will. Eine unprofessionelle Reaktion wäre es, mitzueskalieren, etwa indem der Therapeut ebenfalls schweigt, nach dem Motto *»Ich kann länger als du«!* Oder indem er das Schweigen pathologisierend, abwertend oder entlarvend kommentiert. Der Königsweg zur Entschärfung liegt in der deeskalierenden Metakommunikation des Schweigens. Der Therapeut benennt das Schweigen und begibt sich in eine fragende One-down-Position zum Klienten, etwa so: *»Ich bin mir nicht sicher, wie ich Ihr Schweigen verstehen soll.«*

Das Schweigen des Therapeuten: Vorteile und Nachteile

Ob Reden Silber ist und Schweigen Gold oder ob beides jenseits aller Edelmetall-Vergleiche liegt, kommt auf die Situation an. Das Reden in der Psychotherapie hat beide Seiten, von der heilenden Bedeutung der »Redekur« zur Leere des Psycho-Bubble liegt alles drin. Und auch das Schweigen will gekonnt sein. Es kann in der Tat Gold wert sein, wenn es einen Prozess des nachdenklichen Innehaltens begleitet, aber es kann ebenso wertloses Blech sein, wenn es Tiefe suggeriert, wo Leere ist. Wann bringt das Schweigen, wann das Reden des Therapeuten den therapeutischen Prozess besser voran?

Der Therapeut schweigt besser, wenn

- emotional belastende Berichte des Klienten mit einem anteilnehmenden Schweigen besser gehalten und beantwortet werden als durch Reden.
- er den richtigen Zeitpunkt für einen Kommentar oder für Interventionen nicht für gegeben hält.
- er sich unsicher ist, was er sagen soll.
- er eine eigene spontane, affektive Reaktion spürt, die er noch nicht verstanden hat.

Der Therapeut beendet das Schweigen besser, wenn

- die Therapie in eine unproduktive Atmosphäre des gebannten Schweigens gerät.
- der Klient bei einem heiklen Thema eine verbale Hilfestellung braucht, wie er das Thema ansprechen kann.
- er den Eindruck hat, dass der Klient sich in ein unproduktives Schweigen verloren hat.
- er den Eindruck hat, dass der Klient das Schweigen als Strafe oder als Desinteresse auslegen könnte.

Ulrich Clement, Hans Rudi Fischer

WERKZEUGKASTEN — Schweigen

Impulse und Strategien für die Praxis

- Schweigen kann Teil der Kommunikation sein und als Mitteilung verstanden werden. Ohne Metakommunikation ist diese jedoch schwer zu erkennen.
- Schweigende Mitteilungen des Klienten können ganz unterschiedliche Intentionen und Funktionen haben und dadurch den Gesprächsverlauf steuern.
- Ob ein Schweigen oder Weiterreden indiziert ist, hängt von der Situation, den Gesprächsinhalten und der affektiven Atmosphäre auf beiden Seiten ab.

Vier mögliche Schweigesituationen lassen sich unterscheiden:

- Versteht der Therapeut/Coach das Schweigen als spannungsarm und hat selbst keine drängenden Hypothesen, lässt er das Schweigen unkommentiert gelten. *(Schließend/Nicht reden können: beendendes Schweigen)*
- Versteht er das Schweigen des Klienten als Appell, ihn aus seiner Sprachlosigkeit zu befreien, kann er mit Ermutigung, eigenen fragend eingebrachten Hypothesen oder einer Verschiebung des Gesprächsfokus reagieren. *(Öffnend/Nicht reden können: ratloses Schweigen)*
- Versteht er das Schweigen als Widerstand gegenüber der Thematisierung eines Gegenstandes, empfiehlt sich das Akzeptieren des Widerstands durch Kommunikation von Verständnis oder die Einführung des »noch nicht«. *(Schließend/Nicht reden wollen: verweigerndes Schweigen)*
- Hat er den Eindruck, ohne den verschwiegenen Inhalt nicht sinnvoll weiterarbeiten zu können, kann er diese Schwierigkeit thematisieren und den Klienten wieder in die Mitverantwortung für den Fortgang der Therapie nehmen. *(Schließend/Nicht reden wollen: verweigerndes Schweigen)*

- Versteht er das Schweigen als Machtmittel und Einladung zur Eskalation, ist die Situation durch eine deeskalierende Metakommunikation des Schweigens zu entschärfen. *(Öffnend/Nicht reden wollen: manipulatives Schweigen)*

25. Wie mit Langeweile umgehen? Teil I – Langeweile des Therapeuten

Wahrscheinlich ist es politisch nicht korrekt, über Langeweile im Therapie- oder Coachingzimmer zu schreiben. Angeblich hat man sie nicht, man liebt ja schließlich seinen Beruf, hat ständig gute Ideen und damit Erfolg bei den Klienten; nur aus Karikaturen von Analytikern, die hinter dem Kopfende der Couch einnicken, ist das Problem bekannt. – Wirklich? Wenn wir über Langeweile schreiben, müssen wir differenzieren, auf wessen Seite Langeweile erlebt und empfunden wird. Auf der Seite des Beratenden oder auf der des Klienten? Ist Langeweile ein Gefühl oder ein besonderer Geisteszustand? In der Philosophie wird das Thema seit langem reflektiert. Ohne die philosophische Reflexion hier einbeziehen zu können, ist für uns alle Langeweile im Allgemeinen negativ konnotiert. Ein Gefühl, dass die Zeit nicht vergeht, dass sie leer ist, dass keine Ablenkung, nichts Neues in Sicht ist … eine Weile, die ganz langsam vergeht, weil sie nicht durch Erlebnisse gefüllt ist, weil Zeit als sinnlos vergehend erlebt wird. Dieses Charakteristikum kommt in fast allen Definitionen zum Ausdruck, so ist beispielsweise für Immanuel Kant Langeweile ein *Zustand*, in dem uns die eigene Existenz anekelt. Kant führt dies zurück auf die »(…) Leerheit des Gemüts an Empfindungen, zu denen es unaufhörlich strebt«. Während die Langeweile auf unser Zeiterleben dehnend wirkt – die Zeit scheint nicht zu vergehen –, wirkt die Kurzweil verdichtend, die Zeit vergeht »im Fluge«. Das Gemüt (womit Kant das Vermögen meint, bewusst Gefühle zu haben bzw. zu bemerken) strebt nach Empfindungen, nach Erlebnissen, nach Neuem, es hungert – kybernetisch gesprochen – nach Information, nach Unterschieden, die einen Unterschied machen (Bateson). Gehen wir nun der Frage nach, wie es zu diesem Bewusstseinszustand oder zu dieser Gemütsverfassung der Langeweile kommt. Betrachten wir zunächst den Therapeuten-Blickwinkel. Wer kennt sie nicht: das ewig streitende Paar, den konstant klagenden Patienten, die monoton sprechende depressive Frau, den Jugendlichen mit den hochfliegenden Plänen und dem exzessiven Alkoholkonsum? Sie haben eines gemeinsam: Sie lösen auf Therapeutenseite genau dann Langeweile aus, wenn die Muster, die sich dem Bewusstsein präsentieren, redundant werden, also erkannt sind und sich wiederholen. Dieses Gefühl der Langeweile lässt sich übersetzen in Beschreibungen: Wir haben kein Interesse mehr, weil wir unsere Klienten zu kennen glauben und glauben zu wissen, was sie sagen: Wir erwarten monotone Wiederholung. Wir haben uns ein Bild gemacht, unser Interesse ist versiegt und Momente der Unlust dominieren über unsere Aufmerksamkeit. Sie richtet sich nach innen: Hätten wir nicht besser einen anderen Beruf ergreifen sollen, bei dem wir dieser Ödnis nicht ausgesetzt wären? Wären wir jetzt lieber woanders? Und das, obwohl wir wissen, wie schlecht das für die Therapie ist. Gehört es nicht zu den Grundtugenden des Therapeuten, waches Interesse an seinen Klienten zu zeigen, den Fokus der Aufmerksamkeit auf sie und die Interaktion mit ihnen zu richten? Wir nehmen dann weder unsere Klienten noch den Prozess mehr wahr, unsere Sinne werden temporär stumpf. Was geht wohl in der depressiven Patientin vor, wenn sie bemerkt: »Nicht einmal mein Therapeut interessiert sich für mich?« Wird sie dann nicht bestätigt in ihrem Welt- und Selbstbild: niemand interessiert sich für mich … und wird noch depressiver?

Wenn Langeweile auf Seiten des Therapeuten ein Feedback über den therapeutischen Prozess ist – und genau als dieses verstehen wir es –, dann ist Langeweile ein Signal dafür, dass die Therapeutin etwas in der Therapie ändern muss. Langeweile – wenn der Therapeut sie nicht zur Meditation nutzt – zeigt ein Tief auf dem Barometer therapeutischer Selbstsorge an, und das heißt auch nichts Gutes für die Sorge um die Therapie. Langeweile des Therapeuten ist eine Ressource, die genutzt werden muss, um die Sinne wieder zu erfrischen. Der Therapeut muss sein Interesse am Klienten wieder wecken, um ihn mit anderen Augen zu sehen. Erinnern wir uns, dass das Gefühl der Langeweile uns überkommt, wenn wir glauben zu wissen und wir dadurch unsere Neugierde, ein anderes Wort für Wissbegierde, in vermeintlichem Wissen ertränken. Die Kernfrage, die uns die von Langeweile verklebten Augen wieder öffnet, ist die, wie wir unsere Wissbegierde wieder beleben können, wie wir unsere Neugierde für den Klienten, seine Lebensgeschichte und den therapeutischen Prozess – und damit uns selbst – wieder beleben? Wenn Langeweile durch vermeintliches oder tatsächliches Wissen (Vorurteile) betäubte Neugier ist, dann müssen wir an solchen Punkten der Therapie den Fokus so verschieben, dass wir wieder neugierig werden. Dafür gibt es verschiedene Möglichkeiten.

Verschiebung des Fokus auf andere Inhalte

Nachdem der Klage über den Schmerz, die schlechte Stimmung, die Angst vor Gewichtszunahme für eine kurze Weile Platz gegeben wurde, suche man nach Themen, die einen interessieren, wobei wir immer an den Kontext angekoppelt sein sollten. *Wie* werden in Bosnien Hochzeiten gefeiert? *Wie* haben die international agierenden Firmen für Molkereiprodukte die Käsereien im Allgäu beeinflusst? Mit welchem Objektiv lassen sich Blumen am besten fotografieren? – Neben dem allgemeinbildenden Effekt auf uns haben solche Gesprächsthemen eine belebende Wirkung auf die Klienten. Alte Ressourcen treten zutage, an die Biographie wird wieder angeknüpft, die Probleme treten in den Hintergrund. Was ist daran therapeutisch, was anders als in einem privaten Gespräch? Das Reden über persönliche Erfahrungen der Klienten erschließt den Kontext, lässt an bessere Zeiten denken, zeigt den ganzen Menschen. Nach einem solchen »Umweg« kehrt man ganz anders auf den Hauptweg der Therapie zurück!

Überraschungen produzieren und nutzen

Viel wurde geschrieben über den Nutzen neuer Information, die z. B. durch gute zirkuläre Fragen in ein erstarrtes System eingeführt werden. Der Informationsaspekt ist jedoch dringend zu ergänzen um die affektive Wirkung, die sich als Überraschung zeigt. Wenn es gelingt, beim Klienten durch eine gute Frage oder Bemerkung hochgezogene Augenbrauen, ein überraschtes Lachen, ein Zögern, ein Vorbeugen des Oberkörpers, eine Nachfrage der Sorte »Hä... wie bitte?« zu erreichen, hat man gewonnen. Umgekehrt: Je häufiger die Therapeutin solche Anzeichen bei sich selbst verspürt und sie auch ausdrückt, umso besser für die Therapie. Gezeigte Affekte des Therapeuten hängen in der Regel mit dem Therapieerfolg zusammen. Was genau der Wirkmechanismus ist, sei dahingestellt: Der Analytiker würde sagen, es ist die korrigierende Beziehungserfahrung. Der Verhaltenstherapeut glaubt vielleicht, dass seine Reaktion erwünschte verbale Äußerungen verstärkt. Die Systemikerin glaubt an Selbstorganisation nach einem »verstörenden« Impuls von außen.

Spazieren gehen

Nichts ist öder, als sich auf Stühlen gegenüberzusitzen, nach Worten zu suchen und gegen Müdigkeit, die oft ein Ausdruck von Langeweile ist, zu kämpfen. Laufen dagegen hält nicht nur wach, führt zu einer besseren Durchblutung unseres Gehirns, sondern regt auch zum Denken an, das wussten schon Aristoteles (bzw. seine Schule der Peripatetiker) und alle, die umherwandelnd (griech. *peripatein*) philosophierten. Auch entfällt beim Laufen ein schwieriges Problem in der Regulation von Nähe und Distanz: der Blickkontakt. Während man gemeinsam auf den Boden und auf den Weg vor sich schaut, redet es sich leichter, auch über schwierige Themen. Auch Gesprächspausen sind leichter zu ertragen, während man läuft. Außerdem wirkt Bewegung an sich, auch ohne Reden, antidepressiv.

Etwas Neues ausprobieren

Haben Sie noch nie eine Lebenslinie gemalt? Oder haben Sie neulich in einem Workshop eine neue Moderationstechnik kennen gelernt? Oder beim Ausmisten zu Hause die Gummitiere der Kinder doch noch nicht weggeworfen? – Dann schlagen Sie Ihren Klienten doch mal ein Experiment vor. Wieder können eigentlich nur alle profitieren: Die Therapeutin lernt dazu, die Klienten machen vielleicht ebenfalls neue Erfahrungen. Alle hier aufgeführten Vorschläge können Kurzweil herstellen, die Langeweile stören. Erwünschte Nebenwirkungen können sein:

- Die Klienten beurteilen sich selbst wieder als interessanter.
- Sie erleben, dass sie auch anders können als »nur« klagen.
- Sie lernen modellhaft vom Therapeuten, wie man es sich gut gehen lassen kann.

Unerwünschte Nebenwirkungen könnten sein, dass Klienten sich nicht ernst genommen fühlen oder dass sie nicht erkennen, was daran Therapie sein soll. Hier gilt ein Hauptsatz systemischer Praxis: »Hauptsache, es wirkt«.

Metakommunikative Unterbrechung

Ein Vorgehen ganz anderer Art ist Metakommunikation: Sie besprechen mit Ihrem Klienten, dass Sie Schwierigkeiten mit dem wachen Interesse haben, wenn bestimmte Gesprächsthemen oder Verhaltensweisen sich wiederholen. Die Verwandtschaft zu anderen Therapieverfahren liegt auf der Hand. Der Therapieprozess wird kommentiert, die aktuelle therapeutische Beziehung thematisiert. Der Therapeut tut das, was die anderen Personen im Umfeld des Klienten vielleicht nicht wagen. Ein solches Korrektiv kann, wenn wohlwollend formuliert, den weiteren Verlauf sehr günstig beeinflussen, vor allem, wenn eine gemeinsame Lösung des Problems Langeweile gefunden wird. Denn auch dem Klienten wird ja längst aufgefallen sein, dass sein Therapeut auch schon wacher war.

Ulrike Borst und Hans Rudi Fischer

WERKZEUGKASTEN — Langeweile I

Impulse und Strategien für die Praxis

- Langeweile ist charakterisiert durch das Gefühl, die Zeit vergehe nicht oder in sinnloser Ereignislosigkeit, und nichts Neues sei in Sicht.
- Langeweile ist ein Signal für den beraterischen Prozess: Der Therapeut bzw. Coach muss etwas verändern, um gut für sich selbst sowie den beraterischen Prozess zu sorgen.

Strategien zum Erfrischen der Sinne und Wachrütteln der therapeutischen Neugier

- *Verschieben Sie den Fokus* des Gesprächs auf neue, Sie interessierende Themen, die sich an den Kontext ankoppeln lassen. Hierdurch treten die Probleme vorübergehend in den Hintergrund und alle Gesprächsteilnehmer werden belebt.
- Produzieren Sie Überraschung beim Klienten durch eine gute Frage oder Bemerkung.
- Führen Sie die Sitzung im *Laufen* fort. Ein *Spaziergang* wirkt anregend, Gesprächspausen sind besser zu ertragen und schwere Themen ohne Blickkontakt leichter zu besprechen.
- Probieren Sie neue therapeutische/beraterische Techniken aus. Kurzweil lässt sich auch dadurch herstellen, dass mit dem Einbezug bisher ungenutzter Gegenstände experimentiert wird.
- Führen Sie Metakommunikation ein: Der Gesprächsprozess wird unterbrochen und kommentiert, die aktuelle Beziehungsebene in wohlwollender Formulierung thematisiert.

26. Wie mit Langeweile umgehen? Teil II – Langeweile des Klienten

Wie jede Medaille, so hat auch die Langeweile in Beziehungen zwei Seiten. Wenn wir – wie in der Frage zuvor – über die Langeweile der Therapeutin und des Beraters geschrieben haben, wollen wir nun auch über die Langeweile der Klienten schreiben. Langeweile hatten wir als ein Gefühl bestimmt, dass die Zeit nicht vergeht, dass sie leer ist, dass nichts Neues in Sicht ist …, weil sie nicht durch Erlebnisse angereichert ist und die Zeit als sinnlos vergehend erlebt wird. Jedem Therapeuten ist dieses Gefühl vertraut, meist lässt sich die Ursache dafür auf die Klienten attribuieren: Sie langweilen *uns*. Jeder von uns kennt therapieerfahrene Klienten, die zu uns kommen und erzählen, dass sie bei einem Kollegen 20 Sitzungen hatten, bei denen sie sich in den letzten 15 Sitzungen gelangweilt haben, weil sich nichts mehr getan hat. Selbstverständlich sind immer die Therapien der Kollegen irgendwann langweilig! Wie aber sieht es bei uns aus? Haben wir Sensoren, die die Langeweile unserer Klienten wahrnehmen? Versuchen wir nun, Langeweile aus dem Klienten-Blickwinkel zu betrachten. Da ist zunächst die *Langeweile durch allzu Bekanntes*. Wer kennt ihn nicht: den Therapeuten, der immer die gleichen Anfangsfragen stellt, dieselben analogen Botschaften von sich gibt, über mehrere Sitzungen hinweg die gleichen Empfehlungen ausspricht, obwohl wir sie nicht befolgen können oder wollen; der uns jedes Mal wieder einlädt, von unserer Gefühlen zu sprechen, und uns dann die Tempos reicht, wenn wir im Affekt versinken? Die Therapeutin, die so zugewandt, so nett ist, dass man sich nicht traut zu sagen, dass die Therapie nichts mehr bringt … Solche Muster können auf Klientenseite Langeweile auslösen, weil sie redundant werden. Die Klienten haben kein Interesse mehr, weil sie den Therapeuten zu kennen glauben und zu wissen meinen, wie er sich verhalten wird. Sie haben sich ein Bild von ihrem Therapeuten gemacht, ihre Erwartungen an die Therapie sind versiegt und ihre Erwartungserwartungen neigen dazu, zur selbsterfüllenden Prophezeiung zu werden. Die Aufmerksamkeit richtet sich nach innen: Der Therapeut hört mir nur zu, er wiederholt sich, offenbar traut er mir keine Veränderung mehr zu, er motiviert mich nicht mehr, er glaubt nicht mehr an mich, offenbar sieht er bei mir Hopfen und Malz als verloren an. Vermutlich bekommen wir jedoch die Langeweile von Klienten in vielen Fällen gar nicht mit. Das Argument, dass das Gegenüber die Therapie beenden möchte, weil sie langweilig sei, hört man jedenfalls selten. Zumindest wird in Fachkreisen nur selten darüber gesprochen. Eher heißt es: »Ich glaube, es geht mir (uns) schon viel besser, und wir können ruhig aufhören«.

Es lassen sich viele Gründe denken, warum Klienten weiter in Therapie kommen, obwohl dort für sie nichts Spannendes oder Nützliches passiert:

- Sie wollen den Therapeuten nicht enttäuschen.
- Sie fühlen sich einfach wohler und ausgefüllter mit regelmäßigen Therapiestunden als ohne sie.
- Sie nutzen die Gelegenheit, dass ein bezahlter Profi zuhört, *weil* er bezahlt wird.
- Sie trauen sich die nächsten Entwicklungsschritte nicht selber zu, vielleicht, weil der Therapeut sich mit Ratschlägen unentbehrlich gemacht hat.
- Sie meinen, ohne die regelmäßige »Kontrolle« durch die Therapeuten schneller rückfällig zu werden.

Ein Phänomen soll an dieser Stelle nicht unerwähnt bleiben, das wir in Anlehnung an die Psychoanalyse »Gegen-Gegen-Übertragung« nennen wollen: Wenn ich als Patientin meinem Therapeuten signalisiere, dass ich mich langweile, dreht er womöglich den Spieß um und behauptet, es liege an mir. Denn der Profi kann es doch bestimmt nicht sein, der die Langeweile verursacht, also muss ich das wohl aushalten. Eine Langeweilebeziehung könnte damit der Beginn einer wunderbaren Freundschaft sein … Wir halten es in diesem Zusammenhang jedoch auch für wichtig, *Langeweile unter dem Gesichtspunkt der Ressource* anzuschauen. Wenn, wie im Existenzialismus, Langeweile als »die Grundbedingung menschlicher Existenz« angesehen werden kann, wenn Albert Camus Sisyphos als glücklichen Menschen bezeichnet, der ja immerhin eine Aufgabe habe – nämlich den Stein immer wieder auf die Anhöhe zu rollen –, dann kann Langeweile bei Klienten ebenfalls als ein wichtiges positives Indiz gesehen werden. Sie ist sozusagen ein Luxus, den man »sich leisten« kann. Die Beschäftigung mit den eigenen Problemen ist offenbar zumindest im Gespräch mit dem Therapeuten nicht mehr so interessant. Echte Langeweile ist dann zu unterscheiden von dem verzweifelten Gefühl, dass einem nicht mehr zu helfen ist. Sie ist, so Camus, ein Zeichen dafür, dass man die Absurdität der eigenen Existenz erfährt und sich dieser Erfahrung nicht mehr dadurch entziehen kann, dass man Probleme und Gespräche über Probleme generiert. Eine solche Konfrontation mit Absurdität als einem unausgefüllten Nichts, einem Sinnverlust, ist oft die Grundbedingung dafür, dass etwas Neues entsteht: Der unausgefüllte Raum, die »Leere«, kann als Fülle neuer Möglichkeiten verstanden werden.

In dem Film »Darjeeling Limited« begeben sich drei englische Brüder auf eine Reise durch Indien. Francis, der Älteste, hat ein Motiv, das er seinen Brüdern zunächst verheimlicht: Er will herausfinden, warum die Mutter der drei, die in einem Kloster in Indien lebt, nicht zur Beerdigung des Vaters erschienen ist. Eine weitere existenzielle Frage wird nebenbei von einem anderen Bruder gestellt: Hätten wir im wahren Leben Freunde sein können, wenn wir nicht Brüder wären? Denn die drei langweilen und ärgern sich gegenseitig gewaltig, mit den immer gleichen Mustern: Francis plant alles voraus, stellt Regeln auf und entscheidet für seine Brüder; Peter benutzt, ohne zu fragen, Brille, Gürtel und Rasierer, die ihm nicht gehören; Jack produziert laufend Missverständnisse mit seinen wechselnden Geliebten und schreibt Geschichten mit Ende, aber ohne Anfang. Nach einer Reihe von unvorhergesehenen Ereignissen, die im Tod eines indischen Jungen und einer großen Trauerfeier gipfeln, finden die drei ihre Mutter, die sich der Auseinandersetzung jedoch entzieht. Die enttäuschte, schnelle Heimreise wird urplötzlich, kurz vor Abflug, einmütig abgebrochen. Wieder einmal rennen die drei einem indischen Zug hinterher und springen gerade noch auf, aber neu ist dieses Mal, dass sie dafür ihr vielteiliges Reisegepäck abwerfen und am Bahnsteig zurücklassen. Die Reise scheint erst jetzt richtig zu beginnen. Francis, der selbst ernannte spirituelle Leiter, verhält sich wie mancher Therapeut: Er drängt auf die Lösung eines Familienproblems, verhindert das Ausscheren seiner »Klienten«, indem er deren Pässe einbehält, gibt die Reiseroute vor. Er weiß sogar, was die anderen essen wollen. – Erst die Trauer und die Enttäuschung vereinen die Brüder, und Francis gibt seine Rolle auf.

Übertragen auf die therapeutische Beziehung, müsste eine Frage lauten: Welche Art von Beziehung wird das, wenn Probleme und ihre Lösungen sowie die Auseinandersetzung um Regeln nicht mehr im Mittelpunkt stehen? Eine weitere: Wie finden wir dann, in dieser neuen Phase, ein gutes Ende, das zu einem neuen Anfang wird? Neues kann aber durchaus auch eine Form haben, wie sie einer von uns in einer Paarberatung erlebte. Neben den aktuellen Schwierigkeiten in der Beziehung gab es bei beiden eine länger zurückliegende Drogensucht. Danach gefragt, was denn am meisten geholfen habe, keine Drogen mehr zu konsumieren, sagte einer der beiden: »Der Suchtberater war so ein schrecklicher Mensch, dass ich lieber die Finger von den Drogen gelassen habe, als zu riskieren, ihm nochmals in die Hände zu fallen.« So gesehen, könnten die guten Ergebnisse vieler Therapeuten bzw. vieler Therapieschulen in einem ganz anderen Licht erscheinen. Vielleicht sollten Metaanalysen erfolgreicher Therapieformen noch einmal unter der Heuristik der »Langeweile von Klienten/Patienten als Ressource« nachrecherchiert werden?

Ulrike Borst, Hans Rudi Fischer, Arist von Schlippe

WERKZEUGKASTEN — Langeweile II

Impulse und Strategien für die Praxis

- Auch aus dem Blickwinkel des Klienten entsteht Langeweile durch redundante Musterwiederholung auf Seiten des Beraters/Therapeuten (der die immer gleichen Fragen stellt und Empfehlungen ausspricht…) und geht mit Desinteresse einher.
- Der Glaube des Klienten, das Verhalten des Beraters zur Genüge zu kennen und nichts Spannendes oder Nützliches mehr erwarten zu dürfen, kann zur selbsterfüllenden Prophezeiung werden.
- Therapeuten bemerken die Langeweile ihrer Klienten oft gar nicht, da sie unkommuniziert bleibt und die Klienten weiterhin zum Gespräch erscheinen.
- Langeweile kann als Ressource betrachtet werden: Eine Deutung besteht darin, dass zumindest im Gespräch mit dem Therapeuten die Beschäftigung mit den eigenen Problemen nicht mehr so interessant ist. Hierdurch entsteht Raum, der noch unausgefüllt ist und in dem sich Neues entwickeln kann.

27. Wie finde ich Wege aus der Klemme? Ein kleiner »Erste-Hilfe-Kurs«

Therapie kann man als einen »engagierten Austausch von Wirklichkeits- und Möglichkeitsbeschreibungen« ansehen: In jeder Intervention wird ein Angebot gemacht, wie die Welt und die eigenen Optionen darin auch anders gesehen werden könnten. Es wird danach gesucht, welche Beschreibungen, welche Kommunikationen, welches Verhalten zusammengenommen das ausmachen, was als »Problem« erlebt wird, und welche Optionen sonst noch möglich sind. Im Kontext von »Problemen« erscheinen die Möglichkeiten einzelner oder mehrerer Personen im System massiv begrenzt. Als Therapie lassen sich mithin (vorwiegend) sprachliche Operationen bezeichnen, die das

Ziel verfolgen, die Alternativen, die in einem System wahrgenommen werden, zu vermehren. Therapie befasst sich mit inneren »Landkarten« von Menschen, und es ist erklärtes Ziel jeder Therapie, diese Landkarten zu erweitern und in ihnen, gemeinsam mit den ratsuchenden Personen, neue Wege zu entwickeln. In den seltensten Fällen verändern Therapeuten direkt durch aktives Handeln die Lebensumstände ihrer Klienten und wenn, dann handelt es sich entweder um Mischkontexte zwischen Therapie und sozialer Arbeit oder aber um Kunstfehler des Überengagements.

Im therapeutischen Prozess erfolgt ein Diskurs darüber, wie Wirklichkeit(en) und Möglichkeiten zu beschreiben seien und welche Alternativen der Beschreibung und des Handelns gefunden werden können.

Ein Beispiel: Eine Mutter kommt mit ihrem Kind zur Therapie und legt ihre Wirklichkeitssicht dar: »Mein Junge ist böse!« Bereits mit der Frage: »Was tut Ihr Sohn, was Sie böse nennen?« wird eine neue Beschreibung angeboten: Es ist keine »Eigenschaft«, sondern ein »Verhalten«, und zwar ein »von jemandem benanntes Verhalten«. Wenn nun weiter gefragt wird: »Wann zeigt Ihr Junge dieses Verhalten?«, dann wird die Eigenschaftsbeschreibung weiter dekonstruiert und implizit gesagt, dass auch anders gehandelt werden könnte: Das Verhalten taucht evtl. nur zu bestimmten Zeiten auf. In ihrer Antwort könnte die Mutter jedes dieser Angebote leicht zurückweisen. Sie kann sagen: »Mein Sohn benimmt sich ständig so!« – von der Eigenschaftsbeschreibung ist sie dann jedoch bereits abgerückt –, sie könnte aber auch sagen: »Er ist ständig böse!«, und damit alle Angebote verwerfen. So lassen sich die in den Fragen implizit enthaltenen Angebote, die Wirklichkeit anders zu sehen oder etwa selbst anders zu handeln, leicht und ohne Gesichtsverlust ablehnen. Es ist ein wichtiger Bestandteil des Therapieprozesses, so lange zu suchen, bis ein Angebot gefunden wird, das als sinnvoll in die Landkarte integriert werden kann.

Nun ist dieser Prozess jedoch nicht so einseitig wie in diesem Beispiel. Genauso ist der Therapeut bestimmten Angeboten von Seiten der Klienten ausgesetzt. Der Prozess des Austauschs von Wirklichkeits- und Möglichkeitsbeschreibungen ist ein wechselseitiger. Es ist also durchaus möglich, dass ein solcher Austausch auf eine Weise geführt wird, dass die wahrgenommenen Optionen eher weniger werden als mehr, dass man sich im Verlauf einer Beratung auch als Beraterin oder Berater zunehmend eingeschränkt fühlt, ratlos und ohnmächtig, sodass die therapeutische Flexibilität verloren geht. Es fällt einem nichts mehr ein, man verstummt oder beginnt heillos zu »rudern«: Man hat die Problemsicht der Klienten übernommen und verfällt in eine »Problem-Trance« (vgl. Frage 26); Ideen zu anderen Optionen des Denkens, der Beschreibung oder des Handelns sind erstorben.

Solche Gefühle, in der Sackgasse zu stecken, nicht mehr weiterzuwissen, sind gerade im therapeutischen Kontext gar nicht so selten – hat man es doch mit Ratsuchenden zu tun, die ihrerseits nicht mehr weiterwissen und meist die Welt als wenig erfreulichen Ort oder sich selbst als chancenlos darin beschreiben. Zugleich wird diese Situation oft von den Therapeuten als sehr unangenehm beschrieben. Vielfach werden Gedanken berichtet, die die Gefühle von Blockierung noch verstärken, etwa: »Ich habe etwas völlig Falsches studiert, warum bin ich nicht doch in den Maschinenbau gegangen?«, »Wenn ich jetzt eine VT-Ausbildung gemacht hätte, dann hätte ich wenigstens ein Manual, an das ich mich halten kann!«, »Ich tauge einfach nicht für diesen Job, vielleicht sollte ich kündigen« usw. Dieser innere Zustand spiegelt die Klemme: Das Bewusstsein ist auf eine begrenzte Zahl vor allem negativer Optionen begrenzt – ja, es gibt keinen anderen Ausweg als … (Trennung, Heimeinweisung, Selbstmord u. v. a. m.).

Die Frage, wie man sich in einer solchen Situation ähnlich wie Münchhausen »am eigenen Zopf aus dem Sumpf« ziehen kann, ist also alles andere als nebensächlich. Sie soll hier diskutiert werden, die Erfahrungsbasis bildet neben eigenen Erfahrungen die Quintessenz aus zahllosen Ausbildungsseminaren und Supervisionen, in denen das Thema angesprochen wurde und in denen es mehr oder weniger gut gelang, einen derart festgefahrenen Prozess wieder in Gang zu setzen. Wir haben die verschiedenen Wege und Strategien, die wir selbst gefunden haben oder berichtet bekamen, in insgesamt sechs Kategorien zusammengefasst.

Das Erkennen der Klemme

Es mag trivial klingen, doch ist der Augenblick, in dem man sich bewusst wird, dass man in einer Sackgasse steckt, dass man gerade dabei ist, den Zugang zur Vielfalt möglicher Optionen zu verlieren, ein wichtiger Moment. Er ermöglicht, von »Normalbetrieb« auf »Self-Care« umzuschalten. Denn die Aufrechterhaltung der eigenen gedanklichen und emotionalen Beweglichkeit ist unbedingte Voraussetzung dafür, den »engagierten Austausch von Wirklichkeitsbeschreibungen« hilfreich weiterführen zu können. Es empfiehlt sich daher, die eigenen Stresssymptome gut zu reflektieren und sich bewusst zu sein, was Anzeichen dafür sind, dass man droht, die Handlungsfähigkeit (genauer: das Bewusstsein der eigenen Handlungsfähigkeit) zu verlieren. Von der Aufmerksamkeit auf das jeweilige Thema, das verhandelt wird, geht man damit auf die Frage, wie man aus der Klemme wieder herauskommen kann.

Formen der Unterbrechung

Die dann am häufigsten genannte und genutzte Form, sich in Richtung auf mehr Beweglichkeit zu entwickeln, ist, eine Unterbrechung einzuführen.

Man kann eine kurze Pause vorschlagen oder gar die Sitzung bis zum nächsten Treffen unterbrechen. Doch auch leichtere Varianten sind denkbar, etwa aufzustehen und das Fenster zu öffnen, ohne das Gespräch zu unterbrechen. Ein Kollege berichtete von seiner Blumenbank, auf der eine Reihe Pflanzen standen. Gelegentlich stand er im Gespräch auf und goss diese gedankenverloren mit seiner Messingkanne – für die Klienten Ausdruck »höchster Konzentration«, für ihn eine Möglichkeit, sich etwas Nachdenkzeit zu verschaffen – klar, dass es sich bei seinen Blumen um Sumpfpflanzen handelte …

Formen innerer Lösungssuche

»Innere« Formen der Lösungssuche sind nach außen nicht ohne Weiteres erkennbar, sie können sowohl in der Pause als auch in der laufenden Sitzung genutzt werden. So können Variationen von Entspannung, autogenem Training oder Selbstzentrierung genutzt werden, um das Kreisen der Gedanken um negative Selbstkommunikationen zu unterbrechen, man kann sich einen inneren »Ressourcenort« oder positive Bilder vorstellen und sich für einen Moment dorthin begeben. Manchmal wird es als hilfreich erlebt, sich vorzustellen, man könnte seinen therapeutischen Lehrer fragen (»Was würden Sie mir raten?«) oder man wäre selbst sein eigener »innerer Supervisor«. In diesem inneren Modus kann man auch einen kleinen Kontrakt mit dem »inneren Abwerter« schließen, indem man ihn oder sie freundlich bittet, für die Zeit der Sitzung nach draußen zu gehen und zu warten. Nach der Sitzung kann (und sollte) man sich dann Zeit nehmen, indem man ihm beispielsweise die eigene Hand »leiht«, um sich einen kritischen Brief zu schreiben (nicht immer ist das, was dann dort steht, nur negativ, es kann auch wichtige Konfrontationen mit persönlichen Versäumnissen enthalten, denen man sich stellen kann). Eine letzte Variante dieser Form entspricht dem, was der amerikanische Organisationstheoretiker Carl Weick »Drop your tools« genannt hat: In einem dramatischen Feuer in den USA kam vor Jahren eine ganze Feuerwehrmannschaft um, weil sie in einer akuten Gefahrensituation zu lange an der schweren und teuren Ausrüstung festhielt. Manchmal kann es gut sein, nicht zu lange nach irgendwelchen passenden Methoden und »korrekten Verhaltensweisen« zu suchen, wenn dies nicht angebracht ist: »Wirf deine Methoden über Bord!«

Formen der Metakommunikation

Mit dem Ansprechen einer Situation kann man in eine andere Gesprächsebene gelangen. Es geht jetzt nicht mehr darum, ob »das Kind so unmöglich ist, dass es unbedingt ins Heim muss«, ob »das Fremdgehen der Ehefrau absolut unverzeihlich«, »die Unfähigkeit des Vorgesetzten völlig offensichtlich« usw. ist, sondern wie die Einzelnen die Art einschätzen, wie gerade darüber gesprochen wird: Bringt uns das voran oder nicht? Hier wird manchmal die sog. »Jokerfrage« als befreiend erlebt. Man darf sie nicht zu oft einsetzen (so wie den Joker im Spiel eben), doch kann sie gelegentlich sehr hilfreich sein: »Das, was gerade hier passiert, so wie wir gerade miteinander reden – ist das eigentlich eher etwas Neues oder etwas Altes?« Bei vielen eingefahrenen Kommunikationsschleifen wird man die Antwort bekommen: »Das? Das ist uralt!« Dann kann man die Frage anschließen, was denn jetzt einen Unterschied erzeugen, was für ein Verhalten, welche Art der Kommunikation jetzt etwas Neues bedeuten würde: »Was müssten denn jetzt Sie anderes tun oder sagen, das eine richtige Überraschung wäre?«

Eine Variante der Metakommunikation liegt in allen Arten der Selbstöffnung: Man kann seine Ratlosigkeit zugeben, die gegenwärtige Situation als Sackgasse definieren, aus der man auch gerade nicht herausweiß. Damit wird dann deutlich, dass dies nicht das Ende des Gesprächs sein muss, denn man bleibt ja im Kontakt. Manchmal begrüßen Ratsuchende das sogar: »Jetzt wissen Sie mal, wie wir uns die ganze Zeit fühlen!«

Eine sehr bedeutsame Form der Metakommunikation besteht in der Installation sog. »Reflektierender Positionen«. Ähnlich wie beim »Reflektierenden Team« (RT), wo ein bis drei externe Therapeuten das Gespräch verfolgen, kann man auch die Ratsuchenden selbst einladen, mit dem Therapeuten zusammen in den »Adlerhorst« zu gehen und ein Gespräch über das Gespräch zu führen. Anders als beim RT muss man hier dann, wenn man sich gemeinsam auf andere Stühle gesetzt hat (oder wenigstens durch ein Verrücken der Stühle einen »anderen Ort« markiert hat), das Gespräch ein wenig steuern: Alle Beteiligten sprechen von sich selbst in der dritten Person (auch die Therapeutin), denken gemeinsam über das Gespräch nach, werden nach hoffnungsvollen Momenten gefragt, die sie wahrgenommen haben, und können den (virtuell) dort im Kreis Sitzenden einen Rat geben, einen Vorschlag machen. Manchmal kann man die Situation noch besonders markieren, indem man mit den Klienten kurz den Raum verlässt und als »die Experten, die das Gespräch bislang beobachtet haben«, wieder hereinkommt. Wie auch immer man es rahmt, auf diese Weise kann eine Position der Selbstreferenz erzeugt werden, die von den Beteiligten meist mit Neugier und Gespanntheit konstruktiv genutzt wird (auch dieses Instrument darf sich nicht durch zu häufigen Gebrauch zu sehr »abnutzen«).

Formen der Verwirrungsinduktion

Diese Variante setzt eine gewisse Souveränität auf therapeutischer Seite voraus. Es können kleine humorvolle Geschichten erzählt werden, die als Parabeln die gegenwärtige Szenerie spiegeln. Von dem »Vater der Familientherapie«, Carl Whitaker, wurde berichtet, dass er in manchen problematischen Momenten einfach einschlief und damit natürlich die Familien sehr verwirrte, eine Strategie, die nicht unbedingt zur Nachahmung empfohlen werden kann. Ebenfalls nicht zur Nachahmung zu empfehlen ist die Geschichte einer Therapeutin, die sich in einem heftigen, in unkontrollierbar rotierende Kommunikationsschleifen ausgearteten Familiengespräch auf den Fußboden legte. Diese ungewöhnliche Unterbrechung führte natürlich zum sofortigen Stopp der heftigen Auseinandersetzungen. Gefragt, was sie denn da mache, antwortete sie: »Ich wollte einmal sehen, was eigentlich ›unter dem Streit‹ liegt, worum es hier eigentlich geht!« Man kann sich vorstellen, dass diese Intervention der Familie half, in einen anderen Dialog zu treten. Statt dies nachzuahmen (man sollte nie ein »Abziehbild« sein), hat es sich bereits ein paarmal bewährt, einfach die Geschichte zu erzählen (»Am liebsten würde ich mich jetzt auch auf den Boden legen, aber ich dachte, ich erzähle Ihnen vielleicht lieber die Geschichte. Stellen Sie sich vor, ich liege dort und frage Sie: …«).

Andere Formen des Ebenenwechsels

Hier sind unendlich viele Varianten denkbar: Mit Skulpturen arbeiten (vom Reden ins Tun kommen), Dialoge mit Musikinstrumenten nachspielen, Einsatz von Farben, Tarot- oder Engelskarten ziehen lassen, ein Symbol für den Streit suchen lassen und diesen nach draußen bringen usw.

Allen beschriebenen Varianten ist gemeinsam, dass sie einen Ebenenwechsel bedeuten: Bei einigen wird die Art zu sprechen von »normal« auf »reflexiv« umgeschaltet, bei anderen wird von Sprache auf (nonverbale) Handlung umgestellt. In jedem Fall wird eine Kommunikation unterbrochen, die sich als einengend erwiesen hat.

So wie Menschen fähig sind, sich in sprachlich-kommunikativen Welten zu verirren, können sie auch den Weg wieder herausfinden. Sprache steht uns zur Verfügung, um uns jeweils in die Welt des anderen einzuladen und das, was wir tun, zu beschreiben, ihm Bedeutung zuzuweisen usw. Und Sprache können wir nutzen, um Sprache auf sich selbst zu beziehen und darüber zu sprechen, wie wir sprechen. Dann hat die Sprache die Qualität, sich selbst zu reparieren. In kritischen Ausnahmefällen können wir darauf zurückgreifen.

Auch mit der Umstellung aufs Handeln werden Reflexion, Perspektivenwechsel und – mit etwas Glück – Reparatur eingeleitet. Es kommt gar nicht darauf an, ob wir dabei ein Ziel vor Augen haben. Manche Lösung wurde schon gefunden, ohne dass das Problem zuvor sauber erkannt und benannt war (vgl. windschiefe Lösungen in Frage 2, Wie entstehen Wege beim Gehen?). Insofern kann das Gefühl, in einer Klemme zu stecken, durchaus nützlich sein.

Arist von Schlippe, Ulrike Borst, Hans Rudi Fischer

WERKZEUGKASTEN Sackgassen

Impulse und Strategien für die Praxis

Strategien, um Handlungsfähigkeit wiederzugewinnen

- Reflektieren Sie eigene Stresssymptome: die Rückgewinnung der eigenen Flexibilität hat Vorrang vor dem aktuell in der Therapie verhandelten Thema.
- Unterbrechen Sie die Situation und verschaffen Sie sich Zeit zum Nachdenken.
- Formen innerer Lösungssuche (während der laufenden Sitzung oder der eingeschobenen Pause) können Variationen von Entspannung oder Selbstzentrierung sein, die Reise zu einem inneren »Ressourcenort« oder das innere Zwiegespräch mit einem Supervisor.
- Führen Sie Metakommunikation ein: Wie wird der Gesprächsverlauf gerade erlebt, ist die Situation gerade altbekannt oder neu? Die eigene Ratlosigkeit kann offen gelegt werden. Eine Möglichkeit ist das gemeinsame Aufsuchen eines Platzes im Raum (»Adlerhorst« o.Ä.), von dem aus der Metaposition der Prozess reflektiert wird.
- Induzieren Sie Verwirrung, etwa über eine humorvolle Geschichte, die die gegenwärtige Situation spiegelt, oder eine unerwartete Aktion.
- Unterbrechen Sie die sich festfahrende Kommunikation durch einen Wechsel der Ebenen. Nutzen Sie andere Methoden (z.B. Skulpturen) oder Gegenstände (Tarotkarten etc.), so dass entweder die Art des Sprechens geändert oder auf nonverbale Handlung umgestellt wird.

VII. Super-Visionen – Zwischensehen und Drumherum

Wer keine Wunder versteht,
der versteht auch keine langen Erklärungen.
Arabisches Sprichwort

Verstehen läuft bekanntlich rückwärts. Wenn wir also erst im letzten Kapitel an den Anfang, den »Ursprung« systemischen Denkens zurückkommen, so wollen wir den Kreis, in dem sich unser Denken bewegt, schließen und zu den Quellen systemischer Theorie zurückkommen. Über dem Eingangsportal von Platons Akademie stand in Stein gemeißelt: »Kein der Geometrie Unkundiger möge hier eintreten«. Die Inschrift machte die Akademiker auf die Voraussetzungen des dort praktizierten Denkens aufmerksam: Mathematik, mit der Rechenkunst (Arithmetik) und der Messkunst (Geometrie). Die pragmatischen Ursprünge dieser »Künste« (griech: *techné*) liegen in ganz alltäglichen Problemen der Lebensbewältigung, dem Zählen oder Wiegen von Gegenständen und Messen von Strecken. Dabei geht es der Platonischen Philosophie nicht um die Erkenntnis dessen, was entsteht und vergeht, sondern um die des »immer Seienden«, des Unveränderlichen, der zeitlosen Wahrheit. Wovon handeln Arithmetik oder Geometrie? Im Kern steht der schillernde griechische Begriff *logos* (Pl. *logoi*), der nicht nur die bekannten Bedeutungen von Sprache/Ordnung/Logik/Lehre und Struktur hat, sondern in der griechischen Mathematik *Verhältnis*, *Relation* bedeutete. Die Römer übersetzten das mit *ratio*, wovon sich sowohl die *Ration* als auch die Rationalität (ir-/rationale Zahlen) ableitet. In der Arithmetik geht es um Verhältnisse *zwischen Zahlen*, in der Geometrie um Relationen *zwischen Strecken* (in der Musiktheorie der Pythagoreer waren es die Saitenverhältnisse). Gemeinsam ist beiden, dass es nicht vornehmlich um die Elemente geht (Zahlen, Linien/Strecken), sondern um die Verhältnisse bzw. Beziehungen *zwischen* (von *zwiski*, ahd. zwei) den Elementen. In der Geometrie sind diese Verhältnisse stabil, sofern keine Bewegung (Zeit!) in oder zwischen die Linien kommt. Übersetzen wir die Präposition *zwischen* ins Lateinische, dann haben wir *inter*. Nehmen wir jetzt noch die *Bewegung* der Elemente hinzu, d. h. die Veränderung innerhalb der Zeit, dann haben wir Inter-aktion. Damit sind wir bei der »Geometrie lebender Systeme«, das ist der systemische Fokus: die Beziehungen *zwischen* den Elementen (Personen) sozialer, d. i. interagierender Systeme. Systemisches Denken atmet den Geist der Geometrie und versucht dabei die Zeit (seit Einsteins *Raumzeit* die vierte Dimension) – mit ihr die Veränderung, Heraklits *Alles fließt* – als wichtigste Seinsmacht nicht zu vergessen.

Therapie, Beratung oder Coaching bilden temporär soziale Systeme, die von verschiedenen Umwelten limitiert und beeinflusst werden. In der Regel sitzen bei einer Therapie (wie bei einem Coaching oder einer Beratung) abwesende Dritte, Vierte und/oder Fünfte mit am Tisch. Diese Einflussfaktoren und Interessengruppen mit ihren Ansprüchen und Erwartungen werden im wirtschaftlichen Kontext Stakeholder genannt. Stakeholder können in einer systemischen Therapie und Beratung sowohl abwesende Systemmitglieder (Personen) sein als auch Institutionen wie Krankenkassen, Jugend- und Sozialämter oder Unternehmen (wie im Coaching-Kontext). Relevante Abwesende sind – so die Faustregel – reflexiv in der Beratung »anwesend« zu machen, warum?

Wenn Gretchen ihren geliebten Heinrich, alias Faust, fragt: »Wie hast du's mit der Religion?«, geht es um beider *Beziehung* zur Religion, die ihr Verhältnis zueinander entscheidend tangiert. Wir haben also ein interagierendes Dreieck mit prinzipiell unendlich vielen Möglichkeiten vor uns. In der Regel haben wir im Setting einer Therapie, Beratung oder eines Coachings also nicht nur dyadische Verhältnisse – Klient/Therapeut –, die die Beratung tangieren, sondern häufig Beziehungsdrei- oder -vierecke, manchmal sogar Polygone, die es im Auge zu behalten gilt. Erinnert sei hier auch an das Muster der Triangulation, der Regulation einer Dyade durch einen Dritten, wie es in allen Organisationen häufig am Werk ist.

Im psychotherapeutischen Kontext sind Krankenkassen oder bei einem Coaching Unternehmen als »Kostenträger« hochrelevante Umwelten, die als abwesende Stakeholder zu berücksichtigen sind. Welche Faustregeln es im Umgang mit solchen Beziehungsdreiecken gibt, damit beschäftigt sich unsere Gretchenfrage 28.

Unsere Frage 29 führt die Reflexion über die Einwirkung von Stakeholdern fort und fokussiert einen weiteren »geometrischen« Einflussfaktor, der die Dyade Therapeut/Coach und Klient zu einer Triade macht, nämlich das Honorar, das die beraterische Dienstleistung als Tauschbeziehung qualifiziert. Beide müssen sich – wie Heinrich und Gretchen zur Religion – zum Honorar ins Verhältnis setzen. Die Frage »Wie hältst Du's mit dem Geld?« führt viele Kollegen in ein Feld voller Ambivalenzen, weil Höhe und Herkunft des Honorars das Empfinden der Beteiligten sowie die Beziehung und den beraterischen Prozess beeinflussen. Auch dazu gibt es eine Reihe praktikabler Faustregeln.

Mit unserer letzten Frage (30) kehren wir zur systemischen Methodologie zurück und fokussieren den »geometrischen« Blick methodisch auf das Dazwischen bei kollegialer Supervision. Der metaphorische Gehalt des neueren Begriffs der Intervision (Zwischenschau) wird erschlossen, um die Prinzipien systemischer Supervision zu klären. Auch inhaltlich kehren wir damit an den Anfang des Buches zurück, denn zu den Prinzipien systemischer Intervision gehört auch die Klärung des Auftrages bzw. des Anliegens des Supervisanden. Die prinzipielle Vagheit von Aufträgen oder Anliegen ist die Grundlage methodischer Nutzung perspektivischer Vielfalt in Supervision, Coaching, Beratung oder Therapie.

28. Wie hast du's mit den Krankenkassen? Die Gretchenfrage im Dreieck zwischen Patient, Therapeut und Krankenkasse

»Nun sag', wie hast du's mit der Religion?« Mit dieser Frage peinigt Gretchen ihren Geliebten, Faust. Goethe lässt ihn – der mit dem Teufel im Bunde steht – ausweichen, darauf keine rechte Antwort geben. Über Religion vernünftelt man nicht, und so versucht er, sich der Frage zu entziehen: »Lass das, mein Kind!« Doch Gretchen lässt nicht locker – weil die Beziehung zwischen ihr und Heinrich von ihrem Verhältnis zu einem Dritten beeinflusst ist, eben davon, wie sie sich zur Religion verhalten.

Auch die Beziehung zwischen Klient/Patient und Therapeut oder Coach ist in den meisten Fällen keine rein dyadische. Beide stehen in einem Beziehungsdreieck zum Bezahler therapeutischer Dienstleistungen; nur selten sind Klient und Bezahler faktisch identisch. Dieses Dreieck kann in das therapeutische Beziehungsgefüge Irritation hineinbringen, Unwägbarkeiten, die die Therapie stark beeinflussen können. Denn die Kriterien dessen, was als behandlungsbedürftig (»krank« im Sinne des ICD-10 oder DSM-V) gilt, können bei allen Systembeteiligten – interessengeleitet – divergieren.

Die Leitdifferenz unseres Gesundheitssystems ist: krank/gesund (nicht krank). Bezahlt wird, wenn man krank ist; das eine ist durch die Negation des anderen definiert. Krank ist, wer nicht gesund ist. Gesund ist, wer nicht krank ist. Geht es uns wie Augustinus mit der Zeit? »Wenn niemand mich danach fragt, weiß ich es; wenn ich es einem Fragenden erklären will, weiß ich es nicht.« Von Gesundheit erfahren wir nur etwas, wenn sie uns fehlt – wie der Fisch erst bemerkt, dass sein Lebenselixier Wasser ist, wenn er an der Luft ist. Erst durch die Differenzerfahrung, die Erfahrung des Anderen (der Krankheit), erkennen und erfahren wir, dass die Gesundheit gegangen ist, temporär.

Wie schön es in Panama ist (Janosch), wissen wir erst, wenn wir in der Fremde waren.

Haben wir keine Kassenzulassung und arbeiten als niedergelassener Psychotherapeut, ist die Bezeichnung dessen, was wir tun, eigentlich irrelevant. Allenfalls für unsere Klienten kann es bezüglich der Implikationen, die »Therapie« oder »Beratung« für ihr Bedeutungssystem hat, relevant sein. Was das *ist*, was wir tun, sollten wir also von dem trennen, wie wir es nennen (und wozu wir es *so* nennen), und von der Bedeutung, die es für unsere Klienten und innerhalb des Gesundheitssystems hat. Was etwas *ist*, lässt sich nicht anders klären, als dass wir die Sprache klären, mit der wir über die Gegenstände der Erfahrung sprechen. Dabei dürfen wir nicht vergessen, für *wen* etwas *als* (Therapie/Beratung) *etwas* gilt bzw. bezeichnet wird und wozu. Es finden für Therapeuten Therapien statt, die in den Augen der Klienten Beratung sind, ebenso finden Beratungen statt, die in den Augen der Klienten Therapien sind.

Da kommt zum Beispiel der geplagte 50-Jährige, der seit dem Suizid seiner Tochter unbezwingbare Bauchschmerzen hat. Die Krankenversicherung bezahlt die Abklärungen und Therapieversuche beim Gastroenterologen, beim Hausarzt, beim Psychiater (der ein Antidepressivum verschreibt). Die systemische Therapeutin tut ihr Bestes, die Bauchschmerzen verschwinden nicht, treten aber in den Hintergrund; für wen ist das nun Therapie? Und wer bezahlt sie?

Rat und Hilfe, Beratung und Therapie sucht jemand, der allein nicht weiterweiß und darunter leidet. In Lebenskrisen, bei Eheproblemen, bei Erziehungsproblemen mit dem unbotmäßigen Sohn oder der schwierigen Tochter geht sie oder er vielleicht zur Beratungsstelle, weil das kostenlos oder kostengünstig ist. Bei vermeintlich »medizinischen« (organischen) Krisen, auch wenn sie im Kopf (Hirn, Geist, Seele) lokalisiert werden, geht man zum Arzt. Der stellt – wenn er kann – flugs eine Diagnose, und die Krankenversicherung zahlt für die Diagnose und die Therapie, wenn sie in den vorhandenen Behandlungskatalogen als wirksam »eingestellt« ist. Doch Diagnosen sind klebrig, man wird sie nicht leicht wieder los. Wer seine Krise für psychisch hält, geht auch – zunächst – zum Arzt, denn dort zahlt die Kasse.

Wer bezahlt gleich selbst und geht in eine Therapie, die die Versicherung *nicht* bezahlt? Nur die »Betuchten«? Mitnichten – Kostenerstattung ist quer durch alle Schichten hoch erwünscht. Und wenn die Kasse nicht oder nicht alles zahlt, geht die Therapie in der Regel nicht so lang, weil der Klient dann ein verstärktes Interesse am Ende bzw. dem Ziel der Therapie hat. Wäre ja nicht das schlechteste Outcome! Ausnahmen bestätigen die Regel: Wenn Therapie zum Selbstzweck geworden ist, wie bei manchen betuchten Klienten, die Jahrzehnte die besten Therapeuten der Republik aufsuchen, weil Therapie vom Mittel zum Zweck (Sinn) avanciert ist.

Wer will und kann die Grenze zwischen »kassenpflichtigen« Krankheitsbehandlungen und selbst zu zahlender Verbesserung des Wohlbefindens (böse Zungen reden von »Psychotherapie als Wellness«) ziehen? Niemand. Der Arzt oder der Verhaltenstherapeut mit Kassensitz zieht sie nicht; er schreibt einen Antrag für leichte wie für schwere Störungen, die Versicherung ist dann Opfer bzw. Täter ihrer eigenen Distinktionsbasis, die das System konstituiert. Was als krank »gilt«, muss auf Kosten der Kassen behandelt werden, so sind die Gesetze. Gesetze sind gesetzt, und die Gesetzgeber berücksichtigen ökonomische, wissenschaftliche und soziale Randbedingungen, wenn sie definieren, was bezahlt werden muss.

Auf einem Schiedsrichtersymposium wurde von drei berühmten Fußballschiedsrichtern die Frage diskutiert: Was ist Foulspiel, oder was pfeifen Sie als Foul ab? Es gab drei unterschiedliche Antworten: Schiedsrichter A sagte: Ich pfeife alles, was foul ist. Schiedsrichter B sagte: Ich pfeife die Fouls, die ich sehe. Schiedsrichter C sagte: Was ich pfeife, ist foul!

Vielleicht könnten wir diese Geschichte auf ein Symposium unter Psychotherapeuten übertragen. Die drei Antworten hießen dann: Ich behandle, was Krankheiten *sind*; ich behandle nur Krankheiten, die ich sehe; was ich als krank behandle, *ist* krank und damit zu behandeln. Der Psychotherapeut mit Kassenzulassung antwortet wahrscheinlich anders als derjenige ohne.

Können wir als Therapeuten *im Einzelfall* etwas ändern? Können wir unterscheiden? Würden wir einem Klienten sagen: »So schlecht geht es Ihnen doch gar nicht. Wenn Sie zu mir kommen wollen, bezahlen Sie bitte selbst.« Und wie nennen wir das dann? Therapie? Beratung? – Würden wir, wenn wir es für richtig hielten, mehreren Klienten nacheinander die Therapiebedürftigkeit absprechen, auch wenn die Klinik oder die Praxis nicht voll ist?

Und was ist mit den komplexen »systemischen Störungen« in Familien, die kaum ausreichend mit individueller Therapie behandelt werden können? Die werden bislang nur dann zulasten der Versicherer behandelt, wenn einer aus den Familien den »Indexpatienten« gibt. Diese Art von Stigmatisierung eines Familienmitglieds und die Zuschreibung der Krankenrolle an *Einen* durch das Dreieck Klient(en)/Behandler/Bezahler fördert die Genesung des Ganzen nicht.

Und was geschieht, wenn all die gut gemeinten Präventionsprogramme, zum Beispiel die »Bündnisse gegen Depression« oder die Psychose-Früherkennung, greifen und Leute viel früher und noch »unstigmatisiert« Rat und Hilfe suchen? Müssen sie dann alle erst krank werden, damit die Kasse zahlt? Das scheint uns die Grundparadoxie des Gesundheitswesens zu sein: Gesundheit ist das Ziel, aber nur für ihre Abwesenheit (»Krankheit«) wird bezahlt. Wer bezahlte Therapie haben möchte, muss die semantische Keule »krank« ertragen, und das um den Preis weiterer Opportunitätskosten. Bestrebungen, Gesundheitsförderungs- und Präventionsprogramme zu bezahlen (Stichwörter: Salutogenese, Resilienz), sind da. Wenn Einzel-, Paar- oder Familientherapie – unabhängig davon, wer bezahlt – Schlimmeres verhindert, ist das dann nicht auch Prävention? Und wer bezahlt die? Wer kalkuliert die Opportunitätskosten – von den psychischen »Kosten« ganz zu schweigen – für die Aufrechterhaltung dieses kranken Systems?

Um das System nicht zu sprengen, führt kein Weg daran vorbei, die Grenze zwischen »therapiebedürftig« und »nicht unbedingt therapiebedürftig« zu markieren. Die bereits vorhandenen oder zu erwartenden Einschränkungen im Alltag wären ein Ansatz, aber ebenfalls eine höchst subjektive Angelegenheit, sowohl aus Klientensicht als auch aus Therapeutensicht. Wissenschaftliche Anerkennung hin oder her – die Frage muss nun lauten: Wo fängt Krankheit an, und wer kommt für die Kosten auf? Oder: Welche präventive Maßnahme ist sinnvoll und langfristig kostensparend und wird daher bezahlt? Eine objektive Definition gibt es nicht. Also müssen – im ökonomischen Slang gesagt – die drei Stakeholder, die hier auch Shareholder des Systems sind, in und mit ihren divergenten Interessen in Verhandlung treten. Ansonsten lutscht jeder das System zu seinen Gunsten weiter aus, und wer oder was auf der Strecke bleibt, ist ohnehin klar. Ein Blick auf die Aktienkurse ist da äußerst erhellend.

Ulrike Borst, Hans Rudi Fischer, Arist von Schlippe

WERKZEUGKASTEN — Geld paradox?

Impulse und Strategien für die Praxis

- Unser Gesundheitssystem differenziert zwischen »krank« und »gesund« (= nicht krank) und bezahlt, wenn man krank und somit therapiebedürftig ist. Wer sich im Rahmen dieses Systems bewegt, muss die Grenze zwischen »therapiebedürftig« und »nicht unbedingt therapiebedürftig« markieren.
- Zugleich lässt sich diese Grenze nie eindeutig ziehen.
- Viele komplexe »systemische Störungen« in Familien lassen sich meist nicht ausreichend mit individueller Therapie behandeln. Doch muss ein Familienmitglied als »Indexpatient« benannt werden, um die Behandlung zu finanzieren. Lernen Sie, mit dieser unauflösbaren Paradoxie umzugehen.
- Beachten Sie, dass Begriffe wie »Therapie«, »Beratung« oder »Coaching« im Bedeutungssystem jedes Klienten und dem eventueller Kostenträger (Kassen/ Firmen) andere Implikationen haben.

29. Wie hältst Du's mit dem Geld?

Der Zusammenhang von Geld und Psychotherapie wird meist zum Anlass für Klagen von Therapeuten, weil wieder einmal über Punktwerte oder andere Bewertungsschemata der eigenen Arbeit nicht der Wert zuerkannt wurde, den man selbst ihr gerne gegeben hätte. Interessantere und nicht eindeutig beantwortbare Fragen stellen sich allerdings, wenn man als Therapeut selbst zu entscheiden hat, welche Rolle Geld in der eigenen psychotherapeutischen Tätigkeit spielen soll:

- Soll ich überhaupt für Geld arbeiten?
- Wenn nicht, von wem lasse ich mich dann alimentieren?
- Wenn ja, wie viel Geld soll ich fordern und wonach bestimmt sich das?
- Ist Psychotherapie eine Dienstleistung oder eine Ware wie andere auch?
- Sollte in der Psychotherapie nicht vor allem die Qualität der Beziehung zählen und nicht das Geld?
- Hat das Gesundheitswesen überhaupt etwas mit dem Kaufen und Verkaufen von Waren zu tun?
- Hat ein verantwortungsvoller Psychotherapeut nicht die Pflicht, Honorarfragen, wenn überhaupt, dann von den Möglichkeiten und der Situation seiner Klienten her zu betrachten und zu beantworten?

Fragen über Fragen! Beginnen wir damit, Geld als Zahlungsmittel und Gestaltungsinstrument für die Dienstleistung Psychotherapie und Beratung etwas genauer zu betrachten. Begreift man Psychotherapie und Beratung als eine professionelle Dienstleistung, dann unterscheidet sie sich von einer Gefälligkeit oder einem Liebesdienst. Wird sie als eine professionelle Dienstleistung begriffen, dann beruht sie auf dem Prinzip von Leistung und Gegenleistung. Akzeptiert man diese Definition von Psychotherapie/Beratung, dann muss eine weitere Unterscheidung vorgenommen werden: die Bedeutung, die einerseits Klienten und andererseits Therapeuten dem *Geld* zuschreiben. Man nimmt meist an, dass eine über Geld vom Klienten direkt finanzierte Psychotherapie die Motivation des Klienten und seine Mitarbeit erhöht. Damit werden Geldfragen auf eine psychotherapeutische Intervention reduziert, was sie sicher auch sind. Betrachtet man dagegen die Bezahlung als ein *beziehungsgestaltendes Phänomen*, dann kann man von zwei unterschiedlichen Situationen ausgehen:

- einer Dreiecksbeziehung zwischen Klient, Therapeut und Krankenkasse;
- einer dyadischen Beziehung zwischen Klient und Therapeut.

Ein Unterscheidungsmerkmal der beiden idealtypischen Situationen ist das Maß, mit dem die unmittelbar Beteiligten (Therapeut und Klient) das Honorar selbst definieren können. Kassensätze sind in diesem Sinne fremdbestimmt. Wenn dem Klienten die Dienstleistung seines Therapeuten weniger wert ist, kann er das Honorar nicht kürzen. Es ist auch unwahrscheinlich, dass ein Klient, dem die Dienstleistung seines Therapeuten mehr wert ist, als seine Krankenkasse bezahlt (wobei er meist gar nicht weiß, was seine Krankenkasse bezahlt), seinem Therapeuten zusätzliches Geld zusteckt.

Geld im Dreiecksverhältnis zwischen Klient, Therapeut und Krankenkasse

Der Geldfluss in diesem Dreiecksverhältnis hängt im Wesentlichen von der Argumentationskompetenz des Therapeuten gegenüber dem Kostenerstatter ab. Er betrifft allerdings hier nicht die Höhe des Stundensatzes, sondern ausschließlich die Anzahl der finanzierten Stunden. Die Stundensätze sind unabhängig von der Qualität und dem Erfolg der Therapie, weil wir es bei einem Therapievertrag nicht mit einem ergebnisabhängigen *Werkvertrag*, sondern einem *Dienstvertrag* zu tun haben, der sich ausschließlich auf die Professionalität des Vorgehens (bzw. dem, was zurzeit als solches definiert ist), nicht aber auf das Ergebnis bezieht. Die Dienstvertragslogik hat zwei Seiten: Sie ist sinnvoll, weil dadurch etwa »schwere« Therapien gegenüber »leichten« Therapien nicht benachteiligt sind, und sie erleichtert es dem Klienten, die Therapie und den Therapeuten als Mittel zum Zweck und nicht als Zweck zu begreifen, d. h., er wird nicht allzu sehr davon abgehalten, sein eigenes Werk zu vollbringen mit Hilfe der Dienstleistung des Psychotherapeuten. Andererseits begünstigt die Dienstvertragslogik – bei kassenfinanzierten Therapien – die Tendenz, die Therapiedauer so lange zu planen und durchzuführen, wie es ein Kostenträger zulässt. Insoweit sind Kurzzeittherapien finanziell wenig attraktive Unternehmen, wenn sie denn überhaupt möglich sind. Die Kassenfinanzierung kann nur unter einer bestimmten Bedingung stattfinden. Der Therapeut hat die begrenzende Hauptspielregel des Dritten (der Krankenkasse) zu akzeptieren und zu bestätigen. Diese Hauptspielregel ist, dass er sich ausschließlich mit Phänomenen befassen darf, die zurzeit als Krankheiten definiert sind, oder dass er sie selbst so definiert, um sich dann damit befassen zu dürfen. Diese Krankheiten müssen noch einem Einzelklienten zugeschrieben werden, der dann als Kranker auftreten kann und entsprechend zu behandeln ist. Gleichzeitig gilt es aber auch noch eine zweite Spielregel zu beachten und zu bedienen, nämlich nur die anerkannten Spielzüge im Rahmen der Dienstleistung Psychotherapie durchzuführen, d. h., glaubhaft bekanntzugeben, dass man sich nur der derzeit anerkannten Verfahren bedienen wird. Diese Bedingungen machen das ursprüngliche Dreiecksverhältnis zwischen Therapeut, Klienten und Krankenkasse in gewisser Weise wieder zu einem dyadischen Dienstverhältnis zwischen Therapeut und Krankenkasse. Der Preis des Kassenhonorars sind die Zustimmung und Einhaltung des gerade aktuellen Krankheitskonzeptes und die glaubhafte Vermeidung gerade nicht (oder noch nicht) akzeptierter Methoden und Verfahren.

Geld in der Zweierbeziehung zwischen Klient und Therapeut

Auf der anderen Seite entsteht im zweiten Falle, der direkten Bezahlung des Psychotherapeuten durch seinen Klienten, ein gleichberechtigtes Verhältnis zwischen Kunden und Dienstleister, in dem niemand jemand anderem etwas schuldig bleiben muss. Indem der Kunde bezahlt, erwirbt er einen Anspruch auf die Dienstleistung, und umgekehrt verpflichtet sich der Dienstleister zur anständigen Durchführung seiner Dienstleistung. Der dienstleistende Psychotherapeut erwirbt den Anspruch auf eine *angemessene Bezahlung*, wie umgekehrt sich der Klient verpflichtet, mit dem Dienstleister zu kooperieren, dass dieser seine Leistung optimal erbringen kann, was naturgemäß im Interesse des Klienten liegt. Die psychotherapeutische Dienstleistung wird mit der Bezahlung des Klienten zu einer wertvollen Transaktion, die dadurch wahrscheinlich auch wertgeschätzt werden kann. Soweit einige Überlegungen, die sich vor allem auf den Klienten beziehen. Relevant, oftmals sogar noch relevanter, ist allerdings auch die Bedeutungsgebung von Geld und Honorar für den Therapeuten. Hier ist zunächst die Frage nach dem Kontext der Bezahlung zu stellen, nämlich, ob sich der Therapeut es überhaupt leisten kann, nicht in ein direkt bezahltes Dienstverhältnis zu seinen Klienten einzutreten. Dies kann er sich nur leisten, wenn er direkt oder indirekt von Dritten alimentiert wird, also vom Ehemann, der Ehefrau, dem Staat, der Kirche ... oder mehr oder weniger direkt doch durch seinen Klienten, aber etwas verdeckt über Dritte (Versicherungen, staatliche oder kirchliche Dealer ...). Gelegentlich wird dann noch versucht so zu tun, als hätte man trotz schon erfolgter Bezahlung (durch Dritte) die Möglichkeit, ein direktes Dienstleistungsverhältnis einzugehen, indem etwa der Klient einer Selbsteinschätzungsprozedur unterworfen wird (0,00001% des Haushaltseinkommens ...). Das wird von Klienten oft als die Einladung missverstanden, die wahren Einkommensverhältnisse zu verschleiern (die ja eigentlich einen Psychotherapeuten auch nichts angehen müssen). Darüber hinaus stellen solche Prozeduren der Selbsteinschätzung des zu zahlenden Honorars durch den Klienten oft eine merkwürdige Art von Ökonomie dar: Der Kunde kann nach seinen Möglichkeiten bezahlen. Damit wird der Preis einer Ware durch die finanzielle Situation des Käufers bestimmt. Die Ware selbst wird dadurch nicht mehr wertgeschätzt, sondern der Käufer bzw. sein Finanzstatus. Ergebnis kann dann die Abwertung der psychotherapeutischen Dienstleistung sein. Sie erhält den Charakter eines Kinderspieles, in dem mit Spielgeld gehandelt wird, oder eines Illusionsspieles, in dem jeder nach seinen Bedürfnissen und seinen Möglichkeiten handeln darf und kann. Die psychotherapeutische Dienstleistung ist spätestens dann als Gefälligkeit oder Liebesdienst missverstanden worden. Entschließt sich nun der Psychotherapeut tatsächlich in ein direktes Dienstleistungsverhältnis zum Klienten zu treten, dann stellt sich ihm die Frage nach der Höhe des Preises, den er verlangen soll.

Wie hoch ist der Preis?

Zwei Aspekte sollten dabei berücksichtigt werden:

1. Der Aspekt der Betriebswirtschaft: Inwieweit stehen die notwendigen Aufwendungen für den Praxisbetrieb in einem akzeptablen Verhältnis zu dem erwartbaren und dem angestrebten Einkommen/Gewinn?
2. Der Gesichtspunkt der eigenen Marktpositionierung des psychotherapeutischen Dienstleisters: Wieweit wird diese Dienstleistung tatsächlich nachgefragt, und welchen Preis ist der Markt bzw. die Inanspruchnehmenden bereit, dafür zu bezahlen? Zu diesen Überlegungen kann auch die Frage zählen, welche Rolle Zulieferer, systemtherapeutisch »Überweiser« genannt, spielen.

Die Grenzen der Preisgestaltung

Da es schwer fällt, genaue Preisangaben zu machen, kann es schon ausreichen, die Grenzen der Preisgestaltung zu bedenken. Preise können in der Einschätzung des Psychotherapeuten zu hoch oder zu niedrig sein. Benutzt man die kybernetische Formel der Soll-Ist-Differenz, dann ist im ersten Fall der Ist-Wert höher als der Soll-Wert, im zweiten Falle der Ist-Wert geringer als der Soll-Wert.

Zu hohe Preise

Sind die Preise zu hoch, ist der einfachste Fall der, dass niemand mehr bereit ist, diese hohen Preise zu zahlen, und sie insofern auch nicht mehr erhoben werden müssen bzw. können, also kein Problem darstellen. Werden sie aber bezahlt und sie sind in der Bewertung des Psychotherapeuten dennoch zu hoch, kann sich der Psychotherapeut unter Erfolgsdruck fühlen, ein schlechtes Gewissen empfinden und sich genötigt sehen, dem Klienten zu sehr zu Diensten sein zu wollen. Er kann möglicherweise bereit sein, unmoralische Angebote anzunehmen, oder seinerseits gar selbst Einladungen zu unmoralischen Geschäften formulieren und eingehen. Das handlungsanleitende Muster kann dann sein: Man macht immer zu wenig und das auch noch nicht gut genug.

Zu niedrige Preise
Sind die Preise dagegen zu niedrig, kann dies leicht zu einer Abwertung des Klienten führen, zu einem Gefühl des Ärgers beim Psychotherapeuten, sich unter Wert zu verkaufen, und in der Folge zu einer Reduzierung von Möglichkeiten der psychotherapeutischen Dienstleistung. Das sich daraus entwickelnde Muster kann dann folgendes sein: Man macht immer zu viel und das auch noch immer zu gut. Eine weitere Strategie, sich in Geldprobleme zu verwickeln, ist die Vermeidung, gelegentlich zu überprüfen, ob die geforderte Bezahlung noch stimmt, entsprechend der unterschiedlichen Kontexte: Sind die betriebswirtschaftlichen Rahmenbedingungen immer noch dieselben? Wie sieht mein aktueller Marktwert inzwischen aus? Was hat sich an meiner Soll-Wert-Einstellung geändert? Folgende Empfehlungen können für die Entscheidung über die Höhe des Honorars nützlich sein:

Wählen Sie Ihr Honorar mindestens so hoch,

- dass Sie nicht den Eindruck haben, unterbezahlt zu sein. Sie würden Ihre Kränkung sonst am Klienten auslassen.
- dass der Klient nicht den Eindruck hat, Sie sind ein billiger Therapeut. Er könnte einem verachteten Therapeuten nämlich keinen Therapieerfolg zuschreiben.
- dass der Klient Ihnen nicht dankbar sein muss und frei genug bleibt, Ihnen zu widersprechen.
- dass der Klient den Eindruck hat, Qualität habe ihren Preis.
- dass der Klient die Möglichkeit hat, Ihnen über das Honorar auch Respekt zu zeigen.

Wählen Sie Ihr Honorar höchstens so hoch,

- dass Kollegen Ihnen mit Respekt, aber nicht mit zu viel Neid begegnen.
- dass die Klienten den Eindruck haben, eine sinnvolle Investition zu tätigen, aber nicht so hoch, dass sie den Eindruck haben, ein Opfer bringen zu müssen.

Arnold Retzer, Ulrich Clement, Hans Rudi Fischer

WERKZEUGKASTEN | Wert eigener Arbeit

Impulse und Strategien für die Praxis

- Seien Sie sich bewusst, dass Höhe und Herkunft des Therapiehonorars das Empfinden aller Beteiligten sowie therapeutische Beziehung und Prozess beeinflussen.

Bei Vergütung durch zahlende Dritte (Krankenkasse o. Ä.):

- Reguliert sich das Honorar nicht über den Therapieverlauf und vereinbarte Erfolgskriterien, sondern rein über die Quantität der Sitzungen, kann das die Therapiedauer verlängern.
- Manchmal kann ein expliziter Therapievertrag im Sinne eines Dienstvertrags (das »Werk« haben die Klienten zu vollbringen) die Eigenverantwortlichkeit des Klienten bestärken.

Strategien im Umgang mit der Preisgestaltung:

- Überprüfen Sie zu Beginn und wiederkehrend, ob die geforderte Bezahlung (noch) zum Kontext, Ihren Einstellungen und den betriebswirtschaftlichen Rahmenbedingungen wie Praxiskosten und angestrebtem Einkommen passt.
- Bestimmen Sie Ihr Honorar so, dass die Kundschaft nicht ausbleibt, Sie sich nicht in eine blockierende Position von Erfolgsdruck und schlechtem Gewissen manövrieren.

30. Was ist und wie geht systemische Intervision? Visionen auf dem Kamel

Humor und Geduld sind zwei Kamele,
mit denen du durch jede Wüste kommst.
Arabisches Sprichwort

Ein Kamel macht noch keine Wüste

Was sind eigentlich Visionen, und woran erkennt man sie? »Wer Visionen hat, sollte zum Arzt gehen …«, ist einer der luftigen Sprüche unseres verehrten Altkanzlers Helmut Schmidt, den Helmut Kohl 1982 in die Wüste schickte. Kohl ist – soweit wir wissen – nie zum Psychiater gegangen, obwohl ihn eine starke Vision vom vereinten Europa antrieb. Die Älteren unter den Freunden der Television kennen noch die *Eurovision* – der Euro ist eine davon –, heute gibt es gar den *Eurovision Song Contest.* Es vergeht einem leicht Hören und Sehen angesichts der verschiedenen Visionen, die in unseren Diskursen auftauchen.

In unserem Kontext ist die Supervision eine ältere Dame, sie hat in den letzten Jahren eine Schwester bekommen, die auf den Namen Intervision hört.

Zunächst ein kurzer Blick auf die große Schwester Supervision. »Supervision« (lat. *super,* über/oben, *videre,* sehen/schauen) kann man wörtlich mit »Überschau« oder »Übersicht« übersetzen. Der Supervisor blickt von oben (Orte der Einsicht sind oben), wo man Übersicht hat, aus gehöriger Distanz auf die Phänomene, sein Fokus ist das Dazwischen, die *Inter*aktionen, die *Inter*dependenzen zwischen den Beteiligten. Er muss nicht auf den Schultern von Riesen sitzen, es reicht meist der Rücken eines Kameles, um die Welt etwas anders zu sehen und einen Unterschied zu erzeugen, der Information für die Supervisanden ist. Wir möchten unser Verständnis von systemischer Supervision und der Rolle des Supervisors mit einer Geschichte illustrieren, die der Kybernetiker Heinz von Foerster bekannt gemacht hat und die wir für unsere Zwecke etwas modifiziert haben. Wir hoffen, uns nicht als Sandmänner bzw. Sandfrau zu betätigen und Sie zum Einschlafen zu bringen.

Auf dem 18. Kamel in die Oase

> *Vertraue Allah – aber binde dein Kamel an.*
> Arabisches Sprichwort

Ein Mullah reitet auf seinem Kamel viele Tage durch die Wüste und kommt schließlich in eine wunderbare Oase. Dort sieht er drei junge Männer niedergeschlagen bei einer Kamelherde am Wegesrand sitzen. Der Mullah spricht sie an und sagt: »Meine Söhne, warum schaut ihr denn so traurig drein?« Einer der Männer erzählt, dass ihr Vater verstorben sei und den drei Söhnen diese prächtige Kamelherde hinterlassen habe. Worauf der Mullah entgeistert antwortet: »Angesichts solch schöner Tiere könnt ihr doch Allah und eurem verehrten Vater danken, euch ein solches Erbe hinterlassen zu haben.« Der älteste der Brüder stimmt zu: »Ja, wir sind ja auch sehr froh ob dieser tollen Erbschaft, aber das Vermächtnis unseres Vaters lässt sich nicht vollziehen.«

»Warum nicht?«, fragt der Mullah. »Nach dem Testament soll der Älteste die Hälfte der Herde bekommen, der Mittlere ein Drittel und der Jüngste ein Neuntel. Und das ist bei 17 Kamelen nicht zu machen. Daher sind wir verzweifelt und wissen nicht, wie das Problem zu lösen ist.« Der Mullah blickt einen Moment zum Himmel, lächelt, steigt vom Kamel und führt es zu den 17 Kamelen der Brüder: »Angenommen, ich schenkte euch mein Kamel, was würdet ihr tun?« Die Brüder, ob der konjunktivistischen Hilfe ehrfurchtsvoll irritiert, blicken sich verwundert an, ziehen die Augenbrauen hoch ... doch dann blitzt es in den Augen des Jüngsten auf.

Er rechnet, *als ob* sie 18 Kamele besäßen. Im Ergebnis seiner Division bekommt der Älteste 9 Kamele (die Hälfte), der Mittlere 6 (ein Drittel) und der Jüngste 2 (ein Neuntel). Großartig, das Problem scheint lösbar, doch seine Freude trübt sich ein, als ihm der Gedanke kommt, dass sie dem Mullah ewig dankbar für sein Kamel sein müssten.

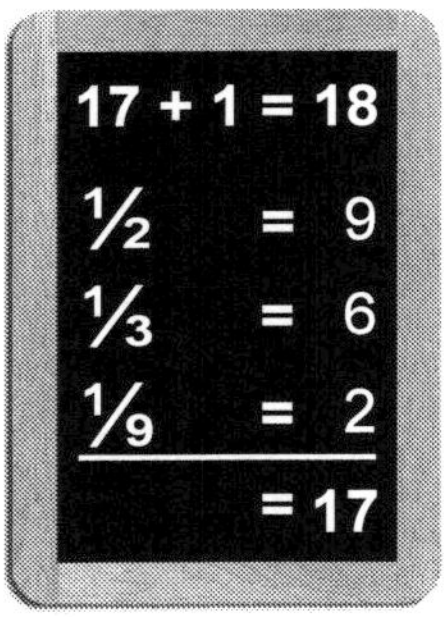

Abb. 10: Ein traditionelles Tablet (© Hans Rudi Fischer), wie es auch in der Wüste funktioniert.

Um seine Division in der Realität zu prüfen, führt er die Anzahl der Kamele gemäß Testament seinen Brüdern zu. Als er seinen Brüdern die 9 und 6 Kamele zur Seite gestellt hat, bemerkt er, dass drei Kamele übrig bleiben. Verwundert und erleichtert zugleich nimmt sich der Jüngste seine beiden Kamele und führt das überflüssige 18. Kamel seinem Eigentümer zu. Dieser setzt sich auf sein Kamel, ruft den Brüdern *salem aleikum* zu und reitet lachend davon.

Was ist die Moral von der Geschicht? Der Mullah bekommt keine Provision für seine *So-tun-als-ob-Intervention.* Wir können seine Rolle mit der des systemischen Supervisors vergleichen, der das temporär zur Verfügung stellt, was ihn professionell trägt (u. a. auch Geduld und Humor), nämlich sein Kamel. Sein Kamel ist die Methodik, die Prozesskompetenz, die Neutralität, die Expertise, kurzum, das Medium, mit dem die Supervisanden (Klienten) ihre Fragen beantworten und ihre »Probleme« lösen können. Er (und natürlich immer genauso sie) hinterlässt nichts, stört, regt an, er macht nicht abhängig und er setzt voraus, dass Systeme nach ihrer eigenen Arithmetik – in der gelegentlich eine Primzahl durch mehr als sich selbst teilbar ist – rechnen, und stellt dazu anschlussfähige Operatoren bereit. Soweit die Geschichte zur Supervision.

Intervisionen – eine systemische Fata Morgana?

Den Begriff *Intervision* hat – unseres Wissens – erstmals der Gruppendynamiker Jörg Fengler ([1986]. Supervision, Intervision und Selbsthilfe. *Gruppendynamik* 17, 59–64) in die Debatte eingeführt, um damit kollegiale Fallsupervision zu bezeichnen. Da Systemiker sich gern als Experten und Freunde des *Inter* – von Bunga Bunga und Inter Mailand schweigen wir hier besser – verstehen, wollen wir fragen, ob und wie man diesem Begriff eine nützliche Bedeutung abgewinnen kann, ob und was der Begriff unter systemischem Blickwinkel *begreifen* kann. D.h., wir verfolgen das *Inter*esse zu klären, was *systemische Intervision* bedeuten kann. Der Begriff *Intervision* ist in den letzten Jahren häufiger verwendet worden, wir halten ihn für einen eleganten Begriff, der nützliche Bedeutungsaspekte beinhaltet, die wir hier erkunden möchten.

Systemische Beratungsstrategien setzen voraus, dass Systeme i.d.R. ihre Probleme selbst lösen können und sowohl die Ressourcen wie das Know-how dazu haben. Ziel systemischer Therapie/Beratung/Coaching – wie auch systemischer Supervision – ist Hilfe zur Selbsthilfe, also die Unabhängigkeit der beratenen Systeme von der Beratung. Es gilt also, stets die Lösungspotentiale im System selbst zu wecken, um nachhaltig zu wirken. Sich selbst – als Coach, als Therapeutin oder Supervisorin – guten Gewissens überflüssig zu machen ist die Devise. Eine konsequente systemische Supervision sollte, so gesehen, in eine systemische Intervision münden, bei der die Beteiligten die Beobachtung der Beobachtung – und nichts anderes ist Supervision – selbst organisieren und so die eigene Professionalität einsetzen und fortentwickeln.

Bei der Intervision gibt es daher keinen Supervisor, der die Sitzung leitet und methodisch die Außenperspektive garantiert, Perspektivenwechsel steuert und Unterschiede balanciert, es gibt mehrere. Jedes Mitglied der Intervisionsgruppe ist als Intervisor tätig, alle Peers sind als Beobachter (und eventuell als Beobachtete) gleich wichtig, ihre Wahrnehmungen sind nicht wahr oder falsch, sie sind gleich *gültig*. Systemische Intervision ist also ein kollektiver Beobachtungsprozess unter Peers, der den Egozentrismus (Piaget nannte so das Gefesseltsein an die eigene Perspektive) des Einzelnen überwindet, indem die *Perspektivenvielfalt* der Beteiligten zur Methodik erhoben wird, um unterschiedliches Licht auf Fragen und Anliegen des »Fallgebers« (Intervisanden) zu werfen.

- Intervisionsgruppen können prinzipiell alle Anliegen der Teilnehmer (eigene Fälle, Probleme mit eigenem Team oder auch persönliche Probleme) zur Intervision stellen.
- Welche Anliegen intervisorisch »behandelt« werden, welche nicht, definiert die Intervisionsgruppe.
- Definitionen des Spielfeldes und der Spielregeln, nach denen die Intervision ablaufen soll, die »Verfassung« der Intervisionsgruppe, werden zu Beginn gemeinsam festgelegt. Wege entstehen bekanntlich beim Gehen, daher sind unterwegs Revisionen der Spielregeln nicht ausgeschlossen, sondern sogar wahrscheinlich.
- Wir empfehlen, die vereinbarten Spielregeln auf ihre Funktionalität hin regelmäßig zu überprüfen.

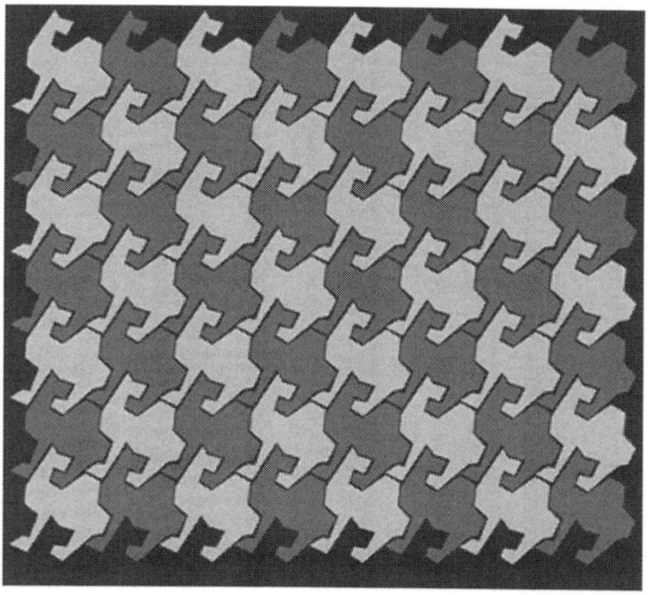

Abb. 11: Kamele im Dazwischen. Regelmäßige Flächenaufteilung mit Kamelen, erzeugt von Hans Rudi Fischer mit pastorpixel.de.

- Intervisionssitzungen sollten moderiert werden, wobei der Moderator die übliche Verantwortung und Methodik (Neutralität, Zeitmanagement, Steuerung der Rededauer und des Rednerwechsels etc.) einer systemischen Prozessmoderation übernimmt.
- Eine optimale Gruppengröße sehen wir bei fünf bis zwölf Teilnehmern. Bei größeren Gruppen erreicht man mit Kleingruppen (mit spezifischem Fokus) eine größere Effektivität und Effizienz.
- Es hat sich als nützlich erwiesen, dass Intervisionsgruppen selbst ab und an mit einem externen Supervisor die Intervisionsprozesse reflektieren.

Gemäß unserer Geschichte vom 18. Kamel haben wir bei der Intervision keinen Mullah, keinen Supervisor mehr nötig, der hat sich verabschiedet und der Gruppe ein Kamel, das durch ein Nadelöhr geht, hinterlassen. Das Kamel für die Intervisanden ist der Moderator …

Die Organisation des Zwischensehens

Intervision ist eine methodisch geführte Form von Selbstbeobachtung und Selbstreflexion, bei der es um ein »kontrolliertes«, um *gerichtetes Sehen* geht, also um ein bewusstes Beobachten von Beobachtungen. Wir definieren Intervision nicht nur über die Teilnehmer (nämlich dass es sich um Peers, Kollegen handelt, die sich in Form von Selbsthilfe wechselseitig beraten), sondern nehmen den Neologismus etymologisch wörtlich als *Zwischensehen*. Die beteiligten Intervisoren beobachten (sehen) über die Erzählung des Fallgebers etwas, was dieser selbst nicht sehen kann: die Interaktionen, die sich *zwischen* ihm und seinen Klienten abspielen, was sich *zwischen* ihm und den Kollegen in der Gruppe, was sich zwischen ihm (vgl. Meads »I« and »me«) und ihm selbst abspielt (Selbstverhältnis) etc.

Genereller Fokus ist das *Dazwischen*, die Verhältnisse, die Beziehungen oder Relationen *zwischen* Innen und Außen, zwischen Vergangenheit und Zukunft, zwischen Sichtbarem (Zeichen) und Unsichtbarem (Bedeutungen), zwischen Gesagtem und Ungesagtem u.a. Die Multiperspektivität der unterschiedlichen Beschreibungen der Intervisionen ermöglicht auch ein »Zwischensehen 2. Ordnung«.

Die Intervisionsgruppen können sich zumindest zeitweise in zwei Beobachtungsebenen aufteilen, sodass ein Teil der Gruppe als Reflektierendes Team (RT) für den anderen Teil fungieren kann. So wird es möglich, nicht nur über die Beobachtungen des Fallgebers zu sprechen, sondern zugleich aus der reflektierenden Position heraus zu beobachten, wie dieses Reflektieren geschieht. Eine der Heuristiken des RT kann, wie in Abb. 12 skizziert, darin bestehen, dass überlegt wird, welche Dynamiken der Interaktion zwischen Klient (-ensystem) und Therapeut sich in der Intervisionsgruppe spiegeln mögen.

Prinzipien systemischer Intervision

Vorbereitung der Fallgeber

Nach unserer Erfahrung hat es sich bewährt, wenn die Fallgeber eine Falldarstellung vorbereiten. Das kann – muss aber nicht – vorab schriftlich geschehen (wenn etwas Schriftliches vorliegt, das an die Teilnehmer verteilt werden kann, wird die Vorbereitungsphase evtl. abgekürzt). Die folgenden Fragen sollten dabei beantwortet werden:

- Informationen: Wer gehört zum fraglichen System dazu (ggf. Genogramm)? Alter, Berufe (z. B. sozialer Stand, Denkmuster), Herkunft (z. B. kultureller Hintergrund), Wohngebiet (z. B. Brennpunkt) usw.
- Innerfamiliäre Beziehungsmuster (z. B. Bindung, Rollen, Kommunikationsabbrüche), wie spricht man in der Familie miteinander (z. B. Kommunikationsmuster, innerfamiliäre Glaubenssysteme)?
- Welche Kliententypen haben wir vor uns (Kunden, Klagende, Besucher, Mischformen)?
- Welche Ressourcen sind im System erkennbar? Was können die Beteiligten gut? Wo gibt es »Ausnahmen« vom beklagten Zustand?
- Was waren bisher Lösungen für das System, welche möglichen Lösungen könnten denkbar sein?
- *Wozu (!)* soll mir persönlich die Intervision nutzen? Was ist meine Frage, mein Ziel für das Gespräch? Was möchte ich mitnehmen? Was möchte ich aufgeben?
- Wenn ich den Fall in einer Metapher (Bild) verdichten müsste, was wäre das?
- Was sind meine spontanen Impulse (Affekte/Emotionen/Handlungsimpulse) im Umgang mit der Situation (Einladungen des Systems erkennen und eigene Muster reflektieren)?
- Was sind meine Hypothesen über das Problemmuster? Welche Funktion, welchen Sinn könnte es haben?
- Problemgenerierungsmechanismus: Wie könnten die Beteiligten das Problem erzeugen, wenn es nicht vorhanden wäre?

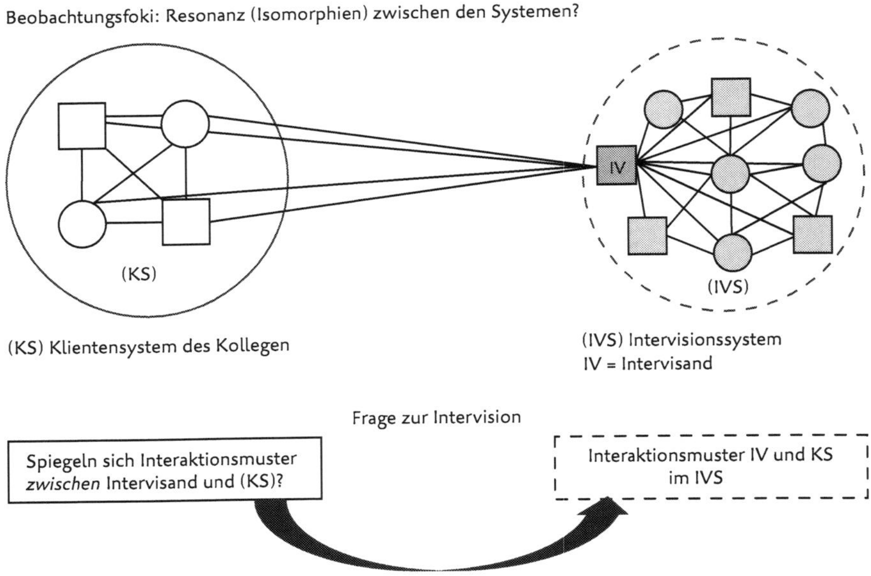

Abb. 12: Reflektierende Systeme, Intervision (© Hans Rudi Fischer)

Die Intervision

> *Falsche Worte versanden in der Wüste.*
> Arabisches Sprichwort

Ein Kollege bzw. eine Kollegin kann die Runde moderieren (die Moderation wird meistens abwechselnd rollieren), ein Zeitrahmen sollte bestimmt werden (bei schwierigen Fällen kann man von der Zeit abweichen). Wir empfehlen, 40 Minuten pro Fall anzupeilen.

Anliegen des Kollegen klären
Was ist sein Auftrag (Wozu?!) an die Intervisionsgruppe? Ist es ein erfüllbarer Auftrag? Futur II-Fragen sind hier möglich: Was genau soll am Ende nach erfolgreicher gemeinsamer Arbeit für dich, für Sie herausgekommen sein?

Falldarstellung des Kollegen
Ggf. Kopien des vorbereiteten Falls an alle Beteiligten verteilen und Präsentation am Flipchart. Am Flipchart System samt relevanten Beziehungen darstellen (max. 10 Minuten). Nachfragen und Verstehensfragen sind erlaubt – zu die-

sem Zeitpunkt sollten noch keine Hypothesen geäußert werden. Die Kollegen achten jedoch auf die Erzählung ihres Kollegen: wo wird er emotional, wo gibt es ggf. Auslassungen, wird z. B. trotz Nachfragen eine Frage nicht beantwortet (was bedeutet das? verstrickt? noch neutral?) etc. Welchem Kliententypus könnte der Kollege zugerechnet werden (Kunde, Kläger, Besucher, Mischform)?

Erste Feedbackrunde des Kollegenkreises

- Es sollte mit wertschätzenden Konnotationen begonnen werden: Was beeindruckt, welche Ressourcen sind vorab schon benennbar, welches ernsthafte Kompliment könnte man dem Fallgeber machen?
- Wertschätzung bleibt auch im weiteren Verlauf der Runde eine wichtige Grundhaltung. Wenn sie im Gespräch verloren geht, sollte zunächst ihr Verlust Thema sein und reflektiert werden.
- Eigene emotionale Reaktionen auf die Falldarstellung werden beschrieben. Welche Schlussfolgerungen könnten daraus gezogen werden? Was macht die Erzählung mit mir? Wie würde das Geschehen unter dem Blickwinkel von Übertragungen und Gegenübertragung Sinn ergeben?
- Wie wird das Beziehungsangebot von Fallgeber zu dessen Klienten gesehen und wie gegenüber den supervidierenden Kollegen?
- Welche Hypothesen zum Fall entwickelt die Gruppe? Multiperspektivität ist hier gefragt, es geht um Vielfalt, nicht um »richtig« und »falsch«.
- Welche Ressourcen des Systems lassen sich benennen? Welche Ressourcen des Kollegen könnten helfen, um den Fall zu lösen?

Reflexionsrunde

- An dieser Stelle kann dann eine Reflexion durch das RT erfolgen. Dieses kann sich, wie beschrieben, vorab gebildet und den Prozess bereits sozusagen »von außen« verfolgt haben. Es ist aber auch durchaus möglich, dass sich die RT-Gruppe aus der Intervisionsgruppe heraus spontan bildet. In jedem Fall geht es hier um ein reflektierendes Gespräch.
- Im Gespräch können verschiedene Themen angesprochen werden. So kann jeder berichten, wie es ihm im Gespräch gegangen ist, an welcher Stelle er sich gewundert hat (über eine plötzliche Schärfe im Gespräch, über eine »neblige Atmosphäre«, über die Tendenz zu sehr harmonischen Beschreibungen usw.) und welche Ideen man dazu hat.
- Wie gesagt, ein wichtiger Beitrag des RT kann zudem darin bestehen zu überlegen, welche diagnostischen Möglichkeiten darin liegen, den Prozess

der Intervisionsgruppe auf mögliche Parallelen zur Dynamik des Klientensystems zu untersuchen.

Zwischenschau bei der Intervision
Der Moderator fragt den Fallgeber, ob er seinem SV-Anliegen schon näher gekommen sei. Dies kann z. B. die Frage sein: »Wie weit ist der Supervisionsauftrag erfüllt? Auf einer Skala von 0 bis 100 %, wo stehst du gerade?« (80 % reichen normalerweise.) Wenn er sich als »noch nicht am Ziel« beschreibt, kann man weiterfragen: »Was brauchst du noch, damit du weitere Prozente nach oben kommst? Was könnte noch geschehen, was könntest du konkret tun, um Bewegung ins System zu bringen/Lösungen zu generieren?« usw.

Eventuell: eine weitere Runde …
Je nachdem, wie die Zwischenbilanz ausfällt, kann der Prozess hier abgeschlossen werden, oder es gibt eine weitere Runde, in der Ideen für mögliche Interventionen aus dem Kollegenkreis kommen. Die Aufgabe des Moderators ist es hier, dafür zu sorgen, dass die Teamdynamik sich nicht »überschlägt«. Denn die Versuchung, von außen die »richtige« Lösung zu präsentieren, ist nicht zu unterschätzen. In einem Prozess wechselseitigen Aufschaukelns kann es passieren, dass der Ratsuchende sich »abgehängt« fühlt und immer weniger der Fülle der Rat-Schläge folgt. Die Anschlussfähigkeit jeder Idee für den Supervisanden ist also immer wieder Thema, und es empfiehlt sich hier eine bescheidene Haltung anzunehmen: Derjenige, der den Fall in allen Facetten am besten kennt, ist immer der Fallgeber. Jede Intervention, jede Neuerung muss zu seinem Selbstverständnis passen. Ein »Widerstand« gegen die »richtige« Intervention kann sehr wichtig sein, weil er möglicherweise zeigt, dass diese Intervention an irgendeiner Stelle in der Systemökologie problematisch sein könnte. Es ist Aufgabe des Moderators, darauf zu achten, dass der Fokus auf der Wiederherstellung der Handlungsfähigkeit des Fallgebers liegt, nicht auf der Erfindung möglichst »formschöner« Interventionen.

Abschluss
Zum Abschluss kann der Fallgeber für sich noch einmal ein Resümee ziehen und das, was er an Anregungen mitnimmt, benennen und sich bei der Gruppe und dem Moderator bedanken.

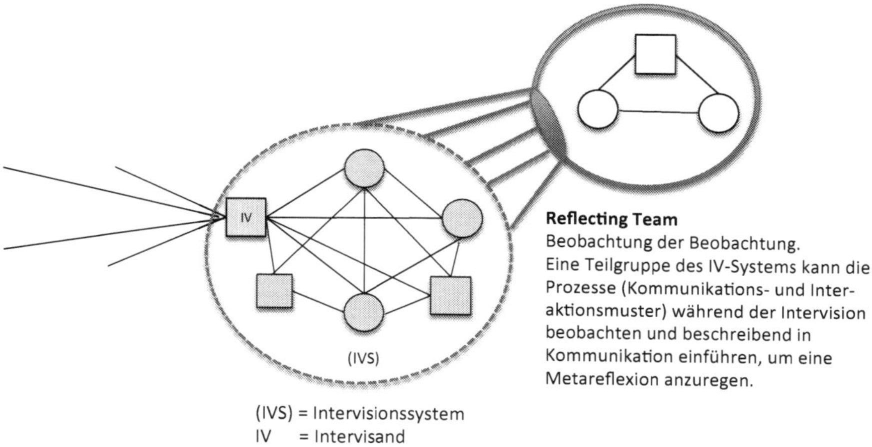

Abb. 13: Intervision plus Reflecting Team (© Hans Rudi Fischer)

Intervision – Oase der Lösung

> *Wähle dir einen Reisebegleiter*
> *und dann erst den Weg.*
> Arabisches Sprichwort

Systemische Intervision ist eine Form, mittels der eine Gruppe (Team) eine Aufgabe (die Frage, die Fallsupervision, das »Problem«) selbstorganisiert lösen kann. Durch Vertrauen in die eigenen Ressourcen kann die Gruppe nicht nur das 18. Kamel, das sie zur Lösung braucht, (er-)finden, sondern auch den Mullah, der sein Kamel beisteuert. Wenn Supervisionsgruppen ihren Weg dank eines Supervisors gefunden haben, können sie mittels kollektiver Zwischenschau alleine die anstehenden Fragen beantworten.

Eine gewisse Vorsicht ist allerdings geboten: Eine zu konsequente Befolgung unserer Anleitung könnte dazu führen, dass die systemischen Institute zu wenig Supervision verkaufen können, weil weder Mullahs gebraucht werden, die ihnen Kamele aufbinden, noch Kamele.

Wir wünschen unseren Leserinnen und Lesern ein freundliches *salem aleikum.*

Hans Rudi Fischer, Arist von Schlippe, Ulrike Borst

WERKZEUGKASTEN Intervision

Impulse und Strategien für die Praxis

Prinzipien systemischer Intervision

- Intervision (i. e. »Zwischensehen«) bedeutet kollegiale Fallsupervision, es gibt nicht nur einen Supervisor, sondern jedes Mitglied der Intervisionsgruppe ist gleichermaßen gefragt, die *Perspektivenvielfalt* auf das jeweilige Anliegen ist Methodik.
- Lassen Sie die *Rolle des Moderators* im Team wechseln. Dieser
  - moderiert den Prozess, sorgt dafür, dass sich die Teamdynamik nicht »überschlägt« und die Anschlussfähigkeit für den anfragenden Kollegen erhalten bleibt,
  - bestimmt Spielregeln sowie einen Zeitrahmen für jeden Fall (Empfehlung 40 Minuten) und
  - klärt das konkrete Anliegen des jeweiligen Kollegen an die Intervisionsgruppe.
- In der Phase der *Falldarstellung* (Informationen zu Klient, System, Ressourcen, bisherigen Lösungsversuchen, eigenen Hypothesen, ggf. schriftlich vorbereitet, ggf. Präsentation am Flipchart) gibt es nur Nachfragen und Verstehensfragen.
- In der ersten Feedbackrunde kommunizieren die Kollegen wertschätzend eigene emotionale Reaktionen, vermutete Ressourcen, Beziehungsangebote, Hypothesen etc.
- Eine Reflexionsrunde schließt sich an. Ein Teil der Gruppe kann als Reflektierendes Team fungieren.
- Eine mögliche Zwischenbilanz des den Fall einbringenden Kollegen führt entweder zu einer weiteren Runde möglicher Ideen aus dem Team oder zum Abschluss, der Fallgeber hat das letzte Wort.

Sachregister

Z

Die Autoren

Hans Rudi Fischer, Dr. phil., Studium der Philosophie, Psychologie, Linguistik. 1988–1992 wissenschaftlicher Mitarbeiter der Psychosomatischen Universitätsklinik Heidelberg. Abteilung Psychoanalytische Grundlagenforschung und Familientherapie (Ärztl. Direktor: Prof. Dr. Dr. Helm Stierlin). Mitbegründer (1990) und seit 1999 Vorsitzender des Heidelberger Instituts für systemische Forschung. Geschäftsführer des Zentrums für systemische Forschung und Beratung (zsfb), Heidelberg. Lehraufträge und Dozenturen an in- und ausländischen Universitäten in Psychologie, Philosophie, Coaching/Teamcoaching und Organisationsentwicklung. Psychotherapeut (HPG), Lehrender Therapeut, Lehrender Coach und Lehrsupervisor der IGST, des zsfb und der SG.

Ulrike Borst, Dr. rer. nat., Psychologische Psychotherapeutin. Promotion in den Gebieten Psychiatrie, Psychopharmakologie und Psychoneuroimmunologie. Von 1989 bis 2007 in den Psychiatrischen Diensten Thurgau (Schweiz) tätig, u. a. als Leiterin Qualitätsmanagement und in Oberarztfunktion. Seit 1998 Dozentin und Supervisorin, seit 2006 Leiterin am Ausbildungsinstitut für systemische Therapie und Beratung in Meilen und Zürich. Psychotherapeutische Praxis in Zürich und in Konstanz. Lehrtherapeutin für systemische Therapie sowie Lehrende Supervisorin (SG).

Arist v. Schlippe, Prof. Dr. phil., Dipl.-Psych., Psychologischer Psychotherapeut, Inhaber des Lehrstuhls »Führung und Dynamik von Familienunternehmen« an der Privaten Universität Witten-Herdecke, davor 23 Jahre im Fachgebiet Klinische Psychologie und Psychotherapie der Universität Osnabrück tätig. Lehrtherapeut für systemische Therapie sowie Lehrender Supervisor und Coach (SG), Lehrtrainer am Institut für Familientherapie Weinheim.